Edmund Donovan

Englisch – doch, das kannst du!

Einfach zweisprachig werden

FRIELING

Danke, Mr. L.
Danke, Thomas.
Danke allen meinen Studenten.

Bibliografische Information der Deutschen Nationalbibliothek
Die Deutsche Nationalbibliothek verzeichnet diese Publikation in der Deutschen Nationalbibliografie; detaillierte bibliografische Daten sind im Internet über http://dnb.d-nb.de abrufbar.

Rheinstraße 46, 12161 Berlin
Telefon: 0 30 / 76 69 99-0
www.frieling.de

1. Auflage 2010
ISBN 978-3-8280-2760-2

2., erweiterte Auflage 2011
ISBN 978-3-8280-2948-4

3., erweiterte und korrigierte Auflage 2015
ISBN 978-3-8280-2948-4

4., korrigierte Auflage 2020
ISBN 978-3-8280-2948-4

Umschlaggestaltung und Grafik: Michael Reichmuth
Satz: Satz- & Verlagsservice Ulrich Bogun

Printed in Germany

Inhalt – Content

Steckbrief

Edmund Francis Clifford Donovan

Geboren am 22. Mai 1959

Geburtsort: London, England

Nationalität: Britisch

Absolvent der Universität Hull

Beruf: Firmen-Englischtrainer

Wohnort: Ingolstadt, Deutschland

Doch, das kannst du! ist während meiner langjährigen Zusammenarbeit mit deutschen Schülern entstanden, die Englisch lernen, indem sie ihre eigene Sprache, nämlich Deutsch, verwenden, um Englisch zu lernen.

Es wurde mit der Absicht geschrieben, den Schwerpunkt nicht ausschließlich auf Englisch zu legen, sondern vielmehr den Ansatz zu verfolgen, zweisprachig zu werden.

Dieses System bietet die Möglichkeit jederzeit vom Deutschen ins Englische zu wechseln, weil die eigene Sprache, Deutsch, mit der englischen Sprache verbunden ist.

Das ***Gangschaltungssystem*** ist der Schlüssel, der die englische und die deutsche Sprache in Bewegung bringt und *der Zeit Form* gibt.

Es ist das Ziel von ***Doch, das kannst du!***, dem Lernenden einen raschen Einstieg zu ermöglichen, um Englisch verstehen und sprechen zu können, verbunden mit der Absicht, die Sprachspeicherung zu einem lang anhaltenden Prozess zu machen.

Doch, das kannst du! ist demzufolge für jedes Sprachniveau geeignet, sei es für Anfänger oder all jene, die ihr Englisch auffrischen wollen.

Profile

Edmund Francis Clifford Donovan

Born on 22nd May 1959

Birthplace: London, England

Nationality: British

Graduate of Hull University

Occupation: company English coach

Place of residence: Ingolstadt, Germany

Yes you can! is the product of over eight years practical experience following the theme of learning English by using your own language German.

It is written with the intention of shifting the emphasis away from English towards a friendlier goal of becoming bilingual.

Using this system means that it is possible to switch from German to English at all times because the German language is connected to the English language.

The key to this is the ***Gear Changing*** system that puts English and German in motion and gives time a shape.

The aim of ***Yes you can!*** is to make the start up process of understanding and speaking English for students as quick as possible with the intention of making language retention a long-term process.

Yes you can! is therefore designed for all levels from beginners to those wishing to brush up on the basics.

Viel Spaß! / Have fun!

Herausforderung: Zweisprachig werden

1. Kommunikation vor Genauigkeit: Who is perfect?

Denglisch ist direkt übersetztes Deutsch auf Englisch, und **mit** der **„Hand-und-Fuß"**-Sprache funktioniert es fast immer vor Ort:

Deutsch	Denglisch	Englisch
Ich mag ein Bier.	I like a beer.	I want a beer.
Zwei Kugeln Eis in einer Waffel bitte.	Two balls of ice in a waffle, please.	Two scoops of ice cream in a cone, please.
Ich arbeite hier seit drei Jahren.	I work here since three years.	I have been working here for about three years.
Wir sehen uns morgen, oder?	We see us tomorrow, or?	I will see you tomorrow, right?

Fazit = conclusion
Hauptsache ist, dass man sich gegenseitig versteht. Jedoch ist das Ziel, sich von Denglisch zu Englisch zu bewegen, indem man sich selber korrigieren kann. Das ist das Ziel dieses Buches.

⚠ **Ein Fehler ergibt sich erst dann, wenn das, was ich meine, anders verstanden wird:**
Frühstück ist um halb neun. Breakfast is at half eight.
Viele verwechseln „half eight" mit „halb acht" und müssen daher eine Stunde auf das Frühstück warten. Das ist ein Fehler!!!

2. Dingsbums ersetzt alle Vokabeln

Whatchamacallit, Mr. Whatsisname, Ms. Whatsername

3. Sagen Sie es auf Deutsch

Sie wissen, wie es ist: Mitten im Satz fehlt Ihnen ein Wort. Auf einmal bricht alles zusammen. Man kommt ins Stottern. Die Kommunikation bricht ab.

Tipp (Ratschlag, Vorschlag) = **a tip** (a piece of advice, a suggestion):
Sagen Sie das Wort zunächst auf Deutsch und fragen Sie hinterher.
My car is in the „Parkhaus". What is/How do you say "Parkhaus" in English? → Multi-storey car park.

4. Gestik benutzen

Selbst wenn der Gesprächspartner kein Deutsch spricht, kann man ein Parkhaus mit Händen und Füßen darstellen: It's a place where you can park your car. (Und gleichzeitig die Etagen darstellen.)

Fazit = conclusion/the bottom line
Das Gespräch fließt. Sie lernen und haben Spaß statt Frustration.

5. 20:35:45-Regel = 20:35:45 Rule

Kommunikation besteht aus
20 % Grammatik und Vokabeln = grammar and vocabulary
35 % Betonung der Worte = stressing the words
45 % Gestik = gesticulation, expressive body language

Der Schlüssel ist/The Key is *Learning by doing.*

Denken Sie daran: Übung macht den Meister. = Don't forget: practice makes perfect.
Gehen Sie dahin, wo man Englisch spricht. = Go where everyone speaks English.
Schauen Sie Ihre Lieblings-DVDs auf Englisch. = Watch your favourite DVDs in English.
Lesen Sie Kinderbücher oder Comics auf Englisch. = Read children's books or comics in English.

Yes, you can become bilingual.

1. Alphabet

1.1. Das Alphabet/The alphabet

Große/ Capital/	kleine Buchstaben small letters	Aussprache pronunciation	wie for	NATO-Alphabet NATO alphabet	Morsecode Morse code
A	a	äi	for	Alpha	. –
Ä	ä oder ae	äi with an umlaut or ae			dot dash
B	b	bi	for	Bravo	– . . .
C	c	si	for	Charlie	– . – .
D	d	di	for	Delta	– . .
E	e	deutsches i	for	Echo	.
F	f	ef	for	Foxtrot	. . – .
G	g	dschi	for	Golf	– – .
H	h	äitsch	for	Hotel	. . . .
I	i	ei	for	India	. .
J	j	dschäi	for	Juliet	. – – –
K	k	käi	for	Kilo	– . –
L	l	el	for	Lima	. – . .
M	m	em	for	Mike	– –
N	n	en	for	November	– .
O	o	o	for	Oscar	– – –
Ö	ö oder oe	o with an umlaut or oe			
P	p	pi	for	Papa	. – – .
Q	q	kiu	for	Quebec	– – . –
R	r	deutsches a	for	Romeo	. – .
S	s	es	for	Sierra	. . .
(–	ß	sharp es)			
T	t	ti	for	Tango	–
U	u	iu	for	Uniform	. . –
Ü	ü oder ue	iu with an umlaut or ue			
V	v	deutsches w	for	Victory	. . . –
W	w	dabel iu	for	Whisky	. – –
X	x	ex	for	X-ray	– . . –
Y	y	wei	for	Yankee	– . – –
Z	z	sed	for	Zulu	– – . .
Z	z	sie (AE: wie ZZ Top)	for	Zulu	– – . .

Vokal: a, e, i, o, u = vowel: a, e, i, o, u
Konsonant: alle Buchstaben bis auf die Vokale = **consonant**: every letter except for vowels
die richtige alphabetische Reihenfolge = the right alphabetical order

Unbestimmte Artikel: ein Auto, ein Apfel = a car, an apple
„An“ benutzt man, wenn der erste ausgesprochene Buchstabe des nachfolgenden Wortes ein Vokal ist oder so klingt
– an apple, an exam, an island, an orange, an uncle, an a, e, i, o, (a university, a uniform, a European, a euro, a u)
– an hour, an M. P., an S. O. S. call, an x-ray – an f, an h, an l, an m, an n, an r, an s, an x

Das letzte e ist stumm und macht den ersten Vokal lang: car → care.

1.2a. Entschuldigung (Hallo) (Man muss jemanden unterbrechen) = Excuse me (Hey)

Wie schreibt/buchstabiert man deinen Namen?	=	**How do you spell your name?**
Wie wird er geschrieben? (Rechtschreibfehler)	=	**How is it spelt?** (a spelling mistake)
Getrennt oder zusammen geschrieben?	=	**One word or two words?**
Großes E – Doppel-d – i – e.	=	**Capital E-double d-i-e.**
Es gibt ein „d" zu viel. Ein „e" fehlt.	=	There is one "d" too many. An "e" is missing.
Das „i" ist stumm. Ich habe es falsch geschrieben.	=	The "i" is silent. I've spelt it wrong.
Leerzeichen, neues Wort, Lücke	=	a space, a new word, a gap
Vorname, Nachname,	=	Christian name (first name), surname (last name)
Spitzname, Mädchenname (geboren), Kosename	=	nickname, maiden name (née), pet name
Zweiter Vorname, Namensvetter, alias	=	middle name, namesake, alias/aka
Sie können ruhig ________ zu mir sagen.	=	Feel free to call me ________ (your first name).
Wir sind per du. (... per Sie)	=	We're on first name terms. (... on last name terms)

1.2b. Entschuldigung (Verzeihung!, Es tut mir leid) = Sorry!, I am sorry

(Wie) Bitte?	→	***Pardon?/Sorry?***
Können Sie das **bitte** wiederholen?	=	**Please**, can you repeat that?
Großes E wie Echo, d wie Delta ...	=	Capital E for echo, d for delta ...
Dankeschön.	→	***Thank you.***
Bitteschön. / Gerne geschehen.	→	***You are welcome. (My pleasure.)***
Bitteschön bim Dienen/Fragen	=	***Can I help you?***
Bitteschön bim Servieren/Aushändigen	→	***Here you are. There you are.***
⚠ Ich muss mich von dem Meeting entschuldigen.	=	I have to excuse myself from the meeting.
Ich möchte mich entschuldigen. (Vergehen)	=	I would like to apologise. I want to say I'm sorry.
Er lässt sich entschuldigen.	=	He sends his apologies.
Bitte schön (beim Bedienen/Servieren)	=	Can I help you? / Here you are. There you are.
Ist Herr X hier? Nein, es tut mir leid.	=	Is Mr. X here? No, I'm afraid not.
Ach so! (In Ordnung, OK) Aha!	=	Alright! (Alright, OK) Aha!

1.3. "please" = eine Bitte (a request) inmitten eines Satzes drückt Ärger aus:

Können Sie es bitte wiederholen?	=	**Please**, could you repeat that **(please)**?
	→	Could you, ***please***, repeat that?
Eine Bitte,eine Anfrage, ein Wunsch	=	a request
Darf ich dich **bitten**, mir einen Gefallen zu tun?		May I **ask** you to do me a favour?
Bitte nehmen Sie Platz. (Setzen Sie sich.)	=	**Please**, take a seat (please). (Sit down.)
Soll/sollte ich es aussprechen?	=	Shall/should I pronounce it?
Ja, bitte. Nein danke.	→	***Yes, please. No, thank you***
⚠ **1. Ja(wohl), Ja. Nein.**	=	**Yes, Yeah. No.**
Jein/teils, teils.	=	Yes and no.
2. Vielen Dank. Danke vielmals.	=	**Thanks a lot. Many thanks.**
Danke, nein.	=	Thank you but no thank you.
Gott sei Dank.	=	Thank God. Thank goodness.
Danke der Nachfrage.	=	Thank you for asking.
Danke trotzdem.	=	Thank you all the same.
Danke fürs Kommen, Helfen.	=	Thank you for coming, helping.
Danke für deine Mühe.	=	Thank you for all your trouble/effort.
Dank seiner Spende ...	=	Thanks to the donation ...

3. **Wer ist dran? Du bist dran.**	=	**Whose turn is it? It's your turn.**
Bin ich dran?	=	Is it my turn?
Nein, er ist dran. Nein, sie ist dran.	→	No, it's his turn. No, it's her turn.
Nein, Elke ist dran.	→	No, it's Elke's turn.
Wechselt euch ab	=	Take it in turns

1.4. eine Frage, eine Antwort = a question, an answer

Meldet euch, wenn ihr eine Frage habt. (Ich frage dich. Fage ihn.)	=	Put your hands up/Raise your hands if you have a question. (I'm asking you. Ask him.)
Ich habe eine Frage. (rhetorische Frage)	=	I have a question. (rhetorical question)
Darf/Kann ich eine Frage stellen?	=	May/Can I ask a question?
Es ist nur eine Frage der Zeit, bis …	=	It's only a question of time before …
Eine schwierige Frage, Fangfrage	=	a tricky/difficult question, a trick question
Er stellt alles infrage.	=	He questions everything.
Fragebogen, Umfrage, Meinungsumfrage	=	a questionaire, a survey, a poll
Er ist sehr gefragt.	=	He is in demand (sought after).
Ich bin überfragt. / Ich habe keine Ahnung.	=	I'm sorry I have no idea.
Streitthema (Entscheidungsfrage/Streitfrage)	=	an issue, a sticking point
Ich habe eine Zwischenfrage.	=	I have a quick question.
Rückfrage	=	a query

1.5. bedeuten

a. **Was bedeutet …? (Vokabeln/vocabulary)**		
Was bedeutet „Marmelade" auf Englisch?	=	**What is** „Marmelade" in English?
Wie heißt „Marmelade" auf Englisch?	=	**What is** „Marmelade" in English?
Wie sagt man „Marmelade" auf Englisch?	=	**How do you say** „Marmelade" in English?
b. **Was bedeutet …? (Abkürzungen/abbreviations)**		
Was bedeutet AWACS?	=	**What does** AWACS **stand for**?
Es bedeutet	=	It stands for airborne warning and control system.
Was bedeuten die Initialen AWACS?	=	**What do** the initials AWACS **stand for**?
Sie bedeuten … (n)	=	They stand for airborne warning and control system. (to write something out in full)
⚠ Etwas ausschreiben	=	**What do** the initials AWACS **stand for**?
Eine Abkürzung (Weg)	=	a short-cut
Wofür stehen wir?	=	What do we stand for?
c) **Was bedeutet …? (Was dahinter steckt)**		
Was bedeutet AWACS (**für uns**)?	=	**What does** AWACS **mean** (**for us**)?
Es bedeutet Sicherheit.	→	It means security.
Was bedeuten Jalousien?	=	What do blinds/shutters mean?
Was sind Jalousien?	=	What are blinds/shutters?
Man kann den Raum damit verdunkeln.	→	You can darken the room with them.
⚠ **meinen = sagen wollen/hinterfragen**		
Was **meinen** Sie **damit**? (sagen wollen)	=	What do you **mean by that**?
Ich **meine** echte Sicherheit.	=	I **mean** real security.
etwas ernst meinen	=	to mean business
der Sinn des Lebens	=	the meaning of life
Was **heißt** das für mich?	=	What does that **mean** for me?
Und zwar jetzt!	=	And I mean now!

Meinung = opinion		
Wie findest du meine Idee?	=	What do you think of/about my idea?
Glaubst du, dass sie erfolgreich sein wird?	=	Do you think it will be successful?
Was **meinen** Sie? (glauben)	→	What do you **think**?
Wie denkst du darüber?	=	What do you think about that?

1.6. Kapital

Kapital, Vermögen	=	capital
ein Großbuchstabe (fett, kursiv)	=	a capital letter (bold, italic)
Blockschrift	=	block capital letters
die Bundeshauptstadt von Deutschland	=	the federal capital of Germany
die Landeshauptstadt von Bayern	=	the state capital of Bavaria
ein Kapitel von einem Buch	=	a chapter of a book

1.7. schriftliche Symbole = written symbols

BE/AE		=	British English/American English
etw. → etwas		=	s/t → something
u. s. w. → und so weiter		=	etc. → et cetera
z. B. → zum Beispiel		=	eg → exampli gratia (for example)
d. h. → das heißt		=	ie → id est
jm/jn → jemandem, jemanden		=	s/o oder s/b → someone or somebody
&	und	=	and
@	at	=	at
§	1.2.3 Paragraph 1, Absatz 2, Satz 3	=	section 1, paragraph 2, clause 3
©	Copyright	=	copyright
è, é, ê		=	e (accent) grave, e (accent) aigu, circonflexe
	ein Leerzeichen	=	a space
, '	Komma, Apostroph	=	a comma, an apostrophy
:	Doppelpunkt	=	a colon
;	Strichpunkt, Semikolon	=	a semi-colon
-	Bindestrich (etwas ~~durchstreichen~~)	=	a hyphen (to cross s/t out)
–	Gedankenstrich/Untergliederung, Minus	=	a dash
_	Unterstrich (etwas unterstreichen)	=	an underscore (to underline s/t)
!	Ausrufezeichen	=	an exclamation mark
?	Fragezeichen	=	a question mark
„…"	in Anführungszeichen, Gänsefüßchen	=	in inverted commas, in quotation marks
"	dito (ebenso, ich auch)	=	ditto (likewise; me, too)
/	Schrägstrich, \ Backslash	=	a slash, a back slash
(…)	Klammer	=	brackets (parentheses)
[…]	eckige Klammer	=	cornered brackets
{…}	geschweifte Klammer	=	a brace
*	Sternchen (ein Stern am Himmel, ein Hollywood-Star	= =	an asterisk a star in the sky, a Hollywood star)
V, X	falsch (ein Kreuz)	=	X incorrect, wrong (a cross)
✓	abgehakt (richtig, korrekt)	=	✓ ticked off (right, correct)
→	Kreuzen Sie die Kästchen an: ☒	→	Please tick the box: ☑
#1	Nummer eins (Rautetaste)	=	number one (hash key)

1. Punkt		
20 Punkte	=	20 points
Kernpunkt	=	the focal point
Pluspunkte verdienen	=	to earn brownie points
Treffpunkt	=	a meeting point
Das ist der Punkt.	=	That is the point.
Aber:		
10,09 sek. (zehn Komma null neun)	=	10.09 sec. (ten point zero nine)
. Punkt (Punkt aus, basta, Ende, und fertig)	=	full stop (BE), period (AE) (full stop, period)
.de Punkt de (E-Mail- oder Internet-Adresse)	=	dot de (an e-Mail or an Internet address)
Höhepunkt (Höhepunkt am Ende)	=	a highlight (the climax)
Punktspiel , Elfmeterpunkt	=	a match, the penalty spot
Fleckchen, Pickel, Punkt, Platz (Stichprobe, Krisenherd)	=	a spot (a spot check, a trouble spot)
Tupfen, Punkt (das i-Tüpfelchen)	=	a dot (the icing on the cake)
Klein-/Großbuchstabe		
Kleinbuchstabe	=	a small letter, a lower case letter
Großbuchstabe	=	a capital letter, an upper case letter
2. Position		
Buch, Kapitel, Band, Ausgabe	=	a book, a chapter, a column, an issue
Seite, Absatz (Kauderwelsch)	=	a page, a paragraph (gobbledygook)
Textspalte/Kolumne, Riehe	=	a column, a row
Zeile, Wort (Schimpfwort), Satz	=	a line, a word (a curse word), a sentence
Punkt/Position 3 auf einer Firmenrechnung	=	item 3 of an invoice
Protokoll	=	the minutes (of the meeting)
Titel-/Rückseite der Zeitung	=	the front, back page of a newspaper
Titel-/Rückseite der Zeitschrift/des Magazins	=	the front, back cover of a magazine)
Rückseite (Hinterteil, Po)	=	the reverse side, the next page (backside)
3. Dokumente		
a. Aushang, Schwarzes Brett	=	**a notice, notice board**
Anzeige/Werbung, Todesanzeige, Bekanntmachung	=	an advert, an obituary, an announcement
b. Brief, Antwort, Rundbrief, Rundschreiben	=	**a letter, a reply/an answer, a circular**
Arztrezept, Krankenschein, Lohnzettel/-streifen	=	a prescription, a sick note, a payslip
Kontoauszug, Rechnung, Quittung	=	a bank statement, a bill, a receipt
Notizen, Notizblock, Tafel	=	notes, a note pad, a (white, black) board
Rückmeldung, Antwort (Antwort, Lösung)	=	feedback, a reply (an answer)
schriftlich, Schriftverkehr, Papierkram	=	in writing, correspondence, paperwork
Unterlagen, Formular, Formel, Angebot	=	documents, a form, a formula, an offer
Zettel, Zettel/Papier, Spickzettel	=	a note, a piece of paper, a crib sheet
Antrags-/Bewerbungsformular, Lebenslauf	=	an application form, a CV *BE*/a résumé *AE*
c. Bericht, Artikel, Schlagzeile, Überschrift	=	**a report, an article, a headline, a heading**
Broschüre/Prospekt, Programmheft, Überbegriff	=	a brochure, a programme, an umbrella term
Flugblatt, Flyer, Heftchen (Schriftrolle, -tafel)	=	a leaflet, a flyer, a booklet (a scroll, a tablet)
d. Gesetz, Vorschrift, Richtlinie, Regel	=	**a law, a regulation, a guide line, a rule**
e. Protokoll (Sitzung)	=	**the minutes (of the meeting)**
f. Rede, Vortrag/Vorlesung, Referat	=	**a speech, a lecture, a paper**
g. Untertitel für einen Film, Teil eins usw.	=	**a subtitle for a film, part one etc.**

Übung 1	**Practice 1**
Am Flughafen.	**At the airport.**
1. Entschuldigung. Ich habe es eilig.	________ ____. I'm in a hurry.
Beim Zusammenstoß mit jemand.	**Bumping into someone.**
2. Entschuldigung. → Es macht nichts.	________. → It doesn't ________.
3. Entschuldigung. Wie heißen Sie mit Nachnamen?	________ ____. What is your ______ ______?
4. Entschuldigung. Könnten Sie es wiederholen?	________. Could you ______ that?
Im Restaurant.	**At the restaurant.**
5. Bitte schön. Was darf es sein?	____ I _____ you? (Can I take your oder?)
Beim Servieren.	**Serving the food.**
6. Bitte schön. Lassen Sie es sich schmecken. → Danke schön. → Bitte schön.	_____ you ____. Enjoy your food. ______ _____. ____ ____ __________.
7. Entschuldigung, dass ich zu spät bin.	__ ____ _________ I am late.
8. Gott sei Dank ist Freitag.	________ _____ it's Friday.
9. Was bedeutet Mandarine auf Englisch? – Wie heißt Mandarine auf Englisch?	What __ Mandarine in English? = Tangerine.
10. Was bedeutet ADAC?	What does ADAC _______ ____?
11. Was bedeutet ADAC für alle Fahrer?	What does ADAC ______ for all drivers?
12 Südafrika. Wird das zusammen- oder getrennt geschrieben?	South Africa. Is that ____ ______ or ____ ______?
13. Was bedeuten BE und AE?	What do BE and AE ________ for? = British English and American English.
14. Sie haben das Fragezeichen vergessen.	You have forgotten the ________ ____.
15. Im Deutschen benutzt man viele Bindestriche.	In German you use a lot of ________.
16. Was bedeutet das Sternchen? Siehe unten.	What does the _________ _______? See below.
17. Im Englischen benutzt man kaum Kommas.	In English you hardly ever use _____.
18. Drei Punkte haben wir schon abgehakt.	We have ________ ____ three items already.
19. Das Kreuz bedeutet, dass deine Antwort falsch ist.	The _______ ________ that your answer is wrong.
20. Bitte kreuzen Sie das Kästchen an. ☐	Please _____ the box. ☐
21. Die Lösungen sind auf der Rückseite.	The answers are on the ______ _____.

2. Pronomen / Pronouns

2.1. Das Personalpronomen

Eigennamen ersetzen Edmund → er, ihn/ihm			Replace proper nouns Edmund → he, him	
Einzahl			**Singular**	
1. ich	mich / (zu) mir	=	I	me / (to) me
2. du	dich / (zu) dir	=	you	you / **(to)** you
Sie	*Sie* / (zu) Ihnen	=	**you**	you / **(to)** you
3. er hilft	*ihm* / (zu) ihm	=	he helps	him / (to) him
3. *sie*	*sie* / (zu) ihr	=	*she*	her / (to) her
3. es	es, ihn / (zu) ihm		it	it / (to) it
Mehrzahl			**Plural**	
1. wir	**uns** / (zu) uns	=	we	**us** / (to) us
2. ihr, *Sie*	euch, *Sie*, Ihnen (**beide, alle**)	=	**you**	**you** / (to) **you** (**both, all**)
3. *sie*	*sie* / (zu) ihnen	=	they	them/to them

Umgangssprache		**Slang**
Kennst du ihn? Gib ihnen alles.	=	Do ya know him? Give 'em everything.
Ausgerechnet du (sie, er, sie).	=	You (she, he, they) of all people.

2.1a. Alles geht mit „us", aber auf gar keinen Fall mit „we"!!!

Ich koche immer **für uns**.	=	**I** always cook for **us**.
Du siehst **uns** nächste Woche.	=	**You** will see **us** next week.
Er/sie sieht **uns** nächste Woche.	=	**He/she** will see **us** next week.
Wir sehen ***uns*** nächste Woche.	→	***We*** will see ***each other*** next week.
(Siehe Reflexivpronomen)	→	***I*** will see ***you*** next week.
Wir kochen für ***uns***.	→	***We*** cook for ***ourselves***.
Ihr seht uns nächste Woche.	=	**You** will see **us** next week.
Sie sehen **uns** nächste Woche.	=	**They** will see **us** next week.
Für diejenigen, die es wollen …	=	**For those** who want …
Er macht **ihm** gerade einen Kaffee.	=	**He** is making **him** a coffee.
Sie macht **ihr** gerade einen Kaffee.	=	**She** is making **her** a coffee.
Sie helfen **ihnen** gerade.	=	**They** are helping **them** at the moment.

2.1b. Geschlecht = gender, sex

Menschen: Einzahl = he, she

Mein **Bruder** → **er** ist ein netter Kerl.		My **brother** → **he** is a nice guy.

Wenn das Geschlecht eines Neugeboren nicht klar ist sagt man auch „it".

(Das Baby) Es wird jeden Augenblick erwartet.	=	(The baby) It's expected any time.

Gegenstände, Tiere, Blumen, Gefühle: Einzahl = it

Der **Tisch** → **er** ist schön.		The **table** → **it** is beautiful.

Aber Tiere, die einem persönlich nahestehen, können mit „he" oder „she" angesprochen werden:

Ich liebe meine Katze Timmy. Sie ist so kuschelig.	=	I love my cat Timmy. *She* is so cuddly.

Dinge/Sachen, Zeug = things, stuff

Eins kann ich dir sagen …	=	I can tell you one thing …
Eins nach dem anderen.	=	One thing at a time.
Das Beste daran ist …	=	The best thing about it is …

2.1c. Position

Dieses Auto, diese Leute (nah dran)	**This** car, **these** people
Dieses Auto, diese Leute (weit weg)	**That** car, **those** people
Hier lang oder da lang?	**This** way or **that** way?
Diejenigen, die … Ihr seid diejenigen, die …	Those who … Yor are the ones who …
Wir haben dies und das gemacht.	We did **this, that and the other**.
Diese Idee ist besser als jene Idee.	**This** idea is better than **that** idea.
Wir könnten es so oder so machen.	We could do it **this** way or **that** way.

2.1d. man

Wie schreibt man das? (allgemein)	How do **you** (does one) spell that? (in general)
Man hat mir gesagt/Mir wurde gesagt, dass …	**I** was told (that) …
Man hat mir ein Superangebot gemacht.	**They** have made me a super offer.
Man sagt/Es wird gesagt, dass …	**People/They** say (that) …
Mann/Wow! Das schmeckt gut.	Gosh/Wow! That tastes good.
Mannomann!	Oh dear, oh dear! Oh boy!

2.1e. Ich/mir = I/me – Zustimmung/Ablehnung

Ich mag Musik. Ich auch.	I like music. **Me**, too.
Ich mag klassische Musik. → Ich auch. → Ich nicht.	I like classical music. → **Me, too**. → I don't.
Ich bin glücklich. → Ich nicht.	I'm happy. → I'm not.
Ich gehe ins Konzert. → Ich nicht.	I will go to the concert. → I won't.
Ich habe schon gegessen. → Ich nicht.	I have already eaten. → I haven't.
Ich war auf dem Konzert. → Ich nicht.	I was at the concert. → I wasn't. I went to the concert. → I didn't.
Ich mag Fisch nicht. → Ich auch nicht. → Ich schon.	I don't like fish. → **Me** neither. → I do.
Ich bin nicht verheiratet. → Ich schon.	I'm not married. → I am.
Ich gehe nicht ins Konzert → Ich schon.	I won't go to the concert. → I will. I'm not gonna go to the concert. → I am.
Ich habe noch nicht gegessen. → Ich schon.	I haven't eaten yet. → I have.
Ich war nicht auf dem Konzert. → Ich schon.	I wasn't at the concert. → I was. I didn't go to the concert. → I did.
⚠ Nicht er schon wieder.	Not him again.
Das bin ich. Ich bin es. Nur ich.	That's **me**. It's **me**. Only **me**.
Leute wie ich …	People like **me** …
Wie geht es dir (ihm, ihr)?	How **are you** (**is he, she**)?
Wer, ich? Ich?	Who **me**? Me?
Sie möchten/wollen, dass ich es mache.	They would like/want **me** to do it.

2.1f. jemand, etwas

Kann jemand mir helfen, bitte?	Can **someone/somebody** help me, please? (Pos.) Can **anyone/anybody** help me? (Negative)
Haben Sie etwas zum Schreiben?	Do you have **something** to write with? (Positive) Do you have **anything** to write with? (Negative)

2.1g. alle, alles

Alle sind/jeder ist eingeladen.	**Everyone, everybody** is invited.
Ist alles in Ordnung? Guten Morgen allerseits.	Is **everything** ok? Good morning everyone.

Alle meine Freunde sind eingeladen.	**All** my friends are invited.
Haben alle Läden zu?	Are **all** the shops shut?
Sie verkaufen alles Mögliche.	They sell **all** sorts of things.

2.1h. wir zwei, wir beide, wir Jungs, Mädchen

Wir zwei wissen, dass Man United besser ist.	You and I know (that) Man United are better.
Wir beide wissen, dass Man United besser ist.	We both know (that) Man United are better.
Wir Jungs/Mädchen wollen das nicht.	**Us** boys/**Us** girls don't want that.

Übung 2	Practice 2
1. Ich kenne diese Frau. Kennst du sie?	I know that woman. Do you know ___?
2. Nein. Aber ich kenne ihren Mann. Kennst du ihn?	No. But _ know her husband. Do ____ know ___?
3. Ich kenne diesen Mann. Kennst du ihn?	I know ____ man. Do _____ know ____?
4. Nein. Aber ich kenne seine Frau. Kennst du sie?	No. But I know his wife. Do ____ know _____?
5. Magst du sie?	Do you like _____?
6. Ich kenne ihren Mann. Kennst du ihn?	I know her husband. Do ____ know _____?
7. Ich kenne diese Leute. Kennst du sie?	I know ______ people. Do ____ know _____?
8. Sie wollen mich sehen. Aber ich will sie nicht sehen.	They want to see ____. But ___ don't want to see ________.
9. Er will uns sehen. Aber wir wollen ihn nicht sehen.	He wants to see _____. But ___ don't want to see ______.
10. Reichen Sie mir bitte das Salz und den Pfeffer.	Please pass ____ the salt and the pepper.
11. Ich esse keine Tomaten. Sie schmecken mir nicht.	I don't eat tomatoes. ___ don't like ______.
12. Diese Jacke ist nicht schön. Sie gefällt mir überhaupt nicht. → Stimmt. Sie ist sehr hässlich.	This jacket isn't very nice. I don't like ___ at all. _____ are right. __ is ugly.
13. Dies ist mein neues Auto. Gefällt es dir?	______ is my new car. Do you like ______?
14. Ich spreche Englisch mit meiner Frau. Ich spreche gerne Englisch mit ihr.	___ speak English to my wife. ___ like speaking English to ______.
15. Ich finde meine Schlüssel nicht. Wo sind sie?	I can't find my keys. Where are _____?
16. Wir gehen heute Abend weg. Möchtest du mit uns mitkommen?	____ are going out this evening. Would ____ like to join ____?
17. Mein Schwager hat einen neuen Job. Er gefällt ihm sehr gut.	My brother-in-law has a new job. He likes ____ a lot. / He really likes __.
18. Ich brauche 20 Euro. Kannst du sie mir leihen?	I need 20 euros. Can you lend ____ to _____?
19. Wo sind die Schlüssel? Ich brauche sie.	Where are the keys? I need ______.
20. Dieser Kaffee ist zu stark. Er schmeckt mir nicht.	_____ coffee is too strong. I don't like ___.
21. Ich mag die Musik von Coldplay. Hast du sie gehört?	I like Coldplay's music. Have you listened to ___?
22. Kannst du nach den Kindern schauen? Ich hoffe, dass sie schlafen.	Can ____ check the kids? ___ hope (that) ____ are asleep.
23. Meine Schwiegermutter besucht uns heute.	My mother-in-law is visiting ____ today.
24. Besucht dein Schwiegervater euch auch?	Is your father-in-law visiting _____ too?
25. Unsere Nichte und unser Neffe besuchen uns heute.	Our niece and nephew are visiting ____ today.

2.2. Possessivpronomen (besitzanzeigendes Fürwort)

Einzahl		Singular	
1. Es ist **meins**.	Es ist **mein** Bild.	= It is **mine**.	It's **my** picture.
2. Es ist **deins**, ***Ihres***.	Es ist **dein/*Ihr*** Bild.	= It is ***yours***.	It's ***your*** picture.
3. Es ist **seins**.	Es ist **sein** Bild.	= It is **his**.	It's **his** picture.
3. Es ist ***ihres***.	Es ist ***ihr*** Bild.	= It is ***hers***.	It's ***her*** picture.
3. Es ist **seins**.	Es ist **seine** Decke.	= It is the dog's.	It's the dog's blanket.
→ **Seine** Decke ist in der Ecke.		= **Its** blanket is in the corner.	
Mehrzahl		**Plural**	
1. Es ist **unseres**.	Es ist **unser** Bild.	= It is **ours**.	It's **our** picture.
2. Es ist **eures**, ***Ihres***.	Es ist **euer/*Ihr*** Bild.	= It is ***yours***.	It's ***your*** picture.
3. Es ist ***ihres***.	Es ist ***ihr*** Bild.	= It is ***theirs***.	It's ***their*** picture.
→ Es ist **von denen**.	Es ist das Bild **von denen**.		

⚠ **a.** **Wessen** Tasche ist dies? → Es ist ihre Tasche. Es ist ihre.	**Whose** bag is this? It is her bag. It is hers.
b. **Wem gehört** diese Uhr? → Mir. **Wem** gehört dieses Auto? → Mir.	**Who** does this watch **belong to**? → Me. **Who** owns this car? → I do.
c. **Ist das** deine Taschenlampe? → Ja. Nein.	**Is that** your torch/flashlight? → Yes, it is. No, it isn't.
d. Sind das eure Wecker? → Ja. Nein.	**Are they** your alarm clocks? → Yes, they are. No, they're not.
e. Ich habe ein eigenes Haus.	I have **my** own house.
f. Ich bin bei ihm zu Hause.	I'm **at his** place/house.

Übung 3	Practice 3
1. Es ist deine Zeit, nicht meine.	It's _____ time not _______.
2. Wessen Haus ist dies? → Es ist unser Haus.	Whose house is this? → It is _____ house.
3. Wem gehört dieses Haus? → Es gehört uns.	Who does this house belong to? → It belongs to ____.
4. Wo ist dein Auto? Mein Auto ist in der Garage.	Where is _______ car? _____ car is in the garage.
5. Er hat sich beim Skifahren das Bein gebrochen.	He broke ____ leg while (he was) skiing.
6. Wessen Schuhe sind das?	________ shoes are ________?
7. Wem gehören diese Schuhe? Sie gehören mir.	Who do these shoes belong to? They belong to ____.
8. Kannst du mir dein Auto leihen?	Can you lend me _________ car?
9. Sie haben mir ihr Auto geliehen.	They have lent me __________ car.
10. Das Bild ist unser Bild.	That picture is ______ picture.
11. Welches Auto ist dein Auto?	Which car is _______ car?
12. Dieses Auto ist meins und dieses Auto ist seins.	This car is _______ and that car is _______.
13. Dieses Auto ist meins und dieses Auto ist ihres.	This car is _______ and that car is _______.
14. Dieses Auto ist unseres und dieses Auto ist ihres.	This car is _______ and that car is _______.
15. Welches Auto ist eures?	Which car is _________?
16. Sein Auto ist schneller als deins.	_____ car is faster than _______.
17. Unsere Katze ist krank. Ist eure Katze krank?	_____ cat is ill. Is ______ cat sick?
18. Eure Stereoanlage ist besser als ihre.	_____ stereo system is better than _______.
19. Unser Fernseher ist genauso gut wie eurer.	_____ TV is just as good as ________.
20. Ist das dein Grill? Nein, es ist seiner.	Is that ________ barbecue? No it's _____.

2.3. von – Zugehörigkeit

das Auto von Eddie	Eddie's car
Freunde von uns	friends of ours
die Hauptstadt von Bayern	the capital of Bavaria
die Autoschlüssel	the car keys

2.3a. „'s" = Gegenstand/Mensch (Gruppe, Tier) von einem Menschen (Gruppe, Tier)

sein Auto → das Auto, die DVDs von Eddie		**his car → Eddie's car, DVDs**
ihr Mann → Der Mann, die Eltern von Elke		**her husband → Elke's husband, parents**
das Büro **von** meinem Chef	=	my boss**'s** office (ausgesprochen bossis)
Es ist die Party **von** einem Freund.	=	It's a friend**'s** party.
Es ist das Foto von meiner Frau. (Besitz)	=	It's **my wife's** photo.
bei Juliet zu Hause	=	at Juliet's house (place)
in der Apotheke, beim Arzt	=	at the chemist's (shop), at the doctor's (practice)
das Handbuch **des ADAC**	=	The ADAC**'s** handbook
ein Wolf im **Schafspelz**	=	a wolf in shee**p's** clothing
die Arche **Noah,** das Auto **der Königin**	=	Noah**'s** Ark, the Queen**'s** car
Das Auto von Patricks Freundin	=	Patrick's girlfriend's car
die Entscheidung der **Regierung**	=	The government**'s** decision
Ich bin der Vater **von** James und Henry.	=	I'm Henry and James**'** father. (ausgesprochen: Jamesis)
⚠ 1. **das Meeting von heute usw.**		
das Meeting von heute, die Zeitung von gestern usw.		toda**y's** meeting, yesterda**y's** paper etc.
eine Fahrt von einer Stunde, eine Fahrt von zehn Minuten		an hou**r's** drive, a ten minute drive
2. **„s'" ist auch Mehrzahl. Jedoch wird nur ein „s" ausgesprochen**		
die Mädchenschule	=	the girl**s'** school (nicht girlses)
der Betriebsrat	=	the worker**s'** council
die Champions League	=	the Champion**s'** League
Damentoilette/Klo	=	the ladie**s'** toilet/loo
3. **Oft wird das 's oder s' ausgelassen**		
McDonalds	=	McDonalds (McDonald's restaurant)
die Champions League	=	the Champions League (Champions')
Ich arbeite für Tim Hortman. (Mensch)	=	I work for Tim Hortman.
Ich arbeite bei Tim Hortman. (Firma)	=	I work for Tim Hortman's (coffee houses).
4. **Endet die Mehrzahl ohne „s", dann kommt „'s" dazu:**		
Mann, Frau → Männer, Frauen		man, woman → men, women
die Herren-Umkleidekabine	=	the **men's** changing room
Frauenschuhe	=	**women's** shoes (ausgesprochen: wimens)

2.3b. Das „of" betont die zweite Sache oder die Wichtigkeit

die Königin von England	=	the Queen **of England**
die Entscheidung der Regierung	=	the decision **of the government**
die Entscheidung des Premierministers	=	the decision **of the Prime Minister**
das Jahr der Katze	=	the Year **of the Cat**

Abteilungsleiter	=	the head **of department**
der Direktor des Tate Museums	=	the director **of the Tate museum**
der Besitzer des Hauses	=	the owner **of the house**
das Nesthäkchen	=	the baby **of the family**
der Besitzer eines gebrochenen Herzens …	=	(the) owner **of a broken heart** …
Ich bin der Vater von zwei Kindern.	=	I am the father **of two children.**
Ich bin stolz **auf** dich.	=	I'm proud **of you**.
Sie riechen **nach**, stinken **nach** Knoblauch.	=	You smell **of**, stink **of garlic**.
ein Haufen Freunde	=	a bunch **of friends**
Tausende von Leuten	=	**thousands of people**
Es ist **das Foto von meiner Frau**. (Besitz)	=	It's **my wife's** photo.
Es ist **ein Foto von meiner Frau**. (Besitz)	=	It's a photo **of my wife's**.
Es ist **ein Foto von meiner Frau**. (im Bild)	=	It's a photo **of my wife**.

2.3c. einer von vielen = das „of" betont eine Person/Sache

1. einer meiner … / einer von meiner …

einer meiner Kollegen**, alle meine(r)** Studenten	=	**one of my** colleagues, **all (of)** my students
einer deiner/Ihrer Kollegen	=	**one of your** colleagues
einer seiner Kollegen	=	**one of his** colleagues
einer ihrer Kollegen, einer der Freunde von Henry	=	**one of her** colleagues, **one of** Henry's friends
einer unserer Kollegen, einer von uns	=	**one of our** colleagues, **one of us**
einer eurer Kollegen, einer von euch	=	**one of your** colleagues, **one of you**
einer ihrer Kollegen, einer von denen	=	**one of their** colleagues, **one of them**
Es ist **ein Foto von meiner Frau**. (im Bild)	=	It's a photo **of my wife**.
Zwei von uns gingen baden.	=	**Two of us** went swimming.
Wir sind **zu fünft**.	=	There are **five of us**.
Nur wir zwei …	=	**Just the two of us** …
Ich bin eins **von** vier Kindern in meiner Familie.	=	I am **one of four children in my family**.
Eins **von** drei Kindern raucht.	=	One **in** three children smoke.
Neun Mal **von** zehn funktioniert es.	=	9 times **out of** 10 it works.
Er ist **einer der wenigen**, der es fahren kann.	=	He is **one of a few** who can drive it.
Er ist **einer von vielen**, der es fahren kann.	=	He is **one of many** who can drive it.

2. Ein Kollege von mir

Er ist **ein** Kollege **von** ***mir***.	=	He is a colleague **of** ***mine***.
Er ist ein Freund **von einem Freund von mir**.	=	He's a friend **of a friend of mine.**
Das ist eine **gute Idee von dir.**	=	That is a **good idea of yours.**
Ist er **ein** Klassenkamerad **von dir**, von Ihnen?	=	Is he a classmate **of yours**?
Ich bin **ein** Kumpel **von ihm/James**.	=	I am a mate **of his/James'**.
Bist du (Sind Sie) **ein** Freund **von ihr**?	=	Are you a friend **of hers**?
eine **Freundin von Elke/meiner Frau**	=	a **girlfriend of Elke's, of my wife's**
Der Hund ist ein Freund meines Hundes.	=	The dog is a friend ***of my dog's***.
Sie sind Freunde **von** ***uns***.	=	They are friends **of** ***ours***.
Sie sind Mitbewohner **von euch**, von Ihnen.	=	They are flatmates **of yours**.
Wir sind Mannschaftskameraden **von ihnen**.	=	We are team-mates **of theirs**.

Wichtig: ohne s am Ende

ein Mitglied des Golfklubs	=	a member of the golf club

2.3d. Zwei Sachen, eine betont = „of"

1. Geografische Position

die Hauptstadt von Bayern	=	the capital **of Bavaria**
in ganz Deutschland	=	in the whole **of Germany**
Sie sind oben auf dem Hügel.	=	They are at the top **of the hill**.
Sie sind Tabellenführer, Tabellenletzte.	=	They are at the top/bottom **of the table**.
Die Titanic liegt auf dem Meeresgrund.	=	The Titanic is at the bottom **of the ocean**.
die Rückseite des Hauses (Frontseite)	=	the back (the rear) **of the house** (the front)
die Rückseite des Blattes	=	the reverse side **of the sheet of paper**

2. Zwei Sachen, eine betont

ein Haufen Arbeit	=	a pile **of work**
ein großes Bier	=	a pint **of beer**
eine Flasche Whisky, ein Glas Wein (voll)	=	a bottle **of whisky**, a glass **of wine** (full)
eine Tasse Kaffee/Tee mit einem Stück Kuchen	=	a cup **of coffee/tea** with a piece of cake
ein Glas Orangenmarmelade, Erdbeermarmelade	=	a jar (a pot) **of** orange marmalade, strawberry jam
eine Schachtel Pralinen	=	a box **of chocolates**
Ich habe genug von Tennis.	=	I've had enough **of tennis**.
ein Teil davon …	=	a part **of it, this, that** …
Blumenstrauß (Haufen Freunde)	=	a bunch ***of* flowers** (a bunch ***of* friends**)
ein Geniestreich	=	a stroke ***of* genius**
Herzbube, Karodame	=	Jack ***of* Hearts**, Queen ***of* Diamonds**
Pikkönig, Kreuzass	=	King ***of* Spades**, Ace ***of* Clubs**
im Hinterkopf	=	at the back ***of* my head/mind**
Wir haben reichlich Zeit (genug Zeit).	=	We have plenty ***of* time** (enough time).
Schokoladenriegel, Mundpropaganda	=	a bar ***of* chocolate**, word ***of* mouth**
Schweigeminute, Trauertag	=	a minute ***of* silence**, a day ***of* mourning**
Trickkiste (eine Kiste Bier)	=	a box ***of* tricks** (a crate ***of* beer**)
1. Denk **an** mich.	=	Think **of** me.
2. Nerven **aus Stahl**	=	nerves (made) **of steel**
Es ist **aus Holz**.	=	It's **made of wood**.
Schau **aus dem Fenster**.	=	Look **out (of)** the window.
Steig **aus dem** Auto, **aus dem** Bus.	=	Get **out of** the car, **off** the bus.
aus Liebe zum Detail …	=	**out of** love to detail …
3. Weißt du **von** ihrem Plan?	=	Do you know ***about*** her plan?
Wir haben gerade **von** dir geredet.	=	We have just been talking ***about*** you.
4. Zukunftspläne, ein Erfolgsrezept	=	plans ***for* the future**, a recipe ***for* success**
5. ein Tag Urlaub, ein Tag frei	=	a day ***off* (work)**
6. es schmeckt nach/es riecht nach Knoblauch.	=	It tastes ***of***/it smells ***of*** garlic.

Ausnahme: Zeitpunkt + Nomen

der Bericht von diesem/vom letzten/vom nächsten **Jahr**	=	**this**/last/next **year's report**
die Konferenz von dieser/letzter/nächster Woche	=	this/last/next week's conference
die Zeitung von Montag, das Meeting von heute	=	Monday's newspaper, today's meeting
die Helden von gestern, heute, morgen	=	yesterday's, today's, tomorrow's heroes
das Frühstück von gestern, das Mittagessen von heute, das Datum von heute	=	yesterday's breakfast, today's lunch, today's date

ein Wintertag	=	a winter's day/a winter day
ein Sommertag	=	a summer's day/a summer day
Ausnahme: Herbsttag, Frühlingstag	→	an autumn day, a spring day
eine Fahrt von einer Stunde	=	an hour's drive
Ausnahme: eine Fahrt von zehn Minuten	→	a ten minute drive

2.3e. Gleiche Betonung = ohne das „of"/ohne das „'s"

eine Whiskyflasche, ein Weinglas (leer)	=	**a whisky bottle**, a wine glass (empty)
eine Tee-/Kaffeetasse	=	a tea/coffee cup
ein Marmeladenglas, eine Einkaufstüte (leer)	=	a jam jar, a shopping bag (empty)
die Autoschlüssel, ein Feiertag	=	the car keys, a bank/public holiday
die Haustür, die Nachbarn von nebenan	=	the front door, the next-door neighbours
eine Pralinenschachtel, die Weltmeisterschaft	=	a chocolates box, the World Cup (football)
Schokopudding	=	chocolate blancmange
Schokonachtisch (warmes Brownie mit Schokosauce)	=	chocolate pudding (sweet, dessert)
Wichtig: mit oder ohne Betonung		
Das Dach der Kirche ist beschädigt.	=	The roof ***of the church*** is damaged.
Das Kirchdach ist wunderschön.	=	The **church roof** is beautiful.

2.3f. von = woher? = from

eine SMS von mir an meine Frau	=	a text message from me to my wife
Wo kommst du her? → Aus England.	=	Where do you come **from**? → From England.
Ich machte ein Bild von ihr **von meinem Stuhl** aus.	=	I took a picture **of** her **from my seat**.
Dieses Bild **wurde mir** gestohlen. (Ich bin bestohlen worden)	=	This picture **was** stolen **from** me. (I have been robbed.)

2.3g. von = passiv = by

Dieses Bild **wurde von ihm** gestohlen. (Er ist der Dieb)	=	This picture **was** stolen **by** him. (He is the thief.)
Von wem ist dieses Bild? (der Künstler)	=	**Who** is the painting **by**? (Da Vinci)
Von wem ist dieses Bild (Woher?)	=	**Who** is the painting **from**? (the Louvre)
Von wem ist das Bild? (Wer ist im Bild?)	=	**Who** is the painting **of**? (the Mona Lisa)

2.3h. von = entfernen = off

Nimm deine Sachen vom Tisch.	=	Take your things **off** the table.
Ich bin jetzt weg. Bis morgen.	=	I'm **off** now. See you tomorrow.
Die Kanalinseln sind vor der Küste Frankreichs	=	The Channel Islands are **off** the coast of France.
Fertig zum Abheben. Nimm deine Jacke ab.	=	Ready for take **off**. Take your jacket **off**.
Biegen Sie hier ab. Mach das Licht aus.	=	Turn **off** here. Turn the light **off**.
Verpiss dich!	=	Piss **off**! Fuck **off**!

Übung 4	Practice 4
1. Das Auto von Charlie ist hinter der Halle.	Charlie'_ car is behind the hangar.
2. Das Büro von Carl ist im zweiten Stockwerk.	________ office is on the second floor.
3. Der Garten unserer Nachbarn ist sehr schön.	____ neighbour __ garden is very beautiful.
4. Der Anfang des Films war langweilig.	The beginning ___ the film was boring.
5. Wessen Hut ist das? Eddies.	________ hat is that? _________.
6. Wann ist das heutige Meeting?	When is ___________ meeting?
7. Monika ist ein Mitglied des Betriebsrates.	Monika is a member __ the ______ council.
8. Wo ist die Herren-Umkleidekabine?	Where is the _____ changing room?
9. Ich trage immer ein Foto meiner Frau bei mir.	I always carry a photo __ __ _____ with me.
10. Wer ist die Königin von England?	Who is the _______ ___ _________?
11. Wer ist die Kanzlerin von Deutschland?	Who is the Chancellor ___ _________?
12. Einer deiner/Ihrer Kollegen ist heute krank.	____ ___ ______ colleagues is ill today.
13. Alle meine Studenten sind gut im Sprechen.	_____ (___) my students are good at speaking.
14. Am Ende der Woche habe ich einen Tag Urlaub.	At the _____ __ ___ week I have a day ___ work.
15. Er ist ein Mannschaftskamerad meines Sohnes.	He is a teammate of _____ ______.
16. Sie sind Freunde von uns.	They are friends of ______.
17. München ist die Hauptstadt von Bayern.	Munich is the capital ___ ________.
18. ManUnited ist Tabellenführer.	ManUnited is at the top __ ____ ______.
19. Haben Sie ein Glas Erdbeermarmelade für mich?	Do you have a jar __ _______ ____ for me?
20. Ich habe Lust, einen Schokoladenriegel zu essen.	I feel like eating a bar __ _________.
21. Die Kuckucksuhr ist aus Holz.	The cuckoo clock is made ___ _______.
22. Du stinkst nach Knoblauch.	You stink ___ garlic.
23. Was hast du in deiner Trickkiste? → Ich habe das Herzass.	What do you have in your box ___ _______? I have the ace ___ _________.
24. Wissen Sie nicht von dem Umzug?	Don't you know _______ the move?
25. Es liegt eine Whiskyflasche vor der Haustür.	There is a _______ ________ lying in front ___ the _______ ______.
26. Steig aus dem Auto.	Get out ___ the car.
27. Wo kommst du her?	Where do you come ______?
28. Von wem ist das Lied? Von Coldplay.	Who is the song ___? ____ Coldplay.

2.4. Die reflexive Form: wir → uns

Einzahl		Singular	
1. **ich koche** →	**für mich** (mir)	= I → cook	**for myself**
2. du/Sie →	dir/dich (Sie/Ihnen)	= you →	yourself
3. **er macht**	**sich** einen Kaffee	= **he makes**	**himself** a coffee
3. sie →	sich	= she →	herself
3. es schaltet	sich aus	= it switches	itself off
Mehrzahl		**Plural**	
1. **wir kochen** →	**für uns**→ **füreinander**	= **we cook for ourselves/for each other**	
2. ihr →	euch → einander	= you →	yourselves/each other
3. sie →	sich → einander	= they →	themselves/each other

1. nur für uns/jeder für sich		
Wir kochen für uns. (zusammen)	=	We cook for **ourselves**.
Wir kochen zusammen.	=	We cook together.
Wir waschen uns.	=	We wash **ourselves**.
Bedient **euch**. Bedien dich.	=	Help **yourselves**. Help **yourself**.
Sie kochen für sich.	=	They cook for **themselves**.
2. gegenseitig/füreinander		
Wir kochen füreinander.	=	We cook for **each other** (one another).
Wir waschen uns.	=	We wash **each other** (one another).
Wir helfen **uns gegenseitig** aus.	=	We help **each other** out.
Haben Sie sich schon kennengelernt?	=	Have you met **each other** already?
Sie setzen sich neben**einander**.	=	They are sitting next to **each other**.
3. mir/mich Wenn **mir/mich (selber)** auf Deutsch Sinn macht, dann passt es auch im Englischen:		
Ich machte **mir** (selber) gestern einen Kuchen.	=	**I** made **myself** a cake yesterday.
Ich machte einen Kuchen **für mich** (selber).	=	I made a cake **for myself**.
Ich machte es für mich (selber).	=	**I** made it **for myself**.
Darf **ich mich** (selber) vorstellen?	=	May **I** introduce **myself**?
Es schaltet **sich** (selber) (von alleine) aus.	=	**It** turns **itself** off (all by itself).
Wenn es keinen Sinn macht, dann entfällt das Reflexivpronomen:		
Ich fühle **mich** (selber) schlecht.	=	I don't feel very well.
Legen **Sie sich** (selber) bitte hin.	=	Please, lie down.
4. selber = myself, yourself ...		
Ich machte den Kuchen **selber**. (allein)	=	I made the cake **myself**. (by myself)
Du machtest den Kuchen **selber**. (allein)	=	You made the cake **yourself**. (by yourself)
Er machte den Kuchen **selber**. (allein)	=	He made the cake **himself**. (by himself)
Sie machte den Kuchen **selber**. (allein)	=	She made the cake **herself**. (by herself)
Wir machten den Kuchen **selber**. (allein)	=	We made the cake **ourselves**. (by ourselves)
Ihr machtet den Kuchen **selber**. (allein)	=	You made the cake **yourselves**. (by yourselves)
Sie machten den Kuchen **selber**. (allein)	=	They made the cake **themselves**. (by themselves)
 **Aber:** Du hast selber Schuld. Dasselbe.	=	It's your own fault. The same.
5. ganz allein, alleine		
Ich bin **ganz alleine**.	=	I'm **all by myself** (all alone, all on my own).
Du bist (Sie sind) ganz alleine.	=	You are **all by yourself** (all alone, all on your own).
Er ist ganz alleine.	=	He is **all by himself** (all alone, all on his own).

Sie ist **ganz alleine.**	=	She is **all by herself** (all alone, all on her own).
Es ist ganz alleine.	=	It is **all by itself** (all alone, all on its own).
Wir sind ganz alleine.	=	We are **all by ourselves** (all alone, all on our own).
Ihr seid (Sie sind) ganz alleine.	=	You are **all by yourselves** (all alone, all on your own).
Sie sind ganz alleine.	=	They are **all by themselves** (all alone, all on their own).

Übung 5	Practice 5
1. Jeden Morgen mache ich mir eine Tasse Kaffee.	Every morning I make ________ a cup of coffee.
2. Dann mache ich mir Frühstück.	Then I make ________ breakfast.
3. Ich mache mir drei Toasts.	I make ________ three pieces of toast.
4. Danach mache ich mich fertig.	After that I get _________ ready.
5. Dann schaue ich mich im Spiegel an.	Then I look at _________ in the mirror.
6. Wir hatten viel Spaß auf der Party. → Wir haben uns richtig amüsiert.	We had a lot of fun at the party. We really enjoyed ____________.
7. Sie hatte viel Spaß auf der Party. → Sie hat sich richtig amüsiert.	She had a lot of fun at the party. She really enjoyed ____________.
8. Sie hatten viel Spaß auf der Party. → Sie haben sich richtig amüsiert.	They had a lot of fun at the party. They really enjoyed ____________.
9. Jeden Sonntag machen wir uns Brunch.	Every Sunday we make __________ brunch.
10. Ich habe den Kuchen selber gebacken. → Bedient euch. Bedien dich.	I made the cake ____________. Help __________. Help _____________.
11. Er denkt nie an andere Leute. Er denkt nur an sich. Er ist egoistisch.	He never thinks of other people. He only thinks about ___________. He is selfish.
12. Wir helfen uns immer gegenseitig aus.	We always help _____ _______ out.
13. Seit wann kennen wir uns? → Seit über acht Jahren.	How long have we known _____ ________? For over eight years.
14. Wir schicken uns regelmäßig SMS'.	We text _____ ________ regularly.
15. Zu Weihnachten schenken wir uns immer eine Kleinigkeit.	At Christmas we give _____ _________ a little something.
16. Schau da drüben. Sie sitzen nebeneinander.	Look over there. They are sitting next to _____ ________.
17. Wir waren zusammen auf der Schule. → Aber heutzutage sehen wir uns nicht mehr.	We were at school together. But nowadays we don't see _____ ________.
18. Heute bin ich ganz alleine. → Darum habe ich mir einen Kuchen gebacken.	Today I am all by ____________. That is why I have made _________ a cake.
19. Wir sehen uns am Montag. Bis Montag.	We will see ____ _______ on Monday. (I'll see you on Monday.) See you on Monday.
20. Er hat den Kuchen selber gebacken.	He made the cake ____________.
21. Ich habe mich gestern mit Charlie getroffen.	I met __________ Charlie yesterday.
22. Nach dem Mittagessen lege ich mich immer hin.	After lunch I always lie __________ down.
23. Ich möchte mich beschweren.	We have a problem: to a colleague. I would like to complain ___________: to the boss.
24. Ruhe, bitte. Ich muss mich konzentrieren.	Quiet, please. __ __________ to concentrate.

2.5. Relativsätze — Relative clauses

2.5a. Ein Mensch, der … — A person who/that …
Ein Pferd, das … — A horse which/that …
Ein Auto, das … — A car which/that …

Übung 6	Practice 6
1. Ein Zahnarzt ist ein Mensch, der sich um deine Zähne kümmert.	A dentist is a person ______ looks after your teeth.
2. Ein Musiker ist ein Mensch, der Musik spielt.	A musician is a person _____ plays music.
3. Ein Feuerwehrmann ist ein Mensch, der Feuer löscht.	A fire fighter is a man ____ puts fires out.
4. Ein Flugzeug ist etwas, das fliegt.	An aircraft is something ______ flies.
5. Hast du den Schlüsselbund gesehen, der auf dem Tisch lag?	Have you seen the key ring _______ was lying on the table?
6. Korrigieren Sie die Sätze, die falsch sind.	Correct the sentences _______ are incorrect.
7. Wir haben einen Garten, der sehr groß ist.	We have a garden ________ is very big.
8. Ich lernte gestern eine Frau kennen, die Golf spielt.	I met a woman yesterday _____ plays golf.
9. Meine Frau hat eine Freundin, die für Audi arbeitet.	My wife has a girlfriend ______ works for Audi.
10. Ich habe einen Kumpel, der Fußball spielt.	I have a mate (pal, buddy) _______ plays football.
11. Sie ist die erste Frau, die es geschafft hat, Kanzlerin von Deutschland zu werden.	She is the first woman ______ has managed to become Chancellor of Germany.
12. Wer ist der Mann, der immer da drüben sitzt?	Who is the man _______ always sits over there?

Wichtig: Bei der Gegenwartsform kann man „who/which/that is/are“ weglassen.

13. Die Tragfläche, **die** gerade repariert wird, gehört zu diesem Flugzeug.	The wing _______ is being repaired belongs to this aircraft. The wing being repaired belongs to this aircraft.
14. Passagiere, **die** sich gerade ins Flugzeug begeben, werden gebeten zu warten.	The passengers _____ are now boarding the plane are requested to wait. Passengers now boarding are requested to wait.
15. Wer ist der Mann, **der** gerade da drüben sitzt?	Who is the man ______ is sitting over there? Who is the man sitting over there?
16. Wie heißt das Pferd, **das** gerade da drüben steht?	What is the name of the horse _________ is standing over there? What is the name of the horse standing over there?

Wichtig: Ich denke, dass = I think that

17. Ich denke, dass es eine gute Idee ist. – Ich denke, es ist eine gute Idee.	I think _____ it is a good idea. I think it is a good idea.
18. Ich schlage vor, dass wir zum Mittagessen gehen. – Ich schlage vor, wir gehen zum Mittagessen.	I suggest ______ we go to lunch. I suggest we go to lunch.

2.5b. Die Leute, die wir kennen … Das Hotel, das wir mögen …

The people (who/that) we know … The hotel (which/that) we like …

Übung 7	Practice 7
1. Charlie ist der Kerl, den ich kenne.	Charlie is the guy _______ I know. Charlie is the guy I know.
2. Ich mag die Jacke, die du trägst.	I like the jacket ________ you are wearing. I like the jacket you are wearing.
3. Was haben die Mandarinen gekostet, die du mir heute Morgen gekauft hast?	What did the tangerines cost _______ you bought me this morning? What did the tangerines cost you bought me this morning?
4. Wo sind die Pralinen, die ich für Carl und Is gekauft habe?	Where are the chocolates _______ I bought for Carl and Is? Where are the chocolates I bought for Carl and Is?
5. Haben Sie das Teil gefunden, das Sie suchen?	Have you found the part _____ you are looking for? Have you found the part you are looking for?
6. Wie heißt das Lied, das wir gestern im Radio gehört haben?	What is the song called ______ we heard on the radio yesterday? What is the song called we heard on the radio yesterday?
7. Wie hieß die Sendung, die wir gestern im Fernsehen geschaut haben? Wie hieß die Sendung, die wir gestern im Fernsehen gesehen haben?	What was the programme called ______ we watched on TV yesterday? What was the programme called we saw on TV yesterday?
Wichtig: Ort = wo = where	
Wie heißt das Hotel, **wo** ihr immer übernachtet?	What is the hotel called **where** you always stay?
8. Wie heißt das Restaurant, wo ihr immer esst?	What is the restaurant called _______ you always eat?
9. Wie groß ist die Firma, wo du arbeitest?	How big is the company _______ you work?
10. Wie groß ist die Stadt, wo ihr lebt?	How big is the town _______ you live?
Wichtig: Fragewörter mit Präpositionen	
Die Firma, **für die** ich arbeite, expandiert zurzeit sehr rasch.	The company **that/which** I work **for** is expanding rapidly at the moment. The company I work **for** is expanding rapidly at the moment.
11. Die Leute, **mit denen** ich arbeite, sind sehr engagiert.	The people ________ I work **with** are very hard working. The people I work **with** are very hard working.
12. Das Pferd, **mit dem** er arbeitet, ist nun zahm.	The horse _________ he is working **with** is now tame. The horse he is working **with** is now tame.
13. Wie hieß das Hotel, in dem wir gestern übernachtet haben?	What was the hotel called ________ we stayed **at** yesterday? What was the hotel called we stayed **at** yesterday?

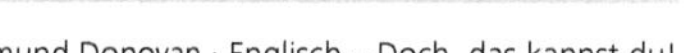

2.6. dass und das

2.6a. dass = that

Wichtig: „dass" kann auch ausgelassen werden.

Ich denke, **dass** es eine gute Idee ist.	I think **(that)** it's a good idea.
Ich bestehe darauf, dass du es probierst.	I insist **(that)** you try it.
Er sagte, dass er um vier kommen würde.	He said **(that)** he would come at 4.
Ich habe gehört, **dass** er sich mit jedem gut versteht.	I hear **(that)** he gets on well with everyone.
Es ist gut zu sehen, **dass** Gerechtigkeit siegt.	It's nice to see **(that)** justice **(is)** being done.
Es scheint mir, **dass** jeder mich ärgert.	It seems (**that**) everybody's bugging me.

Wichtig: „, dass" ist auch ersetzbar.

1. that → to

a. Es ist wichtig für junge Leute, **dass sie** sehen, wie die Leute früher lebten. → Es ist wichtig für junge Leute, **zu** sehen, wie die Leute früher gelebt haben.	It's important for young people **that they** see how people used to live. → It's important for young people ***to see*** how people used to live.
b. Es ist ein Problem für junge Leute, sich vorzustellen, **dass es** ein Leben ohne Fernsehen gibt. → Es ist ein Problem für junge Leute, sich **ein Leben** ohne TV vorzustellen.	It is a problem for young people ***to imagine*** **that there is** a life without TV. → It is a problem for young people to imagine ***a life*** without TV.
c. Man hat mir gesagt, **dass ich** herkommen soll. (Mir wurde gesagt, dass)	I was told **that I should** come here. → **I was told *to come*** here.
Das Beste, **was** Sie machen können, ist …	The best thing (**that**) you can do is … → The best thing ***to do*** is …

2. that → „-ing"-Form

Ich schlage vor, dass wir früh aufbrechen.	I suggest (**that**) **we** leave early. → I **suggest** leaving early.

3. that → for + Verb + ing

Enschuldigung, **dass ich zu spät komme**.	(I'm) Sorry (that) I am late. I'm sorry **for being late**.
Danke, **dass ihr gekommen seid**. (fürs Kommen)	Thank you **for coming**.
Es geschieht ihm recht, **dass er nicht hier ist**.	It serves him right **for not being here**.

4. Bei mögen, möchten, erwarten gibt es kein „dass" auf Englisch.

Ich **will, dass Sie** mir einen Gefallen tun.	I **want you to** do me a favour.
Ich **mag nicht, dass Sie** ihm einen Gefallen tun.	I don't **want you *doing*** him favours.
Ich **möchte, dass Sie** mir einen Gefallen tun.	I **would like you to** do me a favour.
Ich kann es nicht **erwarten, dass** du sie siehst.	I can't **wait for you** to see her.
Ich **erwarte, dass** er kommt.	I **expect him** to come.

2.6b. das = that

1. bezieht sich auf etwas, das vorher passiert ist.

Das war ein super Spiel.	**That** was a great game.

2. bezieht sich auf etwas, das vorher erwähnt ist.

Adrian hat einen neuen Job. Das wusste ich nicht.	Adrian has a new job. I didn't know **that**.
Davon abgesehen, …	Apart from that …
Darum/Deshalb …	That is why …

3. so dass, damit	so that
4. Das eine oder die andere.	The one or the other.

Übung 8	Practice 8
1. Es ist wichtig, dass wir pünktlich sind.	It's important (______) we are on time.
2. Wo ist er? Keine Ahnung. Aber er hat gesagt, dass er um zwei hier sein würde.	Where is he? No idea. But he said (______) he would be here at 2.
3. Ich möchte, dass du mir einen Gefallen tust.	I would like ______ to do me a favour.
4. Ich will, dass du meine Schwiegereltern kennenlernst.	I want ______ to meet my parents-in-law.
5a. Es ist wichtig für alle Leute, dass sie Englisch lernen. → Das stimmt.	It's important for everyone (______) they learn English. _______'s (is) right.
5b. Es ist wichtig für alle Leute, dass sie Englisch lernen. → Das stimmt.	It's important for everyone ___ learn English. _______'s (is) right.
6. Sie arbeiten bei EADS, oder? → Ja, das stimmt.	You work for EADS, right? Yes, _______'s (is) right.
7. Ich gehe nächste Woche in Urlaub. → Wie schön.	I'm going on holiday next week. _______'s (is) nice.
8. Das war ein großartiges Mittagessen. → Gut. Ich bin froh, dass es dir geschmeckt hat.	_______ was a great lunch. Good. I'm glad (_______) you liked it.
9. Lydia kann nicht zum Mittagessen kommen. → Schade.	Lydia can't come to lunch. _______'s (is) a shame. (What a shame.)
10. Wüssten Sie, dass Canberra die Hauptstadt von Australien ist?	Did you know (______) Canberra is the capital of Australia?
11. Es tut mir leid, dass ich dich nicht zurückrufen konnte. → Das macht nichts.	I'm sorry (______) I couldn't call you back. _______'s (is) alright/ doesn't matter.
12. Das war ein super Ausflug. → Meinst du, dass wir es irgendwann noch mal machen könnten?	______ was a super trip. Do you think (______) we could do it again sometime?
13. Danke. Das hat sich richtig gelohnt. Jetzt kann ich die Prüfung schreiben.	Thanks. ______ was really worth it. Now I can do the exam.
14. Danke, dass du gekommen bist. → Danke, dass du vorbeigekommen bist.	Thank you ____ coming. Thank you ____ dropping by.
15. Ich kann es nicht erwarten, dass wir die Bescherung machen.	I can't wait ___ do the present giving.
16. Hier spricht Jamie. Ist das Anna?	Jamie here. Is ______ Anna?
17. Henry, das ist einer meiner Studenten.	Henry, ______ is one of my students.
18. Lasst uns essen gehen. → Das ist eine tolle Idee.	Let's go out for a meal. _______'s (is) a fantastic idea.
19. Ich denke, dass wir zu dem neuen Chinesen gehen sollten.	I think (______) we should go to the new Chinese.
20. Möchtest du, dass ich dir helfe?	Would you like ___ to help you?

3. Schlüsselverben / Key verbs

3.1. Sein oder nicht sein = to be or not to be

Deutsch Einzahl	Formalform (Sie-Form) Singular	Umgangsform (Du-Form)
1. **Ich bin** der Champion.	**I am** the champion.	**I'm** the champion.
Ich bin nicht der Champion.	**I am not** the champion.	**I'm not** the champion. **I ain't** the champion.
Bin ich der Champion?	**Am I** the champion?	**Am I** the champion?
Bin ich nicht der Champion?	**Am I not** the champion?	**Aren't I** the champion?
→ **Ja(-wohl) = Yes, Ja = Yeah**	Yes, I am/you are. No, I am not. / No, you are not.	Yeah. No, I'm not. No, you're not.
2. **Du bist** (Sie sind)der Champion.	**You are** the champion.	**You're** the champion.
Du bist nicht der Champion.	**You are not** the champion.	**You're not** the champion. You aren't the champion. You ain't the champion.
Bist du (Sind Sie) der Champion?	**Are you** the champion?	**Are you** the champion?
Bist du nicht der Champion?	**Are you not** the champion?	**Aren't you** the champion?
→ Ja(-wohl). Ja. Nein.	→ Yes, I am. No, I am not.	Yeah. No, I'm not.
3. **Er ist** der Champion. Charlie ist der Champion.	**He is** the champion. Charlie is the champion.	**He's** the champion. Charlie's the champion.
Er ist nicht der Champion.	**He is not** the champion.	**He's not** the champion. He isn't the champion. He ain't the champion.
Ist er der Champion?	**Is he** the champion?	**Is he** the champion?
Ist er nicht der Champion?	**Is he not** the champion?	**Isn't he** the champion?
→ Ja(-wohl). Ja. Nein.	→ Yes, he is. No, he is not	Yeah. No, he isn't.
3. **Sie ist** der Champion.	**She is** the champion.	**She's** the champion.
Sie ist nicht der Champion.	**She is not** the champion.	**She's not** the champion. She isn't the champion. She ain't the champion.
Ist sie der Champion?	**Is she** the champion?	**Is she** the champion?
Ist sie nicht der Champion?	**Is she not** the champion?	**Isn't she** the champion?
→ Ja(-wohl). Ja. Nein.	→ Yes, she is. No, she is not.	Yeah. No, she isn't.
3. **Es ist** kalt heute.	**It is** cold today.	**It's** cold today.
Es ist nicht kalt heute.	**It is not** cold today.	**It's not** cold today. It isn't cold today. It ain't cold today.
Ist es kalt heute?	**Is it** cold today?	**Is it** cold today?
Ist es nicht kalt heute?	**Is it not cold** today?	**Isn't it** cold today?
→ Ja(-wohl). Ja. Nein.	→ Yes, it is. No, it is not.	Yeah. No, it's not.

Deutsch Plural	Formalform Mehrzahl	Umgangsform
1. **Wir sind** die Champions.	**We are** the champions.	**We're** the champions.
Wir sind nicht die Champions.	**We are not** the champions.	**We're not** the champions. We aren't the champions. We ain't the champions.
Sind wir die Champions?	**Are we** the champions?	**Are we** the champions?
Sind wir nicht die Champions?	**Are we not** the champions?	**Aren't we** the champions?
→ Ja(-wohl). Ja. Nein.	Yes, you are. No, you are not.	Yeah. No, we're not. No, you're not.
2. **Ihr seid** (Sie sind) die Champions.	**You are** the champions.	**You're** the champions.
Ihr seid nicht die Champions.	**You are not** the champions.	**You're not** the champions.
beide, alle	both, all	You aren't the champions. You ain't the champions.
Seid ihr die Champions?	**Are you** the champions?	**Are you** the champions?
Seid ihr nicht die Champions?	**Are you not** the champions?	**Aren't you** the champions?
→ Ja(-wohl). Ja. Nein.	Yes, we are. No, we are not.	Yeah. No, we're not.
3. **Sie sind** die Champions.	**They are** the champions.	**They're** the champions.
Sie sind nicht die Champions.	They are not the champions.	**They're not** the champions. They aren't the champions. They ain't the champions.
Sind sie die Champions?	**Are they** the champions?	**Are they** the champions?
Sind sie nicht die Champions?	**Are they not** the champions?	**Aren't they** the champions?
→ Ja(-wohl). Ja. Nein.	Yes, they are. No, they are not.	Yeah. No, they're not.

3.1a. Befehlsform: sein

Seien Sie so nett und reichen Sie mir die Butter rüber.	=	**Be** so nice and pass me the butter.
Sei nicht so blöd.	=	**Don't be** so stupid/silly.

3.1b. Grundsatz, Gegenwart, Zukunft

Ich bin jeden Tag zu Hause.	=	I am at home every day.
Ich bin jetzt zu Hause.	=	I am at home now.
Ich bin morgen zu Hause.	=	I am (will be) at home tomorrow,
Das Meeting ist jeden Tag um acht.	=	The meeting is every day at eight.
Das Meeting ist jetzt.	=	The meeting is now.
Das Meeting ist morgen um acht.	=	The meeting is (will be) tomorrow at eight.
Üben Sie auch mit		**Practice with**
eingeladen sein	=	to be invited
fit sein	=	to be fit, in shape
glücklich sein	=	to be happy
auf der Arbeit sein	=	to be at work
auf einer Party sein	=	to be at a party
auf einem Konzert sein	=	to be at a concert
irgendwo bei jemandem sein	=	to be with someone somewhere
Urlaub haben, in/im Urlaub sein	=	to be on holiday

3.1c. Bitte stellen Sie sich vor.	Please introduce yourself.
Hallo. Mein Name ist Edmund Donovan. Aber jedermann nennt mich Eddie. Ich bin 49 und habe am 22. Mai Geburtstag.	Hello, my name is Edmund Donovan. But everyone calls me Eddie. I am 49 and my birthday is on (the) 22nd (of) May.

 „The" und „of" werden nur ausgesprochen, aber nicht geschrieben.

Mein Sternzeichen ist Zwilling.	My star sign is Gemini.
Ich bin aus London, England, aber ich wohne in Ingolstadt. Ich bin ein Englischtrainer. Ich arbeite unter anderem bei Airbus.	I am from London, England but I live in Ingolstadt. I am an English coach. I work for Airbus amongst others.
Ich bin verheiratet. Meine Frau ist Studentin. Ich habe zwei Söhne und einen Stiefsohn. Mein ältester Sohn Jamie ist Verkäufer. Mein zweiter Sohn Henry ist Student. Mein Stiefsohn Patrick ist Koch.	I am married. My wife is a student. I have two sons and a stepson. My eldest son Jamie is a sales assistant. My second son Henry is a student. My stepson Patrick is a cook.
Meine Lieblingssportarten sind Golf und Joggen. Meine Lieblingshobbys sind Bücherschreiben und Joggen. Mein Lieblingsfußballverein ist ManUnited. Ich gehe gerne essen.	My favourite sports are golf and jogging. My favourite hobbies are writing books and going jogging. My favourite football team is ManUnited. I like going out to eat.
Das war es.	That is all.
Jetzt stellen Sie sich so vor: Malen Sie einen Pfeil für jeden Fakt.	**Now introduce yourself like this:** Draw an arrow for each fact.

My name is ______________________.

I like ______________.

I am ______________.

My favourite hobbies are

______________________.

My star sign is ______________.

My favourite sports are

____

______________________.

I am from ______________.

I am ______________.

I am ______________.

I work for ______________.

Jetzt stellen Sie Ihren Nachbarn vor.	Now introduce your neighbour.

3.2. Es gibt (Einzahl) = There is

1. Allgemeine Tatsache: *es gibt*		General fact: *there is*	
→	**Beurteilung/Kommentar:** ***sie, er, es ist***	→	**assessment/comment:** ***it is***
	Es gibt eine Kantine **hier**.	=	**There is**/There's a canteen **here**.
→	**Sie ist sehr gemütlich**.	→	**It's very cosy**.
	Es gibt keine Kantine hier.	=	**There isn't** a canteen here.
		=	There is no canteen here.
		=	There is not a canteen here.
		=	There's not a canteen here.
	Gibt es eine Kantine **hier**?	=	**Is there** a canteen **here**?
→	Ja. Nein.	→	Yes, there is. / No, there isn't.
	Gibt es keine Kantine hier?	=	**Isn't there** a canteen here?
		=	Is there no canteen here?
		=	Is there not a canteen here?
→	Ja. Nein.	→	Yes, there is. / No, there isn't.
2. **Es gibt (Mehrzahl)**		=	**There are**
	Allgemeine Tatsache: *es gibt*		General fact: *there are*
→	**Beurteilung/Zusatzinfo:** ***sie sind***	→	**assessment/additional info:** ***they are***
	Es gibt viele Restaurants **hier**.	=	**There are** (There're) many restaurants **here**.
→	**Sie sind alle gut**.	→	**They are** (They're) **all good**.
	Es gibt keine Restaurants hier.	=	**There aren't any** restaurants here.
		=	There are no restaurants here.
		=	There are not any restaurants here.
		=	There're not any restaurants here.
	Gibt es Restaurants hier?	=	**Are there** any restaurants here?
		→	Yes, **there are**. / No, there aren't.
	Ja, es gibt nur eins.	→	Yes, ***there is*** **just one**.
	Gibt es keine Restaurants hier?	=	**Aren't there any** restaurants here?
		=	Are there no restaurants here?
		=	Are there not any restaurants here?
		→	Yes, there are. / No, there aren't.

Jetzt stellen Sie Ihr Dorf, Ihre Stadt vor.	**Now introduce your village, your town.**
Ich wohne in Gerolfing.	I live in Gerolfing.
Es ist in der Nähe von Ingolstadt.	It is near to Ingolstadt.
Es gibt ein Postamt, das sehr praktisch ist.	There is a post office which/that is very practical.
Es gibt eine Bank, die immer für mich da ist.	There is a bank which/that is always there for me.
Es gibt einen Supermarkt namens Wurzi.	There is a supermarket called Wurzi's.
Es gibt zwei Bäckereien, die beide gut sind.	There are two bakeries which/that are both good.
Es gibt einen Sportverein, wo (in dem) ich Tennis spiele.	There is a sports club where I play tennis.
 1. dort/da (wir sind alle da.)	there (we are all here.)
Gibt es eine Kantine dort?	Is there a canteen **there**?
2. Es gibt eine Schule und einen Kindergarten.	**There is** a school and a kindergarten.
Es gibt eine Sparkasse und zwei andere Banken.	**There is** a Sparkasse and two other banks.
Es gibt drei Banken.	There are 3 banks.
3. Wie viele Restaurants gibt es dort?	How many restaurants are there there?
4. Fünf Ordner sind im Bild. Ein Lineal ist im Bild.	There are five files in the picture. There is one ruler in the picture.
5. Es gibt keinen Sonnenschein …	There ain't no sunshine …

3.3a. Haben – Besitz (Grundsatz) = to have		
Deutsch	Formalform (Sie-Form)	Umgangsform (Du-Form)
Einzahl	Singular	Ausgesprochen ohne „h"
1. **Ich habe** ein Auto.	**I have** a car.	**I have** a car.
Ich habe kein Auto.	**I do not have** a car. I have no car.	**I don't have** a car. I've no car.
Habe ich ein Auto?	**Do I have** a car?	**Do I have** a car?
Habe ich kein Auto?	**Do I not have** a car?	**Don't I have** a car?
→ Ja(-wohl). Ja. Nein.	→ Yes, I/you do. No, I/you do not.	Yeah. No, I don't. No, you don't.
2. **Du hast** (**Sie haben**) ein Auto.	**You have** a car.	**You have** a car.
Du hast kein Auto.	**You do not have** a car. You have no car.	**You don't have** a car. You have no car.
Hast du (**Haben Sie**) ein Auto?	**Do you have** a car?	**Do you have** a car?
Hast du kein Auto?	**Do you not** have a car?	**Don't you have** a car?
→ Ja(-wohl). Ja. Nein.	→ Yes, I do. No, I do not.	Yeah. No, I don't.
3. **Er hat** ein Auto.	**He has** a car.	**He has** a car.
Er hat kein Auto.	**He does not have** a car. He has no car.	**He doesn't have** a car. He has no car.
Hat er ein Auto?	**Does he have** a car?	**Does he have** a car?
Hat er kein Auto?	**Does he not have** a car?	**Doesn't he have** a car?
→ Ja(-wohl). Ja. Nein.	→ Yes, he does. No, he does not.	Yeah. No, he doesn't.
3. **Sie hat** ein Auto.	**She has** a car.	**She has** a car.
Sie hat kein Auto.	**She does not have** a car. She has no car.	**She doesn't have** a car. She has no a car.
Hat sie ein Auto?	**Does she have** a car?	**Does she have** a car?
Hat sie kein Auto?	**Does she not have** a car?	**Doesn't she have** a car?
→ Ja(-wohl). Ja. Nein.	→ Yes, she does. No, she does not.	Yeah. No, she doesn't.
3. **Es hat** eine Klimaanlage.	**It has** air-conditioning.	**It has** air-conditioning.
Es hat keine Antenne.	**It does not have** an aerial. It has no air-conditioning.	**It doesn't have** an aerial. It has no air-conditioning.
Hat es eine Sitzheizung?	**Does it have** seat heating?	Does it have seat heating?
Hat es keine Sitzheizung?	**Does it not have** seat heating?	**Doesn't it have** seat heating?
→ Ja(-wohl). Ja. Nein.	→ Yes, it does. No, it does not.	Yeah. No, it doesn't.
Mehrzahl	Plural	
1. **Wir haben** ein Auto.	**We have** a car.	**We have** a car.
Wir haben kein Auto.	**We do not have** a car. We have no car.	**We don't have** a car. We have no car.
Haben wir ein Auto?	**Do we have** a car?	**Do we have** a car?
Haben wir kein Auto?	**Do we not have** a car?	**Don't we have** a car?
→ Ja(-wohl). Ja. Nein.	→ Yes, we/you do. No, we/you do not.	Yeah. No, we don't. No, you don't.

Deutsch	Formalform	Umgangsform
2. **Ihr habt** (**Sie haben**) ein Auto.	**You have** a car.	**You have** a car.
Ihr habt kein Auto.	**You do not have** a car. You have no car.	**You don't have** a car. You have no a car.
Habt ihr ein Auto?	**Do you have** a car?	**Do you have** a car?
Habt ihr kein Auto?	**Do you not have** a car?	**Don't you have** a car?
→ Ja(-wohl). Ja. Nein.	→ Yes, we do. No, we do not.	Yeah. No, we don't.
3. **Sie haben** ein Auto.	**They have** a car.	**They have** a car.
Sie haben kein Auto.	**They do not have** a car. They have no car.	**They don't have** a car. They have no car.
Haben sie ein Auto?	**Do they have** a car?	**Do they have** a car?
Haben sie kein Auto?	**Do they not** have a car?	**Don't they have** a car?
→ Ja(-wohl). Ja. Nein.	→ Yes, they do. No, they do not.	Yeah. No, they don't.

3.3b. haben – Besitz (Grundsatz) = have got

Deutsch	Formalform (Sie-Form)	Umgangsform (Du-Form)
Einzahl	Singular	Ausgesprochen ohne „h"
1. **Ich habe** ein Auto.	**I have got** a car.	**I've gotta** car.
Ich habe kein Auto.	**I have not** got a car. I have got no car.	**I haven't gotta** car. I ain't gotta car. I've got no car.
Habe ich ein Auto?	**Have I got** a car?	**Have I gotta** car?
Habe ich kein Auto?	**Have I not got** a car?	**Haven't I gotta** car?
→ Ja(-wohl). Ja. Nein.	→ Yes, I/you have. No, I/you have not.	Yeah. No, I haven't. No, you haven't.
2. **Du hast** (**Sie haben**) ein Auto.	**You have got** a car.	**You've got**ta car.
Du hast kein Auto.	**You have not got** a car. You have got no car.	**You haven't got**ta car. You ain't got a car. You've got no car.
Hast du (**Haben Sie**) ein Auto?	**Have you got** a car?	**Have you got**ta car?
Hast du kein Auto?	**Have you not got** a car?	**Haven't you got**ta car?
→ Ja(-wohl). Ja. Nein.	→ Yes, I have. No, I have not.	Yeah. No, I haven't.
3. **Er hat** ein Auto.	**He has got** a car.	**He's got**ta car.
Er hat kein Auto.	**He has not got** a car. He has got no car.	**He hasn't got**ta car. He ain't gotta car. He's got no car.
Hat er ein Auto?	**Has he got** a car?	**Has he got**ta car?
Hat er kein Auto?	**Has he not got** a car?	**Hasn't he got**ta car?
→ Ja(-wohl). Ja. Nein.	→ Yes, he has. No, he has not.	Yeah. No, he hasn't.
3. **Sie hat** ein Auto.	**She has got** a car.	**She's got**ta car.
Sie hat kein Auto.	**She has not got** a car. She has got no car.	**She hasn't got**ta car. She ain't gotta car. She's got no car.
Hat sie ein Auto?	**Has she got** a car?	**Has she got**ta car?
Hat sie kein Auto?	Has she not got a car?	Hasn't she gotta car?
→ Ja(-wohl). Ja. Nein.	→ Yes, she has. No, she has not.	Yeah. No, she hasn't.

Deutsch	Formalform	Umgangsform
3. **Es hat** eine Klimaanlage.	**It has got** air-conditioning.	**It's got** air-conditioning.
Es hat keine Antenne.	**It has not got** an aerial. It has got no aerial.	**It hasn't got** an aerial. It ain't got an aerial. It's got no aerial.
Hat es eine Sitzheizung?	**Has it got** seat heating?	**Has it got** seat heating?
Hat es keine Sitzheizung?	**Has it not got** seat heating?	**Hasn't it got** seat heating?
→ Ja(-wohl). Ja. Nein.	→ Yes, it has. No, it has not.	Yeah. No, it hasn't.
Mehrzahl	**Plural**	
1. **Wir haben** ein Auto.	**We have got** a car.	**We've got**ta car.
Wir haben kein Auto.	**We have not got** a car. We have got no car.	**We haven't got**ta car. We ain't gotta car. We've got no car.
Haben wir ein Auto?	**Have we got** a car?	**Have we got**ta car?
Haben wir kein Auto?	**Have we not got** a car?	**Haven't we got**ta car?
→ Ja(-wohl). Ja. Nein.	→ Yes, we/you have. No, we/you have not.	Yeah. No, we haven't. No, you haven't.
2. **Ihr habt** (**Sie haben**) ein Auto.	**You have got** a car.	**You've got**ta car.
Ihr habt kein Auto.	**You have not got** a car. You have got no car.	**You haven't got**ta car. You ain't gotta car. You've got no car.
Habt ihr (**Haben Sie**) ein Auto?	**Have you got** a car?	**Have you got**ta car?
Habt ihr kein Auto?	**Have you not got** a car?	**Haven't you got**ta car?
→ Ja(-wohl). Ja. Nein.	→ Yes, we have. No, we have not.	Yeah. No, we haven't.
3. **Sie haben** ein Auto.	**They have got** a car.	**They've got**ta car.
Sie haben kein Auto.	**They have not got** a car. They have got no car.	**They haven't got**ta car. They ain't gotta car. They've got no car.
Haben sie ein Auto?	**Have they got** a car?	**Have they got**ta car?
Haben sie kein Auto?	**Have they not got** a car?	**Haven't they got**ta car?
→ Ja(-wohl). Ja. Nein.	→ Yes, they have. No, they have not.	Yeah. No, they haven't.

⚠

1. **Umgangssprache**	**Slang**
Ich habe ein Auto.	I've got a car
Ich **habe** ein Auto.	I've **gotta** car.
Hast du ein Auto?	Have you **gotta** car?
→ Ja. Nein.	→ Yes, I have, No, I haven't.
Du hast ein Auto, oder?	You **gotta** car, right? AE
Ich **habe** Grün. (Ampel)	I **gotta** green light. (Bryan Adams)
2. Grundsatz, Gegenwart, Zukunft	
Ich habe jeden Tag Zeit.	I have time every day./I have got time every day.
Ich habe jetzt Zeit.	I have time now./I have got time now.
Ich habe morgen Zeit	I have time tomorrow/I have got time tomorrow.
Ich habe jeden Tag einen Termin.	I have an appointment every day. I have got an appointment every day.
Ich habe jetzt einen Termin.	I have an appointment now. / I have got an appointment now.
Ich habe morgen um acht einen Termin.	I have an appointment tomorrow at eight. I have got an appointment tomorrow at eight.

Üben Sie auch mit	Practice with
ein Mountainbike haben	to have a mountain bike/to have got a mountain bike
einen Traum haben	to have a dream/to have got a dream
eine Familie haben	to have a family/to have got a family
3. etwas vorhaben	
Hast du etwas vor für das Wochenende?	Do you **have anything planned** for the weekend? **Have you got anything planned** for the weekend?
4. zu tun haben	
Ich habe heute viel zu tun.	I **have a lot to do** today./I **have got a lot to do** today.
⚠ **müssen**	
Ich muss heute viel tun.	I **have to do a lot** today/I have **got to do a lot** today. I **must do a lot** today.
5. ain't = have not, haven't	
Schätzchen, du hast noch nichts gesehen.	Baby, you **ain't** seen nothing yet. (B. T. O.)
Du hast keine Chance.	You ain't got a chance.
6. Besitz	
Besitz	ownership, possession
Besitz/Eigentum	property
Besitzer	the owner
besitzen	to own, possess
7. ein eigenes Haus usw.	
ein eigenes Haus	my own house your own house his own house her own house its own stall our own house your own house their own house
8. verstehen	
Jetzt habe ich es verstanden.	Now I've got it.
Kapiert!	Got it!
9. Vergangenheitsform	
Seit wann haben Sie Ihr Auto? → Seit ungefähr vier Jahren. → Seit 2006.	How long have you had your car? → For about four years. → Since 2006.
Wie lange hatten Sie Ihr altes Auto? → Ich hatte es drei Jahre.	How long did you have your old car? → I had it for three years.
Ich hatte vorher noch nie ein Cabrio gehabt.	I had never had a convertible before.
10. Haben Sie meinen Brief schon bekommen?	**Have you got/received my letter yet?**

Übung 9	Practice 9
Ich habe ein Auto.	I have a car. I have got a car.
1. Ich habe ein Fahrrad.	I ________ a bike. I ________ _____ a bike. I've ___ a bike. I've gotta bike.
2. Elke hat auch ein Fahrrad.	Elke also _______ a bike. Elke _______ ____ a bike too. Elke's ____ a bike too. Elke's ________ bike too.
3. Wir mögen Katzen. Wir haben zwei Katzen.	We like cats. We ________ two cats. We ________ _____ two cats. We'___ got two cats.
4. Er ist unglücklich. Er hat viele Probleme.	He is unhappy. He ____ a lot of problems. He ____ ____ a lot of problems. He'__ _____ a lot of problems. He's ______ lot of problems.
5. Wir lesen viel. Wir haben viele Bücher.	We read a lot. We ______ a lot of books. We ______ ____ a lot of books. We'___ _____ a lot of books. We've _______ lot of books.
6. Ich habe kein Motorrad.	I ______ have a motor bike. I ______ got a motor bike. I _______ ______ motor bike.
7. Elke hat auch kein Motorrad.	Elke _______ _______ a motor bike either. Elke _______ ____ a motor bike either.
8. Hast du ein Rad?	___ you ______ a bike? ______ you ___ a bike? ________ you ______ bike?
9. Wir mögen Tiere nicht. Darum haben wir keine Haustiere.	We don't like animals. That is why we ______ _______ pets. That's why we ________ ____ pets. That's why we have (got) no pets.
10. Sie lesen nicht viel. Sie haben nicht viele Bücher.	They don't read much. They ______ ________ many books. They ______ ____ many books.
11. Haben Sie jede Woche Zeit zum Lernen? → Ja. Nein.	___ you have time to revise every week? Yes, I do. No, I don't. ______ you ___ time to revise every week? Yes, I _____. No, I ____.
12. Haben Sie jetzt Zeit? → Ja. Nein. → Wie viel Zeit haben Sie jetzt?	___ you have time now? Yes, I do. No, I don't. Have you ____ time now? Yes, I have. No, I haven't. How much time ___ you _______ now? How much time _______ you ___ now?

13. Hat er morgen Zeit? → Ja. Nein.	____ he _____ time tomorrow? Yes, he _______. No, he _________. ______ he ____ time tomorrow? Yes, he _______. No, he ________.
14. Es tut mir leid. Ich habe keine Zeit.	I'm sorry. I _______ _______ any time. I'm sorry I ________ ____ any time. I'm sorry. I have (got) ____ time.
15. Wann haben wir Englisch? → Wir haben am Dienstag Englisch.	When do we _____ English? We ______ English on Tuesday.
16. Wann haben wir Englisch? → Wir haben am Dienstag Englisch.	When ______ we _____ English? We ______ ____ English on Tuesday. We'___ ____ English on Tuesday.
17. Um wie viel Uhr haben wir Englisch? → Wir haben Englisch von 8 bis 10.30 Uhr.	What time ___ we ________ English? We ______ English from 8 to 10.30.
18. Um wie viel Uhr haben wir Englisch? → Wir haben Englisch von 8 bis 10.30 Uhr.	What time _______ we _____ English? We ______ _____English from 8 to 10.30. We'___ got English from 8 to 10.30.
19. Wann haben wir unser nächstes Meeting? → Wir haben unser nächstes Meeting in zwei Wochen.	When ___ we ______ our next meeting? We ______ our next meeting in two weeks.
20. Wann haben wir unser nächstes Meeting? → Wir haben unser nächstes Meeting in zwei Wochen.	When ______ we ____ our next meeting? We _____ ___ our next meeting in two weeks. We'__ ____our next meeting in two weeks.
21. Was für ein Auto haben Sie? → Ich habe einen Audi Avant.	What kind of car ____ you ________? I ______ an Audi Avant.
22. Was für ein Auto haben Sie? → Ich habe einen Audi Avant.	What kind of car ____ you _____? I ______ ___ an Audi Avant. I'__ ___ an Audi Avant.
23. Wie lange hast du das Auto schon? (Seit wann hast du dein Auto?) → Ich habe es seit etwa vier Jahren/seit 2006.	How long _______ you had your car? I'__ had it for about four years/since 2006.
24. Welche Extras hat es? → Es hat eine Freisprechanlage. → Aber es hat kein Schiebedach.	What extras _______ it have? It ____ a hands free system. But it _______ ______ a sun roof. But it has ___ sunroof.
25. Welche Extras hat es? → Es hat eine Freisprechanlage. → Aber es hat kein Schiebedach.	What extras _______ it ____? It ____ _____ a hands free system. It'_ _______ hands free system. But it _______ ______ sun roof. But it has got ___ sunroof.
26. Was für ein Auto hat Ihre Frau? → Sie hat einen VW Golf.	What kind of car ______ your wife _____? She ____ a VW Golf.
27. Was für ein Auto hat Ihre Frau? → Sie hat einen VW Golf.	What kind of car ______ your wife _____? She _____ ____ a VW Golf. She'_ ____ a VW Golf. She's gotta VW Golf. She gotta VW Golf.
28. Haben Sie noch Fragen?	___ you _______ anymore questions? ______ you ____ anymore questions?

3.4a. tun, machen (erledigen, treiben) = to do Hilfsverb Grundsatz: Fragen + Verneinung = *do/do not, does/does not*		
Deutsch	Formalform (Sie-Form)	Umgangsform (Du-Form)
Einzahl	Singular	
1. **Ich mache** meine Arbeit gut.	**I do** my job well.	**I do** my job well.
Ich mache meine Arbeit **nicht** gut.	***I do not* do** my job well.	***I don't* do** my job well.
Mache ich meine Arbeit gut?	***Do I* do** my job well?	***Do I* do** my job well?
Mache ich meine Arbeit **nicht** gut?	***Do I not* do** my job well?	***Don't I* do** my job well?
→ Ja(-wohl). Ja. Nein.	Yes, I/you do. No, I/you do not.	Yeah. No, I don't. No, you don't.
2. **Du machst** deine Arbeit gut.	**You do** your job well.	**You do** your job well.
Du machst deine Arbeit **nicht** gut.	***You do not* do** your job well.	***You don't* do** your job well.
Machst du deine Arbeit gut?	***Do you* do** your job well?	***Do you* do** your job well?
Machst du deine Arbeit **nicht** gut?	***Do you not* do** your job well?	***Don't* you do** your job well?
→ Ja(-wohl). Ja. Nein.	→ Yes, I do. No, I do not.	Yeah. No, I don't.
3. **Er macht** seine Arbeit gut.	**He does** his job well.	**He does** his job well.
Er macht seine Arbeit **nicht** gut.	***He does not* do** his job well.	***He doesn't* do** his job well.
Macht er seine Arbeit gut?	***Does he* do** his job well?	***Does he* do** his job well?
Macht er seine Arbeit nicht gut?	***Does he not* do** his work well?	***Doesn't* he do** his work well?
→ Ja(-wohl). Ja. Nein.	→ Yes, he does. No, he does not.	Yeah. No, he doesn't.
3. **Sie macht** ihre Arbeit gut.	**She does** her work well.	**She does** her work well.
Sie macht ihre Arbeit **nicht** gut.	***She does not* do** her job well.	***She doesn't* do** her job well
Macht sie ihre Arbeit gut?	***Does she* do** her job well?	***Does she* do** her job well?
Macht sie ihre Arbeit **nicht** gut?	***Does she not* do** her job well?	***Doesn't she* do** her job well?
→ Ja(-wohl). Ja. Nein.	→ Yes, she does. No, she does not.	Yeah. No, she doesn't.
3. **Es macht** seine Arbeit gut.	**It does** its job well.	**It does** its job well.
Es macht seine Arbeit nicht gut.	***It does not* do** its job well.	***It doesn't* do** its job well.
Macht es seine Arbeit gut?	***Does it* do** its job well?	***Does it* do** its job well?
Macht es seine Arbeit **nicht** gut?	***Does it not* do** its job well?	***Doesn't it* do** its job well?
→ Ja(-wohl). Ja. Nein.	→ Yes, it does. No, it does not.	Yeah. No, it doesn't.
Mehrzahl	Plural	
1. **Wir machen** unsere Arbeit gut.	**We do** our job well.	**We do** our job well.
Wir machen unsere Arbeit **nicht** gut.	***We do not* do** our job well.	***We don't* do** our job well.
Machen wir unsere Arbeit gut?	***Do we* do** our job well?	***Do we* do** our job well?
Machen wir unsere Arbeit **nicht** gut?	***Do we not* do** our job well?	***Don't we* do** our job well?
→ Ja(-wohl). Ja. Nein.	Yes, we/you do. No, we/you do not.	Yeah. No, we don't. No, you don't.
2. **Ihr macht** eure Arbeit gut.	**You do** your job well.	**You do** your job well.
Ihr macht eure Arbeit nicht gut.	***You do not* do** your job well.	***You don't* do** your job well.
Macht ihr eure Arbeit gut?	***Do you* do** your job well?	***Do you* do** your job well?
Macht ihr eure Arbeit nicht gut?	***Do you not* do** your job well?	***Don't you* do** your job?
→ Ja(-wohl). Ja. Nein.	→ Yes, we do. No, we do not	Yeah. No, we don't.

Deutsch	Formalform	Umgangsform
3. **Sie machen** ihre Arbeit gut.	**They do** their job well.	**They do** their job well.
Sie machen ihre Arbeit **nicht** gut.	***They do not* do** their job well.	***They don't* do** their job well.
Machen sie ihre Arbeit gut?	***Do they* do** their job well?	***Do they* do** their job well?
Machen sie ihre Arbeit **nicht** gut?	***Do they not* do** their job well?	***Don't they* do** their job well?
→ Ja(-wohl). Ja. Nein.	→ Yes, they do. No, they do not.	Yeah. No, they don't.

1. Um ein Verb in einem Satz nicht zweimal zu wiederholen, kann es durch „do/does" ersetzt werden.	
Sie sagt immer, dass sie anrufen wird, aber sie ruft nie an/**tut es nicht**.	She always says she will phone but she never phones/**does**.
2. Wenn man ein Statement von einem anderen unterstützt, fällt das Verb weg.	
Ich brauche mehr Geduld.	I need more patience.
→ Wer braucht das nicht?	→ Who doesn't?
3. etwas auf den Tisch tun, legen, setzen	to put s/t on the table
4. so tun als ob .../vortäuschen	to pretend to ... / that ...

3.4b. tun machen Hilfsverb Grundsatz: Fragen + Verneinung	to do to do, to make do/do not, does/does not
1. tun/machen: erledigen → abhaken	**to do** (carry out) → **to tick s/t off**
Was machen Sie jeden Abend?	What do you **do** every evening?
Wir machen jede Woche Tests.	We **do** tests every week.
Wir machen immer ein gutes Geschäft.	We always **do** good **business**.
Ich mache jedes Jahr einen Englischkurs.	I **do** an English course every year.
2. machen: fast immer herstellen → dazu bringen	**to make** (to produce, to manufacture)
Ich koche mir jeden Morgen einen Kaffee.	I **make** myself a coffee every morning.
Sie bäckt jedes Wochenende einen Kuchen.	She **makes** (bakes) a cake every weekend.
Hergestellt in Deutschland.	**Made** in Germany.
Ich stelle Kontakte her. Sie bringt mich zum Lachen.	I **make** contacts. She **makes** me laugh.
Ich führe Telefongespräche.	I **make telephone calls**.
Ausnahme:	
Es macht keinen Sinn.	It **makes** no sense.
Übung macht den Meister.	Practice makes perfect.
Ich mache immer Fotos/Bilder im Urlaub.	I always **take photos/pictures** on holiday.
Können wir eine Pause machen?	Can we **have/take** a break?
Lasst uns ein Grillfest machen.	Let's **have a barbeque** party.
 3. **Hilfsverb: Grundsätze**	
a. Fragen	
Wo kommen Sie her?	Where **do** you come from?
→ Ich komme aus London, England.	→ I **come** from London, England.
b. Verneinung	
Ich komme nicht aus Amerika.	I **don't** come from America.
 **Wichtig: Bei er, sie, es kommt bei Grundsätzen immer ein s dazu.**	
Wo kommt sie her?	Where **does** she come from?
→ Sie kommt aus Ingolstadt, Deutschland.	→ She **comes** from Ingolstadt, Germany.
Sie kommt nicht aus Amerika.	She **doesn't** come from America.

Übung 10	Practice 10
Grundsätze: Etwas, was man normalerweise, aber nicht im Moment macht.	
1. Was machen Sie beruflich? → Ich bin Englischtrainer.	What _____ you _____ for a living? I am an English coach.
2. Weißt du, wie man diesen Kuchen bäckt?	____ you know how to _____ this cake?
3. Dieser Teil ist aus Glasfaser.	This part is ________ of fibre glass.
4. EADS stellt Flugzeuge her.	EADS ______ aircraft.
5. Wann macht sie normalerweise ihre Hausaufgaben? → Sie macht sie abends.	When ______ she normally ____ her homework? She _______ it in the evening.
Gegenwart	
6. Was machst du gerade? → Ich backe Brot. → Gut gemacht.	What are you _________? I am ________ bread. Well ________.
7. Was machen sie gerade? → Sie schreiben eine Prüfung.	What are they ________? They are _________an exam.
8. Was macht Ihre Frau gerade? → Sie macht Sport. Mach den Knopf zu/auf.	What is your wife __________ at the moment? She is __________ sport. ______ the button up. ______ the button.
9. Was macht gerade diese komischen Geräusche?	What is _________ those funny noises?
10. Ich mache mir gerade einen Kaffee. Möchtest du eine Tasse?	I am ___________ myself a cup of coffee. Would you like a cup?
Zukunft	
11. Was machen Sie heute Abend?	What are you ___________________ this evening?
12. Wollen wir etwas zusammen basteln?	Shall we _________ something together?
13. Wollen wir etwas zusammen machen?	Shall we ___ something together?
14. Soll ich das Fenster aufmachen? → Nein, ich mache es.	Should I open the window? No, I will ______ it.
15. Lasst uns die Besorgungen für die Woche machen. → Kannst du eine Liste machen?	Let's _____ the shopping for the week. Can you _______ a list?

Übung 11	Practice 11
1. Ich muss mir schnell die Haare machen. → Ich muss mich schön machen.	I just have to ___ my hair. I have to ________ myself look beautiful.
2. Wir können nicht auf dich verzichten.	We can't ___ without you.
3. Um einen Gewinn zu machen, muss man die richtigen Entscheidungen treffen.	In order to _______ a profit you have to _______ the right decisions.
4. Ich kann es mir nicht leisten, Fehler zu machen.	I can't afford to ________ mistakes.
5. Wir machen zurzeit gute Geschäfte mit denen.	We are ________ good business with them.
6. Ich werde ein Vermögen machen.	I will _______ a fortune.
7. Wann haben Sie Abitur (Mittlere Reife) gemacht? → Mit 18.	When did you ____ your A-levels (GCSE's)? When I was 18.
8. Ich mache zurzeit eine Ausbildung.	I am ________ vocational training at the moment.
9. Ich muss einen Termin mit Ihnen ausmachen.	I have to ___________ an appointment with you.
10. Ich muss diesen Auftrag schnell fertig machen.	I just have to __________ this job (order).
11. Es ist schwer, hier Freunde zu finden.	It is difficult to ________ friends here.
12. Sie bringt mich zum Lachen. Sie macht mich glücklich.	She _________ me laugh. She _________ me happy.
13. Wir müssen mit diesem Werkzeug auskommen. → Das ist machbar. Das ist durchführbar/machbar. → Das ist zu machen/möglich.	We have to _______-___ with these tools. That is __________. That is _____________. That is ____________.
14. Er zwingt uns, hart zu arbeiten. Er übertreibt alles.	He ________ us work hard. He over_____ everything.
15. Du machst dich lustig über uns.	You are _________ fun of us.
Vorsicht: ohne make/do	
16. Es macht Spaß, Englisch zu lernen.	It ____ fun learning English.
17. Machen Sie bitte weiter.	Please __________ / _________ ___.
18. Mach dir keine Sorgen. Sei glücklich.	Don't _________ be happy.
19. Dieser Trainer macht uns Hoffnung.	This coach ________ us hope.
20. Lasst uns einen Spaziergang machen.	Let's ____ for a walk.
21. Ich muss mich schnell fertig machen. Ich muss mich schnell frisch machen.	I just have to _____ myself ready. I just have to ___________ ___.
22. Es macht mir nichts aus, was wir trinken. (Es ist mir egal). → Macht es dir etwas aus, wenn wir Rotwein trinken? Nein + Ja – (Es ist mir völlig egal!)	I don't ______ what we drink. Do you ______ if we drink red wine? No + Yes – (I don't care/I don't give a damn.)
23. Machen Sie sich nichts vor. Der Job ist hart. So, machen wir uns an die Arbeit!	Don't _______ __________. The job is hard. So/Right, let's ______ _______ to work.
24. Mach schnell!	_________ up. _____ a move on.
25. Er macht immer Probleme. Ich mache mir Sorgen.	He always __________ problems. I ____ worried.
26. Wo machen Sie dieses Mal Urlaub?	Where are you ________ on holiday this time?
27. Die Musik macht mich verrückt. Kannst du sie leiser machen?	The music is _____ me crazy. Can you _____ it down?

3.5. können = can/to be able to

→ Die „He, she, it, das ‚s' muss mit"-Regel fällt weg.

Grundsatz: Ich kann Tennis spielen. = **I can play** tennis.
Gegenwart (Sinne): Hören Sie das Geräusch? = **Can you hear** that noise?
Zukunft: Ich kann morgen spielen. = **I can play** tomorrow.
⚠ **Wichtig:** können/fähig sein (Fähigkeit) = can/to be able to (ability)

Deutsch	Formalform (Sie-Form)	Umgangsform (Du-Form)
Einzahl	Singular	
1. **Ich kann** tanzen.	**I can** dance.	**I can** dance.
Ich kann nicht tanzen.	**I cannot** dance.	**I can't** dance.
Kann ich tanzen?	**Can I** dance?	**Can I** dance?
Kann ich nicht tanzen?	**Can I not** dance?	**Can't I** dance?
→ Ja(-wohl). Ja. Nein.	Yes, I/you can. No, I/you can not.	Yeah. No, I can't.
2. **Du kannst** (Sie können) tanzen.	**You can** dance.	**You can** dance.
Du kannst nicht tanzen.	**You cannot** dance.	**You can't** dance.
Kannst du tanzen?	**Can you** dance?	**Can you** dance?
Kannst du nicht tanzen?	**Can you not** dance?	**Can't you** dance?
→ Ja(-wohl). Ja. Nein.	Yes, I can. No, I cannot.	Yeah. No, I can't.
3. **Er kann** tanzen.	**He can** dance.	**He can** dance.
Er kann nicht tanzen.	**He cannot** dance.	**He can't** dance.
Kann er tanzen?	**Can he** dance?	**Can he** dance?
Kann er nicht tanzen?	**Can he not** dance?	**Can't he** dance?
→ Ja(-wohl). Ja. Nein.	Yes, he can. No, he cannot.	Yeah. No, he can't.
3. **Sie kann** tanzen.	**She can** dance.	**She can** dance.
Sie kann nicht tanzen.	**She cannot** dance.	**She can't** dance.
Kann sie tanzen?	**Can she** dance?	**Can she** dance?
Kann sie nicht tanzen?	**Can she not** dance?	**Can't she** dance?
→ Ja(-wohl). Ja. Nein.	Yes, she can. No, she cannot.	Yeah. No, she can't.
3. **Es kann** (zu Fuß) gehen/laufen.	**It can** walk.	**It can** walk.
Es kann nicht gehen.	**It cannot** walk.	**It can't** walk.
Kann es gehen?	**Can it** walk?	**Can it** walk?
Kann es nicht gehen?	**Can it not** walk?	**Can't it** walk?
→ Ja(-wohl). Ja. Nein.	Yes, it can. No, it cannot.	Yeah. No, it can't.
Mehrzahl	Plural	
1. **Wir können** tanzen.	**We can** dance.	**We can** dance.
Wir können nicht tanzen.	**We cannot** dance.	**We can't** dance.
Können wir tanzen?	**Can we** dance?	**Can we** dance?
Können wir nicht tanzen?	**Can we not** dance?	**Can't we** dance?
→ Ja(-wohl). Ja. Nein.	Yes, we/you can. No, we/you cannot.	Yeah. No, we can't. No, you can't.
2. **Ihr könnt** (Sie können) tanzen.	**You can** dance.	**You can** dance.
Ihr könnt nicht tanzen.	**You cannot** dance.	**You can't** dance.
Könnt ihr tanzen?	**Can you** dance?	**Can you** dance?
Könnt ihr nicht tanzen?	**Can you not** dance?	**Can't you** dance?
→ Ja(-wohl). Ja. Nein.	Yes, we can. No, we cannot.	Yeah. No, we can't.

Deutsch	Formalform	Umgangsform
3. **Sie können** tanzen.	**They can** dance.	**They can** dance.
Sie können nicht tanzen.	**They cannot** dance.	**They can't** dance.
Können sie tanzen?	**Can they** dance?	**Can they** dance?
Können sie nicht tanzen?	**Can they not** dance?	**Can't they** dance?
→ Ja(-wohl). Ja. Nein.	Yes, they can. No, they cannot.	Yeah. No, they can't.

1. Etwas tun können (fähig sein) = can do s/t/to be able to do s/t		
Ich kann (morgen) spielen.	=	I can play (tomorrow). I am able to play (tomorrow).
2. Lenkt das Hauptverb in die Gegenwart: die Sinne → Meinung		
Hören Sie das? → Es klingt gut.	=	Can you *hear* that? It sounds good.
Schmeckst du den Knoblauch? → Er schmeckt gut.	=	Can you *taste* the garlic? It tastes good.
Spürst du das? → Es fühlt sich gut an.	=	Can you *feel* that? It feels good.
Sehen Sie das? → Es sieht gut aus.	=	Can you *see* that? It looks good.
Riechst du das? → Es riecht gut.	=	Can you *smell* that? It smells good.
Ich finde meine Brille nicht.	=	I can't find my glasses.
Merken Sie den Unterschied?	=	Can you notice the difference?
3. Zu etwas in der Lage sein		
Er ist nicht in der Lage zu spielen. (fähig)	=	He isn't capable of playing.
Ich bin in der Lage zu helfen. (Position)	=	I am in a position to help.
4. Antworten auf Fragen nach Hilfe mit „can/could" sind eher so ...		
Ja, selbstverständlich. (Klar, natürlich)	=	Yes, of course (I can).
Nein, es tut mir leid.	=	No, I'm sorry. I can't.
5. Mit Hilfsverben kombiniert		
Sie müssen Leuten helfen können.	=	You must **be able to** help people.
Könnten wir den Test wiederholen?	=	Would we be able to repeat the test?
Wir werden ihn morgen wiederholen können.	=	We will be able to repeat it tomorrow.
Wollen Sie mit den Besten mithalten können?	=	Do you wanna be able to keep up with the best?
Möchten Sie besser Englisch sprechen können?	=	Would you like to be able to speak better English?
6. Vergangenheitsformen		
a. Gegenwärtige Vergangenheit (Kontrolle)		
⚠ Haben Sie mit ihm schon sprechen können? Konnten Sie mit ihm schon sprechen? → Ja.	=	Have you **been able to** speak to him yet? Yes, we have.
b. Abgeschlossene Vergangenheit		
Wir konnten nichts verstehen.	=	We **could not/weren't able to** understand anything.
Wir konnten alles verstehen.	=	We **were able to** (could) understand everything.
c. Vorvergangenheit		
Wir hatten vorher nichts verstehen können.	=	We hadn't **been able to** understand anything before.
7. Es ist trink**bar**. (Es kann getrunken werden)	=	It is drink**able**. (It can be drunk.)
Ist es essbar?	=	Is it eat**able**/ed**ible**?
Ist es machbar? Ist es herstellbar?	=	Is it do**able**/feas**ible**? Is it make**able**?
unvergesslich, unschlagbar	=	unforgett**able,** unbeat**able**

8. Ich kann es.	=	I can *do* it.
a. **Kann es sein**, dass ich sie kenne?	=	**Is it possible** that I know her?
b. **Ich kann**, wann immer Sie wollen (Termin).	=	**I can make it** whenever you want.
c. **Macht es was aus, wenn** ich das Fenster aufmache? → Nein, natürlich nicht. Ja! Kann ich/Könnte ich das Fenster aufmachen? → Ja. Nein.	= →	**Do you mind if** I open the window? **No, of course not.** Yes! Can/could I open the window? **Yes, of course.** No!
9. Eine Dose		**a can**
eine Dose Eistee, ein Kanister Benzin	=	a can of ice tea, a can of petrol
Milchkanne (Bauernhof), Kännchen Milch	=	a milk can, a pot of milk
eine Dose/Büchse Ananas, Dosenöffner	=	a tin of pineapples, a tin opener
Konservenfabrik	=	a cannery
eine Kanne, ein Kännchen Zitronentee	=	a pot of lemon tea
Blechdose	=	a tin can
Steckdose	=	a socket
Dosis, Dosierung	=	a dose, a dosage
Thermoskanne	=	a thermos flask
Pott Kaffee (Haferl)	=	a mug of coffee
Eine Kanne (Krug) Leitungswasser	=	a jug (pitcher) of tap water
10. Wenn es quasi kein Befehl ist, kommt "can/could" dazu		
Mach du das, bitte.	=	Can you do that, please?
Fahr du, bitte.	=	Can you drive, please?
Machen Sie das, bitte.	=	Could you do that, please?
Leihen Sie mir bitte 10 Euro.	=	Could you lend me ten euros, please?
Buchstabieren Sie das, bitte.	=	Could you spell that, please.
11. ermöglichen		
Das Geld wird ihm ermöglichen, auf die Uni zu gehen.	=	The money will enable him to go to university.
Das Geld wird es ihm möglich machen, auf die Uni zu gehen.	=	The money will make it possible for him to go to university.
12. eventuell/vielleicht		
Wir kommen eventuell ein bisschen später an. (vielleicht)	=	We might/may arrive a little later. Perhaps/Maybe we will arrive a little later.
Wir kamen schließlich um 7.15 Uhr an.	=	We eventually arrived at 7.15.
13. können = dürfen		
Kann ich morgen spielen?	=	Can I play tomorrow?
Du darfst hier nicht rauchen. (privat)	=	You can't smoke here.

Übung 12	Practice 12
a. Fähigkeiten	**skills, ability**
1. Ich kann schwimmen. → Kannst du (Können Sie) schwimmen? → Ja. Nein.	I can swim. _____ you swim? Yes, I can. No, I can't.
2. Er kann Ski fahren. → Kann sie Ski fahren? → Ja. Nein.	He ____ ski. _____ she ski? Yes, she _____. No, ____ ______.
3. Es kann sich ausschalten. → Kann es sich anschalten? → Ja. Nein.	It _____ turn itself off. _____ it turn itself on? Yes, __ _____. No, __ _______.
4. Wir können kochen. → Könnt ihr (Können Sie) kochen? → Ja. Nein.	We _____ cook. _____ ____ cook? Yes ____ ______. No, ____ _______.
5. Sie können Englisch sprechen. → Können sie Spanisch sprechen? → Ja. Nein.	They ____ speak English. ____ _____ speak Spanish? Yes, ______ ______. No, ______ _______.
b. Die Sinne	**The senses.**
6. Hörst du/Hören Sie den Bass? → Ja. Nein.	_____ you hear the bass? Yes, __ _____. No, __ _______.
7. Fühlst du/Fühlen Sie die Hitze? (spüren) → Ja. Nein.	____ you feel the heat? Yes, ___ ______. No, ___ _______.
8. Siehst du/Sehen Sie den Vogel? → Ja. Nein.	____ ____ see the bird? Yes, ____ _______. No, ____ ________.
9. Schmeckst du/Schmecken Sie den Knoblauch? → Ja. Nein.	____ _____ taste the garlic? Yes, ____ _______. No, ____ ________.
10. Riechst du/Riechen Sie ihr Parfum? → Ja. Es stinkt. Nein.	_____ ______ smell her perfume? Yes, it stinks. No ___ _______.
11. Findest du dein Portemonnaie nicht? → Finden Sie Ihr Portemonnaie nicht? → Nein.	Can't you find your purse (women)? _____ you find your wallet (men)? No, ____ ________.
c. Bitten	**To ask**
12. **Können** Sie in einer halben Stunde wiederkommen? **Könnten** Sie in einer halben Stunde wiederkommen? → Ja, selbstverständlich, natürlich, klar.	_____ you come back in half an hour? **Could** you come back in half an hour? Yes, of course.
13. Können Sie schnell meine Jacke halten? → Könnten Sie schnell meine Jacke halten? → Ja, selbstverständlich.	_____ you just hold my jacket for me? ________ you just hold my jacket for me? Yes, of course.
14. Können Sie mir helfen? Könnten Sie mir helfen? Könnten Sie die Musik leise machen? → Ja, selbstverständlich. → Nein (leider nicht).	_____ you help me? ________ you help me? _________ you turn the music down? Yes, of course. No, I can't. (unfortunately not)
15. Werden Sie zum Meeting kommen können? → Ja. Nein.	Will you ___ _____ __ come to the meeting? Yes, I _____. No, I _________.
16. Gehen Sie bitte zum Meeting.	________ you go to the meeting, please.

3.6. mögen (Grundsatz: Meinung) = to like (opinion)

Deutsch	Formalform (Sie-Form)	Umgangsform (Du-Form)
Einzahl	**Singular**	
1. **Ich mag** Kaffee.	**I like** coffee.	**I like** coffee.
Ich mag keinen Kaffee.	**I do not like** coffee.	**I don't like** coffee.
Mag ich Kaffee?	**Do I like** coffee?	**Do I like** coffee?
Mag ich keinen Kaffee?	**Do I not like** coffee?	**Don't I like** coffee?
→ Ja(-wohl). Ja. Nein.	Yes, I do. No, I do not.	Yeah. No, I don't.
2. **Du magst** Kaffee.	**You like** coffee.	**You like** coffee.
Du magst keinen Kaffee.	**You do not like** coffee.	**You don't like** coffee.
Magst du Kaffee?	**Do you like** coffee?	**Do you like** coffee?
Magst du keinen Kaffee?	**Do you not like** coffee?	**Don't you like** coffee?
→ Ja(-wohl). Ja. Nein.	Yes, I do. No, I do not.	Yeah. No, I don't.
3. **Er mag** Kaffee.	**He likes** coffee.	**He likes** coffee.
Er mag keinen Kaffee.	**He does not like** coffee.	**He doesn't like** coffee.
Mag er Kaffee?	**Does he like** coffee?	**Does he like** coffee?
Mag er keinen Kaffee?	**Does he not like** coffee?	**Doesn't he like** coffee?
→ Ja(-wohl). Ja. Nein.	Yes, he does. No, he does not.	Yeah. No, he doesn't.
3. **Sie mag** Kaffee.	**She likes** coffee.	**She likes** coffee.
Sie mag keinen Kaffee.	**She does not like** coffee.	**She doesn't** like coffee.
Mag sie Kaffee?	**Does she like** coffee?	**Does she like** coffee?
Mag sie keinen Kaffee?	**Does she not** like coffee?	**Doesn't she** like coffee?
→ Ja(-wohl). Ja. Nein.	Yes, she does. No, she does not.	Yeah. No, she doesn't.
3. **Es mag** Knochen.	**It likes** bones.	**It likes** bones.
Es mag keine Knochen.	**It does not like** bones.	**It doesn't like** bones.
Mag es Knochen?	**Does it like** bones?	**Does it like** bones?
Mag es keine Knochen?	**Does it not like** bones?	**Doesn't it** like bones?
→ Ja(-wohl). Ja. Nein.	Yes, it does. No, it does not.	Yeah. No, it doesn't.
Mehrzahl	**Plural**	
1. **Wir mögen** Kaffee.	**We like** coffee.	**We like** coffee.
Wir mögen keinen Kaffee.	**We do not** like coffee.	**We don't** like coffee.
Mögen wir Kaffee?	**Do we like** coffee?	**Do we like** coffee?
Mögen wir keinen Kaffee?	**Do we not** like coffee?	**Don't we** like coffee?
→ Ja(-wohl). Ja. Nein.	Yes, we do. No, we do not.	Yeah. No, we don't.
2. **Ihr mögt** Kaffee.	**You like** coffee.	**You like** coffee.
Ihr mögt Kaffee **nicht**.	**You do not** like coffee.	**You don't** like coffee.
Mögt ihr Kaffee?	**Do you like** coffee?	**Do you like** coffee?
Mögt ihr Kaffee **nicht**?	**Do you not** like coffee?	**Don't you** like coffee?
→ Ja(-wohl). Ja. Nein.	Yes, we do. No, we do not.	Yeah. No, we don't.
3. **Sie mögen** Kaffee.	**They like** coffee.	**They like** coffee.
Sie mögen keinen Kaffee.	**They do not** like coffee.	**The don't** like coffee.
Mögen sie Kaffee?	**Do they like** coffee?	**Do they like** coffee?
Mögen sie keinen Kaffee?	**Do they not** like coffee?	**Don't they** like coffee?
→ Ja(-wohl). Ja. Nein.	Yes, they do. No, they do not.	Yeah. No, they don't.

⚠	1. Wir mögen abends Golf spielen.	=	We like to play golf in the evenings.
	Wir spielen Golf gerne abends.	=	We like playing golf in the evenings.
	2. **lieben/hassen**	=	**to love (to) / hate (to)**
	Wir lieben es, abends Golf zu spielen.	=	We love to play golf in the evenings.
	Wir lieben es, abends Golf zu spielen.	=	We love playing golf in the evenings.
	3. **mögen, gefallen, schmecken, gerne**	=	**like**
	Gefällt dir mein Schlips? → Er gefällt mir gut.	=	Do you **like** my tie? I really like it.
	Schmeckt dir Weizen? → Ja, es schmeckt gut.	=	Do you **like** wheat-based beer? Yes, it tastes good.
	Ich weiß nicht, **ob sie dir schmecken**.	=	I don't know **if you will like them**.
	Ich **spiele gerne** Golf mit ihr.	=	I **like** playing golf with her.
⚠	Gern geschehen/Bitteschön!	=	You are welcome (My pleasure!)
	Ich mache es gern für Sie.	=	I'll do it gladly/with pleasure for you.
	4. **beliebt sein**		
	Er ist **beliebt**.	=	He is **well-liked**/popular.
	5. **(un-)wahrscheinlich**		
	Es ist höchst wahrscheinlich, dass	=	It is most **likely** (probable) that
	Es ist ziemlich unwahrscheinlich, dass	=	It is fairly **unlikely** (improbable) that
⚠	Wahrscheinlich das beste Bier der Welt.	=	Probably the best beer in the world.
	6. **Wie (Vergleich)**		
	Wie ist es, bei MM zu arbeiten?	=	**What** is it **like** working for/to work for MM?
	Wie eine Jungfrau …	=	**Like** a virgin …
	Es sieht ihm nicht ähnlich, zu spät zu kommen. (Es ist nicht seine Art)	=	It is **unlike/not like** him to be late.
	7. **mag sein**		
	Das mag Ihre Meinung sein.	=	That **may be** your opinion.
⚠	vielleicht, eventuell	=	maybe, perhaps
	Möge die Macht mit dir sein.	=	May the force be with you.
	8. **Im Gegensatz zu dir …**	=	**Unlike you …/In contrast to you …**
	Genau wie du …	=	Just **like** you …
	9. **Vergangenheitsform**		
	Ich habe ihn nie gemocht.	=	I have never **liked** him.
	Ich mochte den Film.	=	I **liked** the film.

3.7. mögen/wollen (Zukunft: verlangen, anbieten) = to want		
Deutsch	Formalform (Sie-Form)	Umgangsform (Du-Form)
Einzahl	Singular	
1. Ich mag/will *einen* Kaffee.	I want *a* coffee.	I *wanna* coffee.
Ich mag *keinen* Kaffee.	I do not want *a* coffee.	I don't wanna coffee.
Mag ich *einen* Kaffee?	Do I want *a* coffee?	Do I wanna coffee?
Mag ich *keinen* Kaffee?	Do I not want *a* coffee?	Don't I wanna coffee?
→ *Ja, bitte. Nein, danke.*	*Yes, please. No, thank you.*	*Yeah. No, thanks.*
2. Du magst/willst *einen* Kaffee.	You want *a* coffee.	You wanna coffee.
Du magst *keinen* Kaffee.	You do not want *a* coffee.	You don't wanna coffee.
Magst du *einen* Kaffee?	Do you want *a* coffee?	Do you wanna coffee?
Magst du *keinen* Kaffee?	Do you not want *a* coffee?	Don't you wanna coffee?
→ *Ja, bitte. Nein, danke.*	*Yes, please. No, thank you.*	*Yeah. No, thanks.*
3. Er mag/will *einen* Kaffee.	He wants *a* coffee.	He wants *a* coffee.
Er mag *keinen* Kaffee.	He does not want *a* coffee.	He doesn't want *a* coffee.
Mag er *einen* Kaffee?	Does he want *a* coffee?	Does he wanna coffee?
Mag er *keinen* Kaffee?	Does he not want *a* coffee?	Doesn't he wanna coffee?
→ Ja(-wohl). Ja. Nein.	Yes, he does. No, he does not.	Yeah. No, he doesn't.
3. Sie mag/will Kaffee.	She wants *a* coffee.	She wants a coffee.
Sie mag *keinen* Kaffee.	She does not want *a* coffee.	She doesn't wanna coffee.
Mag sie *einen* Kaffee?	Does she want *a* coffee?	Does she wanna coffee?
Mag sie *keinen* Kaffee?	Does she not want *a* coffee?	Doesn't she wanna coffee?
→ Ja(-wohl). Ja. Nein.	Yes, she does. No, she does not.	Yeah. No, she doesn't.
3. Es mag/will *einen* Knochen.	It wants *a* bone.	It wants *a* bone.
Es mag *keinen* Knochen.	It does not want *a* bone.	It doesn't wanna bone.
Mag es *einen* Knochen?	Does it want *a* bone?	Does it wanna bone?
Mag es *keinen* Knochen?	Does it not want *a* bone?	Doesn't it wanna bone?
→ Ja(-wohl). Ja. Nein.	Yes, it does. No, it does not.	Yeah. No, it doesn't.
Mehrzahl	Plural	
1. Wir mögen/wollen *einen* Kaffee.	We want *a* coffee.	We wanna coffee.
Wir mögen *keinen* Kaffee.	We do not want *a* coffee.	We don't wanna coffee.
Mögen wir *einen* Kaffee?	Do we want *a* coffee?	Do we wanna coffee?
Mögen wir *keinen* Kaffee?	Do we not want *a* coffee?	Don't we wanna coffee?
→ *Ja, bitte. Nein, danke.*	*Yes, please. No, thank you.*	*Yeah. No, thanks.*
2. Ihr mögt/wollt *einen* Kaffee.	You want *a* coffee.	You wanna coffee.
Ihr mögt *keinen* Kaffee.	You do not want *a* coffee.	You don't wanna coffee.
Mögt ihr *einen* Kaffee?	Do you want *a* coffee?	Do you wanna coffee?
Mögt ihr *keinen* Kaffee?	Do you not want *a* coffee?	Don't you wanna coffee?
→ *Ja, bitte. Nein, danke.*	*Yes, please. No, thank you.*	*Yeah. No, thanks.*
3. Sie mögen/wollen *einen* Kaffee.	They want *a* coffee.	They wanna coffee.
Sie mögen *keinen* Kaffee.	They do not want *a* coffee.	The don't wanna coffee.
Mögen sie *einen* Kaffee?	Do they want *a* coffee?	Do they wanna coffee?
Mögen sie *keinen* Kaffee?	Do they not want *a* coffee?	Don't they wanna coffee?
→ Ja(-wohl). Ja. Nein.	Yes, they do. No, they do not.	Yeah. No, they don't.

⚠ **1. want + to + Verb**		
Ich mag/will *einen Porsche fahren.*	=	**I want to (wanna)** *drive a Porsche.*
Ich mag/will *kein schwarzes Auto haben.*	=	**I do not/don't to want to (wanna)** *have a black car.*
2. wünschen = want (to)		
Was wünschst du dir zu Weihnachten?	=	What **do you want to (wanna)** have for Christmas?
⚠ Ich wünsche Ihnen ein schönes Fest.	=	I hope you have a great party.
Wünsch dir etwas.	=	Ask for something. Choose something.
Sonderwunsch	=	a special request
Ich wünschte, ich hätte ein A5 Cabrio.	=	I wish I had an A5 convertible.
3. want a, want to = wanna		
Ich mag eine Uhr. Ich will es mir anschauen.	= =	I want a watch, I wanna watch. I want to watch, I wanna watch.
4. wollen, dass		
Ich will, dass du es für uns machst.	=	I want you to do it for us.
Ich will, dass er/sie es für uns macht.	=	I want him/her to do it for us.
Ich will, dass wir es machen.	=	I want us to do it.
Ich will, dass ihr es für uns macht.	=	I want you to do it for us.
Ich will, dass sie es für uns machen.	=	I want them to do it for us.
Willst du, dass ich es für euch mache?	=	Do you want me to do it for you?
Sie will nicht, dass wir Deutsch sprechen.	=	She doesn't want us to speak German.
5. Magst du eine Tasse Kaffee?		
Magst du eine Tasse Kaffee?	=	Do you want a/wanna cup of coffee?
→ Ja, bitte. Nein, danke. → Ja, warum nicht? → Nein. Heute nicht.	=	Yes, please. No, thank you. Yeah. Why not? No. Not today.
6. Wollen wir gehen?		Shall we go?
→ Gehen wir? / Lasst uns gehen.	→	Let's go. / Shall we go?
7. wollten		
Was wollten Sie sagen?	=	What did you want to say?
Was ich sagen wollte, ist …	=	What I wanted to say is/What I was going to say is …
8. Gesucht		
Gesucht: Tot oder lebendig.	=	Wanted dead or alive.
9. damit sagen		
Was wollen Sie mir damit sagen?	=	What are you trying to tell me?
10. wollten: Absicht		
Ich wollte es dir heute morgen sagen.	=	I meant to tell you about it this morning.

3.8. möchten (Zukunft: wünschen, anbieten) = would like

→ Die „He, she, it, das ‚s' muss mit"-Regel fällt weg.

Deutsch	Formalform (Sie-Form)	Umgangsform (Du-Form)
Einzahl	**Singular**	
1. **Ich möchte** ***einen*** Kaffee.	**I would like** ***a*** coffee.	**I'd like** ***a*** coffee.
Ich möchte ***keinen*** Kaffee.	**I do not want** ***a*** coffee.	**I don't wanna** coffee.
Möchte ich ***einen*** Kaffee?	**Would I like** ***a*** coffee?	**Would I like** ***a*** coffee?
Möchte ich ***keinen*** Kaffee?	**Do I not want** ***a*** coffee? Would you not like a coffee?	**Don't I wanna** coffee? Wouldn't you like a coffee?
→ Ja, bitte. Nein, danke.	Yes, please. No, thank you.	Yeah. No, thanks.
2. **Du möchtest** ***einen*** Kaffee.	**You would like** ***a*** coffee.	**You'd like** ***a*** coffee.
Du möchtest ***keinen*** Kaffee.	**You do not want** ***a*** coffee.	**You don't wanna** coffee.
Möchtest du ***einen*** Kaffee?	**Would you like** ***a*** coffee?	**Would you like** ***a*** coffee?
Möchtest du ***keinen*** Kaffee?	**Do you not want** ***a*** coffee? Would you not like a coffee?	**Don't you wanna** coffee? Wouldn't you like a coffee?
→ Ja, bitte. Nein, danke.	Yes, please. No, thank you.	Yeah. No, thanks.
3. **Er möchte** ***einen*** Kaffee.	**He would like** ***a*** coffee.	**He'd like** ***a*** coffee.
Er möchte ***keinen*** Kaffee.	**He does not want** ***a*** coffee.	**He doesn't want** ***a*** coffee.
Möchte er ***einen*** Kaffee?	**Would he like** ***a*** coffee?	**Would he like** ***a*** coffee?
Möchte er ***keinen*** Kaffee?	**Does he not want** ***a*** coffee? Would he not like a coffee?	**Doesn't he wanna** coffee? Wouldn't he like a coffee?
→ Ja(-wohl). Nein.	Yes, he would. No, he would not.	Yeah. No, he wouldn't.
3. **Sie möchte** ***einen*** Kaffee.	**She would like** ***a*** coffee.	**She'd like** coffee.
Sie möchte ***keinen*** Kaffee.	**She does not want** ***a*** coffee.	**She doesn't wanna** coffee.
Möchte sie ***einen*** Kaffee?	**Would she like** ***a*** coffee?	**Would she like** ***a*** coffee?
Möchte sie ***keinen*** Kaffee?	**Does she not want** ***a*** coffee? Would she not like a coffee?	**Doesn't she wanna** coffee? Wouldn't she like a coffee?
→ Ja(-wohl). Ja. Nein.	Yes, she would. No, she would not.	Yeah. No, she wouldn't.
3. **Es möchte** ***einen*** Knochen.	**It would like** ***a*** bone.	**It'd like** ***a*** bone.
Es möchte ***keinen*** Knochen.	**It wants not want** ***a*** bone.	**It doesn't wanna** bone.
Möchte es ***einen*** Knochen?	**Would it like** ***a*** bone?	**Would it like** ***a*** bone?
Möchte es ***keinen*** Knochen?	**Does it not want** ***a*** bone? Would it not like a bone?	**Doesn't it wanna** bone? Wouldn't it like a coffee?
→ Ja(-wohl). Ja. Nein.	Yes, it would. No, it would not.	Yeah. No, it wouldn't.
Mehrzahl	**Plural**	
1. **Wir möchten** ***einen*** Kaffee.	**We would like** ***a*** coffee.	**We'd like** ***a*** coffee.
Wir möchten ***keinen*** Kaffee.	**We do not want** ***a*** coffee.	**We don't wanna** coffee.
Möchten wir ***einen*** Kaffee?	**Would we like** ***a*** coffee?	**Would we like** ***a*** coffee?
Möchten wir ***keinen*** Kaffee?	**Do we not want** ***a*** coffee? Would we not like a coffee?	**Don't we wanna** coffee? Wouldn't we like a coffee?
→ Ja, bitte. Nein, danke.	Yes, please. No, thank you..	Yeah. No, thanks.

Deutsch	Formalform	Umgangsform
2. **Ihr möchtet** ***einen*** Kaffee.	**You would like** ***a*** coffee.	**You'd like** ***a*** coffee.
Ihr möchtet ***keinen*** Kaffee.	**You do not want** ***a*** coffee.	**You don't wanna** coffee.
Möchtet ihr ***einen*** Kaffee?	**Would you like** ***a*** coffee?	**Would you like** ***a*** coffee?
Möchtet ihr ***keinen*** Kaffee?	**Do you not want** ***a*** coffee? Would you not like a coffee?	**Don't you wanna** coffee? Wouldn't you like a coffee?
→ Ja, bitte. Nein, danke.	Yes, please. No, thank you..	Yeah. No, thanks.
3. **Sie möchten** ***einen*** Kaffee.	**They would like** ***a*** coffee.	**They'd like** ***a*** coffee.
Sie möchten ***keinen*** Kaffee.	**They do not want** ***a*** coffee.	**The don't wanna** coffee.
Möchten sie ***einen*** Kaffee?	**Would they like** ***a*** coffee?	**Would they like** ***a*** coffee?
Möchten sie ***keinen*** Kaffee?	**Do they not want** ***a*** coffee? Would they not like a coffee?	**Don't they wanna** coffee? Wouldn't they like a coffee?
→ Ja(-wohl). Ja. Nein.	Yes, they would. No, they would not.	Yeah. No, they wouldn't.

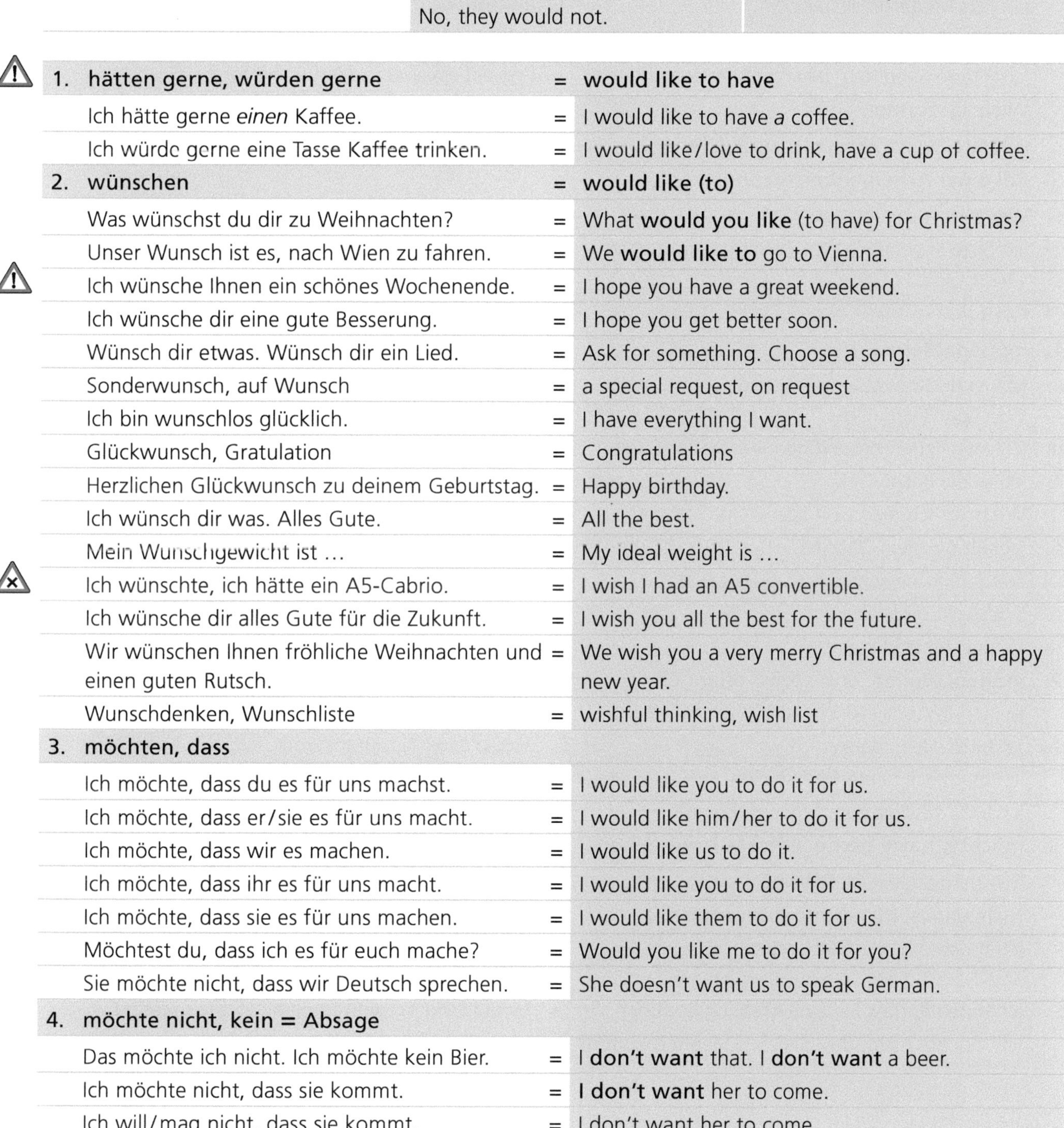

1. hätten gerne, würden gerne	=	**would like to have**
Ich hätte gerne *einen* Kaffee.	=	I would like to have *a* coffee.
Ich würde gerne eine Tasse Kaffee trinken.	=	I would like/love to drink, have a cup of coffee.
2. wünschen	=	**would like (to)**
Was wünschst du dir zu Weihnachten?	=	What **would you like** (to have) for Christmas?
Unser Wunsch ist es, nach Wien zu fahren.	=	We **would like to** go to Vienna.
Ich wünsche Ihnen ein schönes Wochenende.	=	I hope you have a great weekend.
Ich wünsche dir eine gute Besserung.	=	I hope you get better soon.
Wünsch dir etwas. Wünsch dir ein Lied.	=	Ask for something. Choose a song.
Sonderwunsch, auf Wunsch	=	a special request, on request
Ich bin wunschlos glücklich.	=	I have everything I want.
Glückwunsch, Gratulation	=	Congratulations
Herzlichen Glückwunsch zu deinem Geburtstag.	=	Happy birthday.
Ich wünsch dir was. Alles Gute.	=	All the best.
Mein Wunschgewicht ist …	=	My ideal weight is …
Ich wünschte, ich hätte ein A5-Cabrio.	=	I wish I had an A5 convertible.
Ich wünsche dir alles Gute für die Zukunft.	=	I wish you all the best for the future.
Wir wünschen Ihnen fröhliche Weihnachten und einen guten Rutsch.	=	We wish you a very merry Christmas and a happy new year.
Wunschdenken, Wunschliste	=	wishful thinking, wish list
3. möchten, dass		
Ich möchte, dass du es für uns machst.	=	I would like you to do it for us.
Ich möchte, dass er/sie es für uns macht.	=	I would like him/her to do it for us.
Ich möchte, dass wir es machen.	=	I would like us to do it.
Ich möchte, dass ihr es für uns macht.	=	I would like you to do it for us.
Ich möchte, dass sie es für uns machen.	=	I would like them to do it for us.
Möchtest du, dass ich es für euch mache?	=	Would you like me to do it for you?
Sie möchte nicht, dass wir Deutsch sprechen.	=	She doesn't want us to speak German.
4. möchte nicht, kein = Absage		
Das möchte ich nicht. Ich möchte kein Bier.	=	I **don't want** that. I **don't want** a beer.
Ich möchte nicht, dass sie kommt.	=	**I don't want** her to come.
Ich will/mag nicht, dass sie kommt.	=	I don't want her to come.

5. like statt would like		
Du kannst einladen, wen du möchtest.	=	You can invite who(-ever) you ***like***.
Du kannst haben, was du möchtest.	=	You can have what(-ever) you ***like***.
Du kannst kommen, wann du möchtest.	=	You can come when(-ever) you ***like***.
Du kannst hinfahren, wo du möchtest.	=	You can travel to where(-ver) you ***like***.
6. lieber möchten		
Möchten Sie ein Glas Wein?	=	Would you like a glass of wine?
Nein, danke. Ich möchte lieber ein Bier.	=	No, thank you. I **would prefer** a beer. No, thank you. I **would rather have** a beer.
Ich bevorzuge deutsches Bier.	=	I prefer German beer.
Keins von beiden	=	Neither of them
7. ein Möchtegern		
ein Möchtegernrockstar	=	a wannabe rock star
8. würden bitten		
Ich würde Sie bitten, das Formular auszufüllen.	=	I would ask you to fill out the form.
Wichtig: formell		
Ich bitte Sie, das Formular auszufüllen.	=	I would ask you to fill out the form.
Bei einer Auseinandersetzung:		
Was bittest du, mich zu tun?	=	What are you asking me to do?
Ich bitte Sie einfach, das Formular auszufüllen.	=	I'm just asking you to fill out the form.

Fazit		Conclusion
1. mögen: Meinung	=	**to like: opinion**
a. Magst du Rotwein? → Ja. Nein. → Welchen Wein magst du am liebsten?	= =	Do you like red wine? Yes, I do. No, I don't. Which wine do you like best of all?
b. Ich mag lieber/bevorzuge italienischen Wein.	=	I prefer Italian wine.
c. Ich spiele gerne Golf.	=	I like playing golf.
 **Wichtig:** Ich mag Golf spielen im Sommer.	=	I like to play golf in the summer.
d. Gefällt dir mein Oberteil?	=	Do you like my top?
→ Elke gefällt mir sehr. Ich mag Elke sehr.	=	I like Elke a lot.
e. Schmeckt dir Weizen?	=	Do you like wheat-based beer?
→ Ja, er schmeckt super.	=	Yes, it tastes great/super.
2. mögen, wollen: anbieten/verlangen	=	**to want: offer/demand**
Magst du/Willst du ein Glas Wein? → Ja, bitte. Nein, danke.	=	Do you want a/wanna glass of wine? Yes, please. No, thank you.
Ich mag/will heute Golf spielen.	=	I want to/wanna play golf today.
Ich will, dass Sie zum Meeting kommen.	=	I want you to come to the meeting.
3. möchte, hätte gerne: anbieten/wünschen	=	**would like: offer/request**
Möchten Sie ein Glas Wein?	=	Would you like a glass of wine?
Nein, danke. Ich möchte lieber ein Bier.	=	No, thank you. I would prefer a beer.
Ich möchte heute Golf spielen.	= =	I would/I'd like to play golf today. (I'd wird ausgesprochen ei ud)
Ich möchte, dass Sie zum Meeting kommen.	=	I would/I'd like you to come to the meeting.
Ich möchte nicht, dass sie zum Meeting kommt.	=	I don't want her to come to the meeting.

Übung 13	Practice 13
1. Magst du Pralinen? → Ja. Nein.	Do you _______ chocolates? Yes, I do. No, I don't.
2. Magst du eine Praline? → Ja, bitte. Nein, danke.	Do you _______ a chocolate? Yes, _______. No, _________ _____.
3. Möchtest du eine Praline? → Ja, bitte. Nein, danke.	______ you ______ a chocolate? Yes, _______. No, _________ _____.
4. Welcher Kaffee schmeckt dir am besten?	Which coffee do you _______ best?
5. Welchen Kaffee magst du jetzt?	Which coffee do you _______ now?
6. Welchen Kaffee möchtest du jetzt? – Ich möchte jetzt keinen Kaffee.	Which coffee _______ you ______ now? I _______ ________ a cup of coffee now.
7. Was ist dein Lieblingseis? – Ich mag Schoko und Vanille. – Magst du jetzt ein Eis?	What is your favourite ice cream? I ______ chocolate and vanilla. Do you _______ an ice cream now?
8. Ich hätte gern zwei Kugeln Eis in einer Waffel.	I _______ ______ two scoops of ice cream in a cone.
9. Ich trinke gerne Tee, aber jetzt will ich eine Tasse Kaffee trinken.	I _______ drinking tea but now I ________ to drink a cup of coffee.
10. Ich trinke gerne Spezi, aber jetzt möchte ich eine Apfelschorle trinken.	I _______ drinking cola-fanta mix but now I ________ _______ to drink an apple spritzer.
11. Ich möchte, dass du es probierst. Ich möchte, dass du es probierst!	I _______ ______ you to try it. I _______ you to try it.
12. Willst du, dass ich es für dich mache?	___ you _______ me to do it for you.

3.9. Müssen (haben zu) = to have to do s/t, must (he, she, it without s)		
Deutsch	**Formalform (Sie-Form)**	**Umgangsform (Du-Form)**
Einzahl	**Singular**	
1. **Ich muss** gehen.	**I have to/must** go.	**I have to/must** go.
Ich muss nicht gehen.	**I do not have** to go.	**I don't have** to go.
Muss ich gehen?	**Do I have to/must I** go?	**Do I have to** go?
Muss ich nicht gehen?	**Do I not have** to go?	**Don't I have** to go?
→ Ja(-wohl). Ja. Nein.	→ Yes, I/you do. No, I/you don't.	Yeah. No, I don't. No, you don't.
2. **Du musst** (Sie müssen) gehen.	**You have to/must** go.	**You have to** go.
Du musst nicht gehen.	**You do not have** to go.	**You don't have** to go.
Musst du gehen?	**Do you have to/must you** go?	**Do you have to** go?
Musst du nicht gehen?	**Do you not have** to go?	**Don't you have** to go?
→ Ja(-wohl). Ja. Nein.	→ Yes, I/you do. No, I/you don't.	Yeah. No, I don't. No, you don't.

Deutsch	Formalform	Umgangsform
3. **Er muss** gehen.	**He has to/must** go.	**He has to** go.
Er muss nicht gehen.	**He does not have** to go.	**He doesn't have** to go.
Muss er gehen?	**Does he have to/must he** go?	**Does he have to** go?
Muss er nicht gehen?	**Does he not have** to go?	**Don't he have** to go?
→ Ja(-wohl). Ja. Nein.	→ Yes, he does. No, he does not.	Yeah. No, he doesn't.
3. **Sie muss** gehen.	**She has to/must** go.	**She has to** go.
Sie muss nicht gehen.	**She does not have** to go.	**She doesn't have** to go.
Muss sie gehen?	**Does she have to/must she** go?	**Does she have to** go?
Muss sie nicht gehen?	**Does she not have** to go?	**Don't she have** to go?
→ Ja(-wohl). Ja. Nein.	→ Yes, she does. No, she does not.	Yeah. No, she doesn't.
3. **Es muss** gehen.	**It has to/must** go.	**It has to** go.
Es muss nicht gehen.	**It does not have** to go.	**It doesn't have** to go.
Muss es gehen?	**Does it have to/must it** go?	**Does it have to** go?
Muss es nicht gehen?	**Does it not have** to go?	**Don't it have** to go?
→ Ja(-wohl). Ja. Nein.	→ Yes, it does. No, it does not.	Yeah. No, it doesn't.
Mehrzahl	**Plural**	
1. **Wir müssen** gehen.	**We have to/must** go.	**We have to** go.
Wir müssen nicht gehen.	**We do not have** to go.	**We don't have** to go.
Müssen wir gehen?	**Do we have to/must we** go?	**Do we have to** go?
Müssen wir nicht gehen?	**Do we not have** to go?	**Don't we have** to go?
→ Ja(-wohl). Ja. Nein.	→ Yes, we/you do. No, we/you do not.	Yeah. No, we don't. No, you don't.
2. **Ihr müsst** (Sie müssen) gehen.	**You have to/must** go.	**You have to** go.
Ihr müsst nicht gehen.	**You do not have** to go.	**You don't have** to go.
Müsst ihr gehen?	**Do you have to/must you** go?	**Do you have to** go?
Müsst ihr nicht gehen?	**Do you not have** to go?	**Don't you have** to go?
→ Ja(-wohl). Ja. Nein.	→ Yes, we do. No, we do not.	Yeah. No, we don't.
3. **Sie müssen** gehen.	**They have to/must** go.	**They have to** go.
Sie müssen nicht gehen.	**They do not have** to go.	**They don't have** to go.
Müssen sie gehen?	**Do they have to/must they** go?	**Do they have to** go?
Müssen sie nicht gehen?	**Do they not have** to go?	**Don't they have** to go?
→ Ja(-wohl). Ja. Nein.	→ Yes, they do. No, they do not.	Yeah. No, they don't.

⚠

a. nicht dürfen		
Du **darfst nicht** aufs Eis gehen.	=	You **must not** go on the ice.
Es ist zu dünn. (Gefahr)	→	It's too thin. (danger)
Du darfst hier nicht rauchen. (Gesetz)	=	You are not allowed to smoke here. (law)
Du darfst hier nicht rauchen. (keine Erlaubnis)	=	You can't smoke here. (no permission)
Darf ich mich vorstellen? (Erlaubnis)	=	**May I** introduce myself? (permission)
b. nicht müssen		
Du **musst nicht** aufs Eis,	=	You **don't have to** go on the ice
wenn du nicht magst. (Spaß)	→	if you don't want to. (fun)

3.10. Müssen (haben zu) = have got to do s/t, must (he, she, it without s)		
Deutsch	Formalform (Sie-Form)	Umgangsform (Du-Form)
Einzahl	Singular	
1. **Ich muss** gehen.	**I have got to/must** go.	**I've gotta** go.
Ich muss nicht gehen.	**I have not got** to go.	**I haven't gotta** go.
Muss ich gehen?	**Have I got to/must I** go?	**Have I gotta** go?
Muss ich nicht gehen?	**Have I not got** to go?	**Haven't I gotta** go?
→ Ja(-wohl). Ja. Nein.	→ Yes, I/you have. No, I/you have not.	Yeah. No, I haven't. No, you haven't.
2. **Du musst** (Sie müssen) gehen.	**You have got to/must** go.	**You've gotta** go.
Du musst nicht gehen.	**You have not got** to go.	**You haven't gotta** go.
Musst du gehen?	**Have you got to/must you** go?	**Have you gotta** go?
Musst du nicht gehen?	**Have you not got** to go?	**Haven't you gotta** go?
→ Ja(-wohl). Ja. Nein.	→ Yes, I have. No, I have not.	Yeah. No, I haven't.
3. **Er muss** gehen.	**He has got to/must** go.	**He's gotta** go.
Er muss nicht gehen.	**He has not got** to go.	**He hasn't gotta** go.
Muss er gehen?	**Has he got to/must he** go?	**Has he gotta** go?
Muss er nicht gehen?	**Has he not got** to go?	**Hasn't he gotta** go?
→ Ja(-wohl). Ja. Nein.	→ Yes, he has. No, he has not.	Yeah. No, he hasn't.
3. **Sie muss** gehen.	**She has got to/must** go.	**She's gotta** go.
Sie muss nicht gehen.	**She has not got** to go.	**She hasn't gotta** go.
Muss sie gehen?	**Has she got to/must he** go?	**Has she gotta** go?
Muss sie nicht gehen?	**Has she not got** to go?	**Hasn't she gotta** go?
→ Ja(-wohl). Ja. Nein.	→ Yes, she has. No, she has not.	Yeah. No, she hasn't.
3. **Es muss** gehen.	**It has got to/must** go.	**It's gotta** go.
Es muss nicht gehen.	**It has not got** to go.	**It hasn't gotta** go.
Muss es gehen?	**Has it got to/must he** go?	**Has it gotta** go?
Muss es nicht gehen?	**Has it not got** to go?	**Hasn't it gotta** go?
→ Ja(-wohl). Ja. Nein.	→ Yes, it has. No, it has not.	Yeah. No, it hasn't.
Mehrzahl	Plural	
1. **Wir müssen** gehen.	**We have got to/must** go.	**We've gotta** go.
Wir müssen nicht gehen.	**We have not got** to go.	**We haven't gotta** go.
Müssen wir gehen?	**Have we got to/must I** go?	**Have we gotta** go?
Müssen wir nicht gehen?	**Have we not got** to go?	**Haven't we gotta** go?
→ Ja(-wohl). Ja. Nein.	→ Yes, we/you have. No, we/you have not.	Yeah. No, I haven't. No, you haven't.
2. **Ihr müsst** (Sie müssen) gehen.	**You have got to/must** go.	**You've gotta** go.
Ihr müsst nicht gehen.	**You have not got** to go.	**You haven't gotta** go.
Müsst ihr gehen?	**Have you got to/must you** go?	**Have you gotta** go?
Müsst ihr nicht gehen?	**Have you not got** to go?	**Haven't you gotta** go?
→ Ja(-wohl). Ja. Nein.	→ Yes, we have. No, we have not.	Yeah. No, we haven't.
3. **Sie müssen** gehen.	**They have got to/must** go.	**They've gotta** go.
Sie müssen nicht gehen.	**They have not got** to go.	**They haven't gotta** go.
Müssen sie gehen?	**Have they got to/must I** go?	**Have they gotta** go?
Müssen sie nicht gehen?	**Have they not got** to go?	**Haven't they gotta** go?
→ Ja(-wohl). Ja. Nein.	→ Yes, they have. No, they have not.	Yeah. No, they haven't.

a. **nicht dürfen**		
Du **darfst nicht** aufs Eis gehen.	=	You **must not** go on the ice.
Es ist zu dünn. (Gefahr)	→	It's too thin. (danger)
Du darfst hier nicht rauchen. (Gesetz)	=	You are not allowed to smoke here. (law)
b. **nicht müssen**		
Du **musst nicht** aufs Eis,	=	You **haven't gotta** go on the ice
wenn du nicht magst. (Spaß)	→	if you don't want to. (fun)

3.11. müssen = must , to have to, have got to

Must/have to/have got to sind in etwa gleich wie „müssen" / „haben zu"
und stellen Pflicht, Zwang, Empfehlung, Feststellung (duty, force, recommendation, observation) dar.
Jedoch wird „have to/have got to" häufiger in der englischen Sprache benutzt als „must".
„Must" erscheint eher in Verträgen, Gesetzen oder Bedienungsanleitungen.

a. **Grundsatzform**		
Ich muss eine Tablette pro Tag nehmen.	=	I **must** take one a tablet a day.
	=	I **have to** take one a day.
	=	I **have got to** take one a day.
	=	I've **gotta** take one a day.
b. **Zukunft**		
Ich muss morgen nach München fahren.	=	I **must** go to Munich tomorrow.
	=	I **have to** go to Munich tomorrow.
	=	I **have got to** go to Munich tomorrow.
	=	I**'ve gotta** go to Munich tomorrow.
c. **Sechs Gründe, „must" zu vermeiden**		
1. **Fragen:**		
a. **jammern**	=	**whinging, whining or moaning and groaning**
Muss ich jeden Tag arbeiten?	=	**Must** I work every day?
Muss ich am Samstag arbeiten?	=	**Must** I work on Saturday?
b. **Infrage stellen**	=	**questioning**
Muss ich jeden Samstag arbeiten?	=	**Do I have to** work every Saturday?
	=	**Have I got to** work on Saturdays?
Muss ich am Samstag arbeiten?	=	**Do I have to** work on Saturday?
	=	**Have I got to** work on Saturday?
2. **Zukunft/Gegenwart/Vergangenheit**		
Wir werden es wiederholen müssen.	=	We **will have to** repeat it.
Ich muss zurzeit viele Überstunden machen.	=	I'm **having to** do a lot of overtime at the moment.
Ich habe bis jetzt viele Änderungen machen müssen.	=	I **have had to** make a lot of changes so far.
Ich musste letztes Mal viele Änderungen machen. Musstest du? (Du musstest nicht …)	=	I **had to** make a lot of changes last time. **Did** you **have to**? (You didn't have to …)
3. **müssen (Bedarf)**	=	**need to**
Ich muss aufs Klo (gehen). Musst du aufs Klo?	=	I **need to** go to the loo. **Do you need to** go to the loo?
Ich musste aufs Klo.		I needed to got to the loo.
Es muss **dringend** renoviert werden.	=	It **needs** renovating **badly/urgently**.
Wenn es sein muss, mache ich es.	=	**If need be** I'll do it (If it's necessary. I'll do it.)
Er braucht deine Hilfe. Braucht er deine Hilfe?	=	**He needs** your help. Does he need your help?

4.	**müssen (ungezwungen): sollen**	=	**should**
	Er **muss** (müsste) gleich kommen.	=	He **should** be here in a minute.
	Ich **müsste** es eigentlich jetzt machen.	=	I **should** really do it now.
	Eigentlich **muss** (müsste) **man** so was **wissen**.	=	You really **should/ought to** know that.
	Ich **hätte** es besser **machen müssen**.	=	I **should have done** better.
	**Wichtig: müssen (Theorie)**		
	Du **müsstest** verrückt sein, wenn du das machst.	=	You **would have to** be crazy to do that.
5.	**müssen (ungezwungen)**	=	**nichts dafür können**
	Ich **muss** einfach lachen.	=	I **just can't help** laughing.
	Ich **musste** lachen.	=	I **couldn't help** laughing.
	Sie müssen lachen, obwohl es nicht lustig ist.	=	They have to laugh even though it's not funny.
	Sie mussten lachen, obwohl es nicht lustig war.	=	They had to laugh even though it wasn't funny.
	Musstest du lachen? Wir mussten nicht lachen.	=	Did you have to laugh? We didn't have to laugh.
6.	**Muss das sein? (notwendig)**	=	**Is that really necessary**?
	Muss das sein?	=	Is that really necessary?
	Es muss nicht sein.	=	It's not necessary.
	Es muss nicht zwangsläufig sein, dass sie Ihnen einen neuen Motor einbauen.	=	It's not necessarily the case that they'll install a new engine.
7.	**Müssen: Umgangssprache**		**Slang**
	Ich muss jetzt gehen.	=	I've gotta go now. (BE) I gotta go now. (AE)

Übung 14	Practice 14
Aussagen	**Statements**
1. Du musst den Film sehen. Er ist großartig. Du musst den Film sehen. Er ist großartig. Du musst den Film sehen. Er ist großartig.	You _____ __ see the film. It's great. You've _______ see the film. It's great. You _____ see the film. It's great.
2. Der Film ist ein Muss. Du musst ihn sehen.	The film is a _______. You _______ ___ see it. The film is a _______. You've _____ ___ see it. The film is a _______. You've _______ see it.
3. Es tut mir leid. Ich muss jetzt gehen.	I'm sorry. I ______ ___ go now. I'm afraid I've _____ ___ go now. I'm afraid I've ______ go now. I'm sorry. I ______ go now.
4. Er ist fast blind. Darum muss er einen Blindenstock tragen.	He is nearly blind. That's why he ______ __ carry a white stick. That's why he's ____ __ carry a white stick. That's why he's ______ carry a white stick. That's why he ______ carry a white stick
5. Er ist taub. Darum muss er ein Hörgerät tragen.	He is deaf. That's why he ______ __ wear a hearing aid. That's why he's ____ __ wear a hearing aid. That's why he's ______ wear a hearing aid. That's why he ______ wear a hearing aid.
6. Am Ende des Kurses müssen alle Teilnehmer eine Prüfung schreiben.	At the end of the course all participants _______ ___ do an exam. _______ _____ ___ do an exam. _______ ______ do an exam. ______ do an exam.
Fragen	**Questions**
7. Muss ich wirklich am Samstag arbeiten? Ich habe keinen Bock, am Samstag zu arbeiten.	_______ I really work on Saturday. I don't feel like working on Saturday.
8. Muss ich das jetzt machen? Ich kann es nach dem Mittagessen machen. Muss ich das jetzt machen? Ich kann es nach dem Mittagessen machen.	___ I ________ __ do it now. I can do it after lunch. _______ I _____ __ do it now? I can do it after lunch.
9. Musst du morgen arbeiten? → Ja. Nein. Musst du morgen arbeiten? → Ja. Nein.	___ you _______ ___ work tomorrow? Yes, I ____. No, I ______ ______ you ____ ___ work tomorrow? Yes, I _______. No, I _________.
10. Muss er eine Schutzbrille tragen, wenn er arbeitet? → Ja. Nein. Muss er eine Schutzbrille tragen, wenn er arbeitet? → Ja. Nein.	____ he ________ ___ wear protective goggles when he works? Yes, he ____. No, he ______. ______ he _______ wear protective goggles when he works? Yes, he _______. No, he _________.
11. Müssen wir jetzt die Besorgungen machen? → Wir könnten es heute Nachmittag machen. Müssen wir jetzt die Besorgungen machen? → Wir könnten es heute Nachmittag machen.	___ we _______ __ do the shopping now? We could do it this afternoon. _______ we _______ do the shopping now? We could do it this afternoon.

Verneinung	Negative statements
12. Sie müssen nicht am Samstag arbeiten. Sie müssen nicht am Samstag arbeiten.	You ________ ________ __ work on Saturday. You ________ _____ __ work on Saturday.
13. Sie müssen es jetzt nicht machen. Sie können es morgen machen. Sie müssen es jetzt nicht machen. Sie können es morgen machen.	You _______ _______ ___ do it now. You can do it tomorrow. You _______ ___ ___ do it now. You can do it tomorrow.
14. Du musst morgen nicht arbeiten, oder? Du musst morgen nicht arbeiten, oder?	You ______ ________ __ work tomorrow, right? You _________ _____ __ work tomorrow, right?
15. Er muss keine Schutzbrille tragen, wenn er arbeitet. Er muss keine Schutzbrille tragen, wenn er arbeitet.	He _________ ______ ___ wear protective goggles when he works. He _________ ____ ___ wear protective goggles when he works.
16. Wir müssen nicht jetzt die Besorgungen machen. Wir könnten es heute Nachmittag machen. Wir müssen nicht jetzt die Besorgungen machen. Wir könnten es heute Nachmittag machen.	We ______ _____ __ do the shopping now. We could do it this afternoon. We _________ ___ __ do the shopping now. We could do it this afternoon.
17. Du musst nicht auf das Eis, wenn du nicht willst.	You ________ ______ to go on the ice if you don't want to. You ________ ______ to go on the ice if you don't want to.
18. Du darfst nicht auf das Eis, weil es noch zu dünn ist.	You ___________ go on the ice because it is too thin.
19. Du darfst hier nicht schwimmen, weil die Unterströmung zu stark ist.	You ___________ swim here because the undercurrent is too strong.
Bedürfnisse	**Needs**
20. Ich muss dringend aufs Klo.	I _______ ___ go to the loo urgently.
21. Meine Frau muss immer auf die Toilette, bevor wir weggehen.	My wife always _________ __ go to the toilet/ lavatory before we go out.
22. Ich muss nicht zum Arzt gehen.	I ____ _________ to see a doctor.
23. Sie muss ihr Englisch nicht verbessern.	She _________ _______ ___ improve her English.
24. Ich muss mit Ihnen reden.	I _________ __ talk to you.
25. Er muss jetzt schlafen.	He ________ __ sleep now.
26. Wenn es sein muss, mache ich es.	If ______ ___ I will do it.
27. Muss das sein?	____ that ________ ____________.
Ungezwungen	**Not forced**
28. Ich muss immer lachen, wenn ich daran denke.	I ____ ______ laughing when I think about it.
29. Ich muss immer grinsen, wenn ich daran denke.	I ____ ______ grinning when I think about it.
 Ich musste lachen.	I ***couldn't help*** laughing.
Wir mussten lachen, obwohl der Witz nicht lustig war.	We ***had to*** laugh although the joke was not funny.

4. Fragewörter / Question words

4.1. Fragewörter	Question words
1. Wer: *ohne do / does, did* (wer … sonst)	(who else …)
Wer macht jeden Morgen den Kaffee?	**Who** ***makes*** the coffee every day?
→ Ich. Elke.	→ I do. Elke does.
Wer macht gerade den Kaffee?	Who is making the coffee at the moment?
→ Ich. Elke.	→ I am. Elke is.
Wer macht heute den Kaffee?	Who is going to make the coffee today?
→ Ich. Elke.	→ I will. Elke will. / I am. Elke is.
Wer hat bis jetzt den Kaffee gemacht?	Who has made the coffee up till now?
→ Ich. Elke.	→ I have. Elke has.
Wer hat gestern den Kaffee gemacht?	**Who** ***made*** the coffee yesterday?
→ Ich. Elke.	→ I did. Elke did.
Wer kam als Erstes zur Arbeit?	**Who** ***came*** to work first *today*?
→ Ich. Elke.	→ I did. Elke did.
Wer war letzte Woche da?	Who was here last week.
→ Ich. Elke.	→ I was. Elke was.
⚠ **Wer** Geld sparen will … (Diejenigen, die …)	**Those** who want to save money …
Wer von euch spricht Englisch? → Ich.	**Which of you** ***speaks*** English? → I do
Wer von euch hat mit ihm gesprochen?	**Which of you** ***spoke*** to him?
→ Ich. Elke.	→ I did. Elke did.
Was meinst du, wer du bist?	**Who** do you think you are?
2. Wen	
Wen kennst du hier?	**Who** do you know here?
Wen triffst du jetzt?	Who are you meeting now?
Wen triffst du morgen?	Who are you meeting tomorrow?
Wen hast du bis jetzt getroffen?	Who have you met so far?
Wen hast du gestern getroffen?	Who did you meet yesterday?
⚠ Der Mann, **den** wir gestern kennengelernt haben …	The man (**who / that**) we met yesterday …
3. Wem	
Wem gehört dieses Auto?	**Who** does this car belong **to**?
Wem sagst du das?	Who are you telling?
Wem wird dieses Auto gehören?	Who will this car belong to?
Wem hat dieses Auto bis jetzt gehört?	Who has this car belonged to so far?
Wem hat dieses Auto gehört?	Who did this car belong to?
⚠ **Wen** kümmert es?	**Who** ***cares***.
4. Was	
Was machen Sie beruflich?	**What** do you do for a living?
Was machst du gerade?	What are you doing at the moment?
Was machst du heute? Und danach?	What are you going to do today? And after that?
Was hast du bis jetzt gemacht?	What have you done so far?
Was hast du gestern gemacht?	What did you do yesterday?
Und was ist / geschieht, wenn …?	What if …?
⚠ **Wichtig: ohne do / does, did**	
Na und? Was ist mit …?	So what? What about …?

Was meinst du, wann du mit der Aufgabe fertig bist?	When do you think you will finish the job/task?
Was dauert länger?	**What** *lasts* longer?
Was passiert normalerweise?	**What** normally ***happens***?
Was ist passiert?	**What** ***happened***?
5. Was für	
Was für ein Auto haben Sie?	**What kind of** car do you have?
Was für ein Auto kaufst du jetzt?	What kind of car are you going to buy now?
Was für ein Auto hast du gerade gekauft?	What kind of car have you just bought?
Was für ein Auto hattest du vorher?	What kind of car did you have before?
⚠ Was für ein Tor!	What a goal!
6. was … sonst	
Was machen Sie **sonst**? → Nichts.	**What else** do you do? → Nothing else.
Was machen Sie sonst zurzeit?	What else are you doing at the moment?
Was machen Sie sonst heute?	What else are you going to do today?
Was haben Sie sonst bis jetzt gemacht?	What else have you done so far?
Was haben Sie sonst gestern gemacht?	What else did you do yesterday?
⚠ Sonst irgendwas?	Anything else?
7. Welche mit Auswahl	
Welche Farbe gefällt dir am besten?	**Which** colour do you like best?
Welche Themen machst du zurzeit?	Which topics are you doing at the moment?
Welche Themen machst du heute?	Which topics are you going to do today?
Welche Themen hast du bis jetzt gemacht?	Which topics have you done so far?
Welche Themen hast du letzte Woche gemacht?	Which topics did you do last week?
a. fest	
Welche Farbe hat dein Auto?	**What** colour is your car?
Welches Thema machst du gerade?	What topic are you doing at the moment?
Welche Farbe haben die Wände?	What colour are the walls?
Welche Farbe haben Ihre Autos?	What colour are your cars?
b. Ohne does/did	
Welches Auto hat eine Beule?	**Which car** *has* a dent?
Welches Auto hatte eine Beule?	**Which car** *had* a dent?
8. Wo (wo sonst …)	**(where else …)**
Wo wohnen Sie? Wo lang?	**Where** do you live? Which way?
Wo arbeiten Sie gerade?	Where are you working at the moment?
Wo arbeiten Sie heute Nachmittag?	Where are you going to work this afternoon?
Wo haben Sie bis jetzt gearbeitet?	Where have you worked so far?
Wo haben Sie gestern gearbeitet?	Where did you work yesterday?
⚠ Worauf haben Sie Lust?	**What** do you feel like doing?
9. Wann: ohne *have, has done* in der Vergangenheit	
Wann hast du Geburtstag?	**When** is your birthday?
Wann ist Ihr Geburtsdatum?	→ **What** is your date of birth?
Wann fahren Sie heute nach Hause?	When are you going home today?
Wann haben wir angefangen?	When ***did*** we start?
⚠ **Als** ich jung war …	**When** I was young …
Wenn (100 %) ich nach Hause gehe …	**When** I go home …

Wenn (90 %) ich Zeit habe …	**If** I have time …
Ich weiß nicht, **ob** sie dazukommt.	I don't know **if** she will join us.
10. Warum, wieso, weshalb	
Warum läufst du?	**Why** do you run?
Warum läufst du jetzt?	Why are you running now?
Warum läufst du morgen?	Why are you going to run tomorrow?
Warum bist du gerade zu mir gelaufen?	Why have you just run to me?
Warum bist du gestern zu mir gelaufen?	Why did you run to me yesterday?
→ Weil es Spaß macht.	Because it's fun. (Coz it's fun.)
→ Um fit zu bleiben.	In order to stay fit.
→ Wegen dir. Deinetwegen.	Because of you. (Coz of you.)
11. Wie (wie sonst …)	**(how else …)**
a. Lösung/Ablauf	
Wie kommen Sie zur Arbeit?	**How** do you get to work?
Wie war das Spiel?	How did they play?
Wie geht es ihr?	How is she?
Wie ist das Wetter? (kurze Info)	**How**'s the weather?
Wie funktioniert es?	How does it work?
b. Fakt	
Wie spät ist es?	**What**'s the time?
Wie ist Ihr Name? Wie heißen Sie?	**What** is your name?
Wie haben sie gespielt?	**What** was the score?
Wie wäre es mit einem Tee?	**What** about a cup of tea?
Wie hoch ist der Schaden?	**What** is the level of damage?
Aber:	
Wie alt bist du? Wie groß sind Sie?	**How** old are you? **How** tall are you?
Wie groß ist Ihre Firma?	**How** big is your company?
Wie hoch ist das Gebäude?	**How** high/tall is the building?
c. Vergleich/mehr Info	
Wie ist es, bei EADS zu arbeiten?	**What's** it **like** to work/working for EADS?
Wie ist das Wetter in Deutschland?	**What**'s the weather **like** in Germany?
Wie ist sie?	What is she like?
Wie schmeckt es?	What does it taste like?
Wie war das Spiel?	What was the game like?
12. Wie kommt es, dass (warum)	
Wie kommt es, dass du einen Firmenwagen hast?	**How comes** you have a company car?
Weil ich hart arbeite.	Because I work hard.
13. Wie oft/häufig	
Wie oft gehst du ins Fitnesscenter?	**How often** do you go to the gym?
14. Wie lange	
Wie lange arbeiten Sie jeden Tag?	**How long** do you work every day?
Wie lange bleiben Sie heute?	How long are you going to stay?
Wie lange arbeiten Sie schon bei EADS?	How long have you been working for EADS?
Seit wann arbeiten Sie bei EADS?	How long have you been working for EADS?
Wie lange haben Sie gestern gearbeitet?	How long did you work yesterday?
Seit wann arbeitest du denn hier? (ironisch)	Since when do you work here? (ironic)

15. Wie wäre es	
Wie wäre es mit einer Tasse Kaffee?	**How about** a cup of coffee?
Wie wäre es, wenn wir es so machen?	How about doing it like this?
Wie wäre es, wenn wir in Südafrika Urlaub machen würden?	What/How about taking a holiday in South Africa?
16. Wie weit weg	
Wie weit weg ist München?	How far away is Munich?
17. Wessen	
Wessen Uhr ist das?	**Whose** watch is that?
Wer hat heute Geburtstag?	**Whose** birthday is it today?
Wer ist dran?	**Whose** turn is it?
 **Wichtig:** ***ohne do/does, did***	
Wessen Auto fährt schneller?	**Whose car** ***goes/drives*** faster?
Wessen Auto fuhr schneller?	**Whose car** ***went/drove*** faster?
 Wer ist das Mädchen an deiner Seite?	**Who's** that girl running around with you?
18. Was ist mit ...?	
Was ist mit mir?	**What about** me?
Was ist mit meiner Gehaltserhöhung?	**What about** my salary rise?

Übung 15	Practice 15
1. Wie ist Ihr Name? Wie heißen Sie?	______ is your name?
2. Wo kommen Sie her?	______ do you come from?
3. Was machen Sie beruflich?	______ do you do for a living?
4. Was sind Ihre Lieblingshobbys?	______ are your favourite hobbies?
5. Was macht deine Mutter beruflich?	______ does your mother do for a living?
6. Wer geht ans Telefon?	______ answers the telephone?
7. Wer von euch kann Englisch sprechen?	______ of you can speak English?
8. Wo arbeiten Sie?	______ do you work?
9. Wann fängst du jeden Tag an zu arbeiten?	______ do you begin work every day?
10. Warum arbeiten Sie dort? – Weil es Spaß macht. – Um Geld zu verdienen.	______ do you work there? ______ it is fun. ___ _________ ___ earn money.
11. Wie kommst du zur Arbeit?	______ do you get to work?
12. Wie kommt es, dass du ein Auto hast?	_____ _________ you have a car?
13. Wie spät ist es?	______ is the time?
14. Wie heißt das auf Deutsch?	______ is it called in German?
15. Wie geht es dir?	______ are you (doing)?
16. Wie ist es, bei EADS zu arbeiten?	______ is it ______ to work for EADS?
17. Wie viel Geld hast du?	_____ ______ money do you have?
18. Wie viele Freunde hast du?	_____ ______ good friends do you have?
19. Wie lange arbeitest du jeden Tag?	_____ ______ do you work everyday?
20. Wie lange arbeitest du schon bei EADS?	_____ ______ have you worked at EADS?
21. Seit wann arbeitest du schon bei EADS?	_____ ______ have you been working at EADS?
22. Welches Auto ist deins?	_________ (one) is your car?
23. Welche Farbe hat dein Auto?	_________ colour is your car?
24. Welches Thema macht ihr gerade?	_________ topic are you doing at the moment?
25. Wie wäre es mit einer Tasse Tee?	______ ________ a cup of tea.
26. Wie oft wäschst du dein Auto?	_____ ______ do you wash your car?
27. Wessen Rucksack ist das?	_________ rucksack is that?
28. Was machst du hier bei EADS?	_______ do you do here at EADS?
29. Was machst du zurzeit bei der Arbeit?	_______ are you doing at work at the moment?
30. Was machst du heute Abend?	_______ are you going to do this evening?
31. Was hast du bis jetzt gemacht?	_______ have you done so far?
32. Was hast du gestern gemacht?	_______ did you do yesterday?

4.2. Wie viel/Wie viele?	How much/How many?
Nicht zählbar/Einzahl: Zeit → 5 Minuten	time → 5 minutes
Zählbar/Mehrzahl: 1 Buch → 2 Bücher	1 book → 2 books
1. **Wie viel** Zeit hast du?	**How much time** do you have?
Wie viele Bücher hast du zu Hause?	**How many books** do you have at home?
 **Wichtig: ohne do/does, did**	
Wie viele Leute arbeiten hier?	**How many people** *work* here?
Wie viele Leute arbeiteten hier?	**How many people** *worked* here?
2. **Viel/Viele**	
a. Ich habe **viel Zeit**.	I have **a lot/lots of time**. I have ***alotta* time**.
Ich habe **nicht viel Zeit**.	I **don't** have **much/a lot of** time.
Ich habe viel zu tun.	I have **a lot** to do.
Ich habe nicht viel zu tun.	I **don't** have **much/a lot** to do.
b. Ich habe **viele Bücher** zu Hause.	I have **many/a lot of books** at home.
Ich habe **nicht viele Bücher** zu Hause.	I don't have **many/a lot of books** at home.
c. Ich habe **(viel) zu viel Zeit**.	I have **(far, way, much) too much** time.
Ich habe **(viel) zu viele** Bücher zu Hause.	I have **(far, way, much) too many** books at home.
3. **Nicht zählbar = wie viel**	
a. Wie viel Geld hast du bei dir?	**How much money** do you have with you?
Wie viele Dollar hast du bei dir?	**How many dollars** do you have with you?
b. Wie viel Gepäck haben Sie?	How much luggage/baggage have you got?
Wie viele Gepäckstücke haben Sie?	How many pieces of luggage have you got?
c. Wie viel Schokolade möchtest du?	How much chocolate would you like?
Wie viele Schokoriegel magst du?	How many bars of chocolate do you want?
 **Wichtig: Pralinen sind zählbar**	
Wie viele Pralinen hast du bis jetzt gegessen?	How many chocolates have you eaten so far?
Möchtest du eine Praline?	Would you like a chocolate?
d. Wie viele Möbelstücke haben Sie?	How much furniture do you have? How many pieces of furniture do you have?
Wie viele Runden Poolbillard hast du bis jetzt gespielt?	How many rounds of pool have you played so far?
e. Wie viel Marmelade möchten Sie?	How much marmelade (citrus) / jam (berries) would you like?
Alle Getränke (Wein, Whisky, Coke usw.) Auch Kaffee, Tee, Milch, Sahne, Zucker, Wasser.	All drinks (wine, whisky, coke etc.) Also coffee, tea, milk, cream, sugar, water.
Wie viele Marmeladensorten haben Sie?	How many sorts of marmelade/jam do you have?
f. Wie viel wiegst du?	How much do you weigh?
Ich wiege 85 kg.	I weigh 85 kilogrammes.
 g. Wie viele Infos/Daten haben Sie für mich?	How much information/data do you have for me? How many pieces of information/data have you got for me?
h. Wie viele Toasts magst du? **(ein Trinkspruch = *a toast*)**	How much toast do you want? **How many pieces of toast do you want?**
i. Wie viel Brot magst du?	How much bread do you want?
Wie viele Brote magst du? (Scheiben)	How many slices of bread do you want? (slice)
Ich hätte gern ein Brot/einen Laib Brot.	**I would like one loaf (of bread).**

j.	Wie viele Ratschläge haben Sie für mich?		How much advice do you have for me? How many pieces of advice do you have for me?
	Wie viele Tipps haben Sie für mich?		**How many tips have you got for me?**
k.	**Wie viele Überstunden haben Sie bis jetzt gemacht?**		**How much overtime have you done so far?** **How many hours of overtime have you done so far?**
l.	**Wie viele Vokabeln hast du gelernt? (Wortschatz = vocabulary)**		**How much vocabulary have you learnt?** **How many new words have you learnt?**
m.	**Wie viele Hausaufgaben hast du?**		**How much home work do you have?** How many pieces of home work do you have?
n.	Wie viel Haar soll ich abschneiden?		How much hair should I cut off?
	Könnten Sie mir die Haare schneiden?		Could you cut my hair?
	Wie viele Haare kannst du zählen?		How many hairs can you count?
	Körperhaare		hairs on your body
o.	Wie viele Mitarbeiter brauchen Sie?		How much staff do you need?
	Wie viele Mitarbeiter haben Sie?		How many members of staff do you have?
p.	Wie viele Neuigkeiten/Nachrichten haben Sie?		How much news do you have? How many pieces of news do you have?
q.	Wie viele Geräte haben wir?		How much equipment do we have? How many pieces of equipment do we have?
4.	**Zählbar = wie viele**		
a.	Wie viele Freunde hast du bei der Arbeit?	= =	**How many good friends** do you have at work? **How many good friends** have you got at work?
b.	Wie viele Autos haben Sie?	=	How many cars do you have/have you got?
c.	Wie viele Lieder hast du auf deinem iPod?	= =	How many songs do you have on your iPod? How many songs have you got on your iPod?
d.	Wie viele Fischstäbchen magst du?	=	How many fish fingers do you want?
⚠ e.	Wie viele Jeans hast du?	=	**How many pairs of jeans** do you have?
f.	Wie viele Sonnenbrillen haben Sie?	=	How many pairs of sunglasses have you got?
g.	Wie viele Skibrillen hast du?	=	How many pairs of skiing goggles do you have?
h.	Wie viele Zangen haben Sie?	=	How many pairs of pliers have you got?
i.	Wie viele Scheren haben Sie?	=	How many pairs of scissors do you have?
j.	Wie viele Hosen hast du?	= =	How many pairs of trousers do you have? (BE) How many pairs of pants do you have? (AE)
k.	Wie viele Badehosen, kurze Hosen hast du?	=	How many pairs of swimming trunks, shorts do you have?
	Wie viele Kopfhörer haben Sie?	=	How many pairs of headphones have you got?
⚠ l.	Wie viele Flugzeuge sind in der Halle?	= =	How many ***aircraft*** are there in the hangar? How many planes, aeroplanes, airplanes are there in the hangar?
⚠ m.	Wie viele Fische hast du bis jetzt gefangen?	=	How many ***fish*** have you caught so far?
n.	Wie viele Schafe sind auf dem Feld?	=	How many ***sheep*** are in the field?
o.	Wie viele Lachse, Forellen sind im Teich?	=	How many ***salmon, trout*** are in the pond?
p.	Gratulation.	=	Congratulations.

4.3. etwas (gewiss +, nicht zählbare Worte) = some
etwas (ungewiss –, negativ, nicht zählbare Worte) = any

1.	Wir haben etwas Eis zu Hause.		We have **some ice cream** at home.
	Hast du etwas Eis zu Hause? +		Do you have **some ice cream** at home?
	Ich trage heute eine Jeans.		I'm going to wear **some jeans/jeans** today.
2.	Hast du etwas Eis zu Hause? –		Do you have **any ice cream** at home?
	Wir haben kein Eis zu Hause		We **don't** have **any ice cream** at home.
	Ich habe keine Jeans zu Hause.		I **don't** have **any jeans** at home.
Andere Beispiele			**Other examples**
a. –	Ist irgendjemand da? (Geräusche) Scheiße, da ist irgendjemand (niemand).	= =	Is there **anyone** there? (sounds) Shit, there is **someone** (nobody) there.
b.	Ich hatte eine Konversation mit **jemandem** aus …	=	I had a conversation with **someone** from …
c. –	Eddie wohnt **irgendwo** hier. Sein Haus ist irgendwo hier.	= =	Eddie lives **somewhere** here. His house is **somewhere** here.
d.	Sie können es **sonst nirgendwo** kaufen.	= =	You **can't** buy it **anywhere else**. You can buy it **nowhere else**.
e.	**Manche** Leute sind nie zufrieden.	=	**Some** people are never happy.
f.	Hast du etwas Kaffee?	=	Do you have **some more + / anymore** - coffee?
g.	Haben Sie **etwas** (**etw.**) zum Schreiben?	=	Do you have **something +** to write with?
	Haben Sie **irgendetwas** zum Schreiben?	=	Do you have **anything** - to write with?
h.	Gibt es **irgendwas/etwas anderes (nichts)**, was ich für Sie tun kann?	=	Is there **anything - / something + else (nothing)** I can do for you?
i.	Besuchen Sie uns **irgendwann** nächste Woche. (manchmal)	=	Come and visit us **some time** next week. **+** (sometimes)
	Besuchen Sie mich **jederzeit (jedes Mal)**.	=	Come and see me **any time** you like **(everytime)**.
j.	Haben Sie **noch mehr** Prosecco?	= =	Do you have **some more** prosecco? + Do you have **anymore** prosecco? –
	Wir haben keinen Prosecco mehr.	= =	We don't have any more prosecco. We have no more prosecco.
k.	Ich wollte **sowieso nicht** hingehen.	=	I **didn't** want to go **anyway/anyhow**.
l.	Ich habe eine Sonnenbrille im Auto.	=	I have **some** sunglasses in the car.
	Ich habe keine Sonnenbrille im Auto.	=	I **don't** have **any** sunglasses in the car.
m.	Ich habe **einige** Sonnenbrillen zu Hause.	=	I have **some** sunglasses at home.
	Ich habe keine Sonnenbrille zu Hause.	=	I have**n't** got **any** sunglasses at home.
n.	Wir haben kein Eis.	=	We don't have any ice cream.
	Habt ihr **welches**?	=	Do you have some + / any -?
o.	Hast du **etwas** Milch für mich?	= =	Do you have **some** milk for me? + Do you have any milk for me? –
p.	Wie auch immer, jedenfalls (beim Themenwechsel)	=	Anyway, anyhow (changing the subject)
q.	Wir haben gestern Abend etwas Bier getrunken.	=	We drank some beer yesterday evening.
	Wie viel Bier hast du gestern getrunken?	=	How much beer did you drink yesterday?
	Wie viele Flaschen Bier hast du gestern getrunken?	=	How many beers did you drink yesterday?

Übung 16	Practice 16
1. Wie viele Ratschläge brauchen Sie? → Ich habe drei Ratschläge für Sie.	_____ ______ advice do you need? I have three _________ ___ _________ for you.
2. Wie viele Tipps brauchen Sie? → Ich habe drei Tipps für Sie.	_____ ______ tips do you need? I have three _________ for you.
3. Wie viele Infos brauchen Sie? → Ich habe ein paar Infos für Sie.	_____ ______ information do you need? I have a few _________ ___ _________ for you.
4. Wie viele Flugzeuge sind am Flughafen?	How ______ ___________ are at the airport?
5. Wie viel Brot essen Sie zum Frühstück? → Zwei Scheiben, bitte.	_____ ______ bread do you eat for breakfast? Two slices please.
6. Wie viele Toasts magst du? → Zwei Scheiben.	_____ ______ toast do you want? _____ ______ _________ ____ toast do you want? Two slices.
7. Wie viel Gepäck haben Sie? → Ich habe zwei Koffer und eine Tasche.	_____ ________ baggage do you have? I have two ________ and one ________.
8. Wie viele Jeans hast du? → Ich habe fünf Jeans.	_____ ______ ______ ____ jeans have you got? I have got five _______ ___ jeans.
9. Hast du eine Sonnenbrille für mich?	Have you got _______ sunglasses for me?
10. Haben Sie noch mehr Prosecco? + Haben Sie noch mehr Prosecco? –	Do you have ______ more prosecco? Have you got _____ more prosecco?
11. Besuchen Sie mich jederzeit. Besuchen Sie mich irgendwann nächste Woche. (jedes Mal = every time)	Come and see me ____ time you like. Come and visit me ______ time next week!
12. Kaufen Sie es hier. → Sie können es sonst nirgendwo kaufen.	Buy it here. You can't buy it ____where else.
13. Eddie wohnt irgendwo hier. → Sein Haus ist irgendwo hier.	Eddie lives ______where here. His house is _____where here.
14. Die Party war scheiße. → Gut. Ich wollte sowieso nicht hingehen.	The party was crap. Good. I didn't want to go _____way.

Übersetzen Sie	Translate
15. Wir haben kein Essen im Haus.	
16. Möchten Sie etwas Kuchen?	
17. Wir haben gestern einige Freunde in der Stadt getroffen.	
18. Hat irgendjemand gestern angerufen? +/–	
19. Wir haben keine Sahne. → Kannst du uns welche geben?	
20. Hast du Bananen gekauft? → Nein, aber ich habe Äpfel gekauft.	

4.4. Frageanhang ‚oder?' – The Question Tag

Behauptung + eine Frage stellen:		**Claim + to ask a question:**
Das Spiel war gut, **oder**?	=	The game was good, **wasn't it**? → "I thought the game was OK. But ..."
Behauptung + Bestätigung: Das Spiel war gut, **oder**? → Stimmt!	=	**Claim + confirmation:** The game was good, **right**? → Right!
⚠ **Heutzutage sagt man eher ‚right?' auf Englisch, weil es am Einfachsten ist.**		
1. Gang: Grundsatz/Zustand		
Du magst (Sie mögen, ihr mögt) Kaffee, **oder?** → Ja. Nein.	=	You like coffee, **don't you? / right?** → Yes, I (we) do. / Right! No, I (we) don't.
Er (sie, es) mag Kaffee, **oder?** → Ja. Nein.	=	He (she, it) likes coffee, **doesn't he (she, it)?** → Yes, he (she, it) can. / Right! No, he (she, it) can't.
Sie mögen Kaffee, **oder?** → Ja. Nein.	=	They like coffee, **don't they/right?** → Yes, they do. / Right! No, they don't.
Du kannst (Sie können, ihr könnt) Englisch sprechen, **oder?** → Ja. Nein.	=	You can speak English, **can't you/right?** → Yes, I can. / Right! No, I can't.
Du bist (Sie sind, ihr seid) glücklich, **oder?** → Ja. Nein.	=	You are happy, **aren't you? / right?** → Yes, I am. / Right! No, I'm not.
Er (sie, es) ist glücklich, **oder?** → Ja. Nein.	=	He (she, it) is happy, **isn't he (she, it)?/ right?** → Yes, he (she, it) is. / Right! No, he (she, it) can't.
Sie sind glücklich, **oder?** → Ja. Nein.	=	They are happy, **aren't they?/right?** → Yes, they are. / Right! No, they aren't.
Es gibt dort ein gutes Restaurant, **oder?** → Ja. Nein.	=	There is a good restaurant there, **isn't there? / right?** → Yes, there is. / Right! No, there isn't.
2. Gang: Gegenwart		
Du hörst (Sie hören, ihr hört) zu, **oder?** → Ja. Nein.	=	You are listening, **aren't you? / right**? → Yes, I am (we are). / Right! No, I'm (we're) not.
Er (sie, es) hört zu, **oder?** → Ja. Nein.	=	He (she, it) is listening, **isn't he (she, it)? / right?** → Yes, he (she, it) is. / Right! No, I'm not.
Sie hören zu, **oder?** → Ja. Nein.	=	They are listening, **aren't they/right?** → Yes, they are. / Right! No, they're not.
Der Film ist gut, nicht wahr? → Ja. Nein.	=	The film is good, **isn't it?/right?** → Yes, it is. No, it isn't. / Right!
3. Gang: Zukunft: Abmachung/Prognose		
Du isst (Sie essen, ihr esst) mit uns heute Abend, **oder?** → Ja, natürlich. Nein, leider kann ich nicht.	=	You will join us for dinner this evening, **won't you? / right?** → Yes, of course. No, unfortunately I (we) won't be able to.
Er (sie) isst mit uns heute Abend, **oder**? → Ja. Nein.	=	He (she) will join us for dinner this evening, **won't he (she)? / right?** → Yes, he (she) will. / Right! No, he (she) won't.
Sie essen mit uns heute Abend, **oder**? → Ja. Nein.		They will join us for dinner this evening, **won't they? / right?** → Yes, they will. / Right! No, they won't.
Zukunft: Mitteilung/Informationsaustausch		
Du isst (Sie essen, ihr esst) mit uns heute Abend, **oder?** → Ja. Nein, leider kann ich nicht.	=	You are gonna join us for dinner, **aren't you? / right?** → Yes, I am (we are). / Right! No, unfortunately I (we) can't.
Er (sie) isst mit uns heute Abend, **oder?** → Ja. Nein.	=	He (she) is going to join us for dinner, **isn't he? / right?** → Yes, he (she) is. / Right! No, he (she) is not.
Sie essen mit uns heute Abend, **oder?** → Ja. Nein.		They are gonna join us for dinner, **aren't they?/right?** → Yes, they are. / Right! No, they're not.

Zukunft: Vergangenheit		
Er wird es bis dahin fertiggstellt haben, **oder?** → Ja. Nein.	=	He will have finished it by then, **won't he? / right?** → Yes, he will. / Right! No, he won't.
3. Gang: Zukunft: mögen (wollen)/möchten		
Du magst (Sie mögen, ihr mögt) ein Glas Rotwein, **oder?** → Ja, bitte. Nein, danke.	=	You want a glass of red wine, **don't you? / right?** → Yes, please. / Right! No, thank you.
Sie mag ein Glas Rotwein, **oder?** → Ja. Nein.	=	She wants a glass or red wine, **doesn't she? / right?** → Yes, she does. / Right. No, she doesn't.
Sie mögen ein Glas Rotwein, **oder?** → Ja. Nein.	=	They want a glass of red wine, **don't they? / right?** → Yes, they do. / Right. No, they don't.
Du möchtest (Sie möchten, ihr möchtet) ein Glas Rotwein, **oder?** → Ja. Nein.	=	You would like a glass or red wine, **wouldn't you? / right?** → Yes, I (we) would/Right. No, I (we) wouldn't.
Er möchte ein Glas Rotwein, **oder?** → Ja. Nein.	=	He would like a glass of red wine, **wouldn't he? / right?** → Yes, he would. / Right. No, he wouldn't.
Sie möchten ein Glas Rotwein, **oder?** → Ja. Nein.		They would like a glass of red wine, **wouldn't they? / right?** → Yes, they would. / Right. No, they wouldn't.
4. Gang: gegenwärtige Vergangenheit		
Du hast (Sie haben, ihr habt) schon Kaffee getrunken, **oder?** → Ja. Nein.	=	You have already had some coffee, **haven't you? / right?** → Yes, I (we) have. / Right. No, I (we) haven't.
Er hat schon Kaffee getrunken, **oder**? → Ja. Nein.	=	He has already had some coffee, **hasn't he? / right?** → Yes, he has. / Right. No, he hasn't.
Sie haben schon Kaffee getrunken, **oder**? → Ja. Nein.	=	They have already had some coffee, **haven't they? / right?** → Yes, they have. / Right. No, they haven't.
5. Gang: abgeschlossene Vergangenheit		
Du trankst (Sie tranken, ihr trankt) gestern etwas Kaffee, **oder?** → Ja. Nein.	=	You drank some coffee yesterday, **didn't you? / right?** → Yes, I (we) did. / Right. No, I (we) didn't.
Er trank gestern etwas Kaffee, **oder?** → Ja. Nein.	=	He drank some coffee yesterday, **didn't he? / right?** → Yes, he has. / Right. No, he hasn't.
Sie tranken gestern etwas Kaffee, **oder?** → Ja. Nein.	=	They drank some coffee yesterday, **didn't they? / right?** → Yes, they did. / Right. No, they didn't.
Du warst (Sie waren, ihr wart) zu Hause, **oder?** → Ja. Nein.	=	You were at home, **weren't you?/right?** → Yes, I (we) were. / Right. No, I (we) weren't.
Er war zu Hause, **oder?** → Ja. Nein.	=	He was at home, **wasn't he?/ right?** → Yes, he was. / Right. No, he wasn't.
Sie waren zu Hause, **oder?** → Ja. Nein.	=	They were at home, **weren't they?/ right?** → Yes, they were. / Right. No, they weren't.
Es gab dort ein gutes Restaurant, **oder?** → Ja. Nein.	=	There was a good restaurant there, **wasn't there?/ right?** → Yes, there was. / Right. No, there wasn't.
6. Gang: Vorvergangenheit		
Er hatte vorher etwas Tee getrunken, **oder?** → Ja. Nein.	=	He had had some tea before, **hadn't he? / right?** → Yes, he had. / Right. No, he hadn't.

4.4a. Infrage stellen mit einer Behauptung/Bestätigung

Es funktioniert nicht, **oder?** → Nein. Doch.	=	It doesn't work, **does it?/right?** → No, it doesn't./Right. Yes, it does.
Sie ist nicht glücklich, **oder?** → Nein. Doch.	=	She isn't happy, **is she?/right?** → No, she isn't./Right. Yes, she is.
Sie werden es nicht reparieren, **oder?** → Nein. Doch.	=	They won't repair it, **will they?/right?** → No, they won't./Right. Yes, they will.

	Sie kommen nicht, **oder?** → Nein. Doch.	=	They aren't coming, **are they?/right?** → No, they're not./Right. Yes, they are.
	Du hast (Sie haben, ihr habt) das Projekt noch nicht fertiggestellt, **oder?** → Nein. Doch.	=	You haven't finished the project yet, **have you?/right?** → No, I (we) haven't/Right. Yes, we have.
	Du bist (Sie sind, ihr seid) nicht zum Bodensee gefahren, **oder?** → Nein. Doch.	=	You didn't go to Lake Contance, **did you?/right?** → No, I (we) didn't/Right. Yes, we did.
Andere Bedeutungen von "right"			
1.	**also = right**		
	Also, fangen wir an!	=	**Right**, let's start!
2.	**Ihre Rechte = Your rights**		
	Sie müssen um Ihr **Recht** zu feiern kämpfen.	=	You've got to fight for your **right** to party.
	Er hat **Vorfahrt.**	=	He has **right of way**.
⚠	**Aber: richtig (sauber)** angeschlossen	=	**properly** connected
3.	**Rechtsverkehr = to drive on the right (-hand side)**		
	In Deutschland fahren wir auf der rechten Seite.	=	In Germany we drive on the **right** (-**hand side**).
	Der Kratzer ist auf der rechten Seite des Autos.	=	The scratch is on the **right** side of the car.
4.	**Genau = right**		
	Ich stehe gerade **genau** in der Mitte der Zuschauer.	=	I'm standing **right** in the middle of the crowd.
	Wir sind **mitten** in einem Meeting.	=	We're **right in the middle** of a meeting.
5.	**bis zum Ende = right**		
	Gehen Sie **bis zum** Ende des Korridors und biegen Sie rechts ab!	=	Go **right to** the end of the corridor and turn right!
	Bis zum bitteren Ende!	=	**Right to** the bitter end!
6.	**ganz = right**		
	ganz hinten	=	**right** at the back
	ganz vorne	=	**right** at the front
7.	**OK = right**		
	Ich rufe dich nach dem Meeting an, OK.	=	I'll call you after the meeting, **right**/OK.

4.4b. ‚Doch' mit Betonung – With stress, emphasis

	Wir können es nicht. Doch, das können wir.	=	We can't do it. **(Oh)** ***Yes*, we can.**
	Er wohnt nicht in Ingolstadt. Doch, er wohnt da.	=	He doesn't live in Ingolstadt. **(Oh)** ***Yes*, he does.**
	Er schafft es nicht bis 12 Uhr. Doch, das schafft er.	=	He won't make it by 12. **(Oh)** ***Yes*, he will.**
	Er fliegt nicht nach Paris. Doch, er fliegt hin.	=	He's not gonna fly to Paris. **(Oh)** ***Yes*, he is.**
	Sie haben das Projekt noch nicht fertiggestellt. Doch, das haben sie.	=	They haven't finished the project yet. **(Oh)** ***Yes*, they have.**
	Sie sind nicht gestern nach London geflogen. Doch, sie sind dorthin geflogen.	=	They didn't fly to London yesterday. **(Oh)** ***Yes*, they did.**
(je-)doch			
	Die Ergebnisse waren gut. (Je-)doch hätten sie besser sein können.	=	The results were good. **However** they could have been better.
Nur mit Betonung			**With stress, emphasis**
	Sie spricht doch Englisch.	=	She ***does*** speak English.
	Er ist doch ein Spanier.	=	He ***is*** a Spaniard.
	Er wird euch doch helfen.	=	He ***will*** help you.
	Er fliegt doch mit.	=	He ***is*** going to fly with you.
	Sie sind doch nach New York geflogen.	=	They ***have*** flown to New York.
	Sie haben die Unterlagen doch mitgenommen.	=	They ***did*** take the documents.
	Setz dich doch.	=	Sit ***down***. I told you ***so***.

Übung 17	Practice 17
1. Sie fangen jeden Tag um acht an, oder?	You start every day at eight, ________? You start every day at eight, don't you?
2. Sie mögen Rotwein, oder?	You like red wine, right? You like red wine, _______ ____?
3. Sie sind gegen Pollen allergisch, oder?	You are allergic to pollen, ________? You are allergic to pollen, aren't you?
4. Sie schreiben zur Zeit ein Buch, oder?	You are writing a book at the moment, _______? You are writing a book at the moment, ______ ____?
5. Wir sehen uns nächste Woche, oder?	We will see each other next week, _______? We will see each other next week, won't we? I will see you next week, ________? I will see you next week, ______ __?
6. Sie fliegen im Sommer nach Mallorca, oder?	You are flying to Majorca in the summer, _______? You are flying to Majorca in the summer, ____ ____?
7. Du hast diesen Film schon gesehen, oder?	You have seen this film already, ________? You have seen this film already, haven't you?
8. Du warst schon in Paris, oder?	You have been to Paris already, ________? You have been to Paris already, _______ ____?
9. Du hast gestern die Besorgungen gemacht, oder?	You did the shopping yesterday, ________? You did the shopping yesterday, ______ ____?
10. Du warst letztes Jahr in Paris, oder?	You were in Paris last year, ________? You were in Paris last year, _______ ____?
11. Du magst ihn nicht, nicht wahr?	You don't like him, ________? You don't like him, do you?
12. Sie mag Rotwein nicht, oder?	She doesn't like red wine, ________? She doesn't like red wine, ___ _____?
13. Du bist nicht glücklich, nicht wahr?	You aren't happy, _________? You aren't happy, are you?
14. Sie sind nicht gegen Pollen allergisch, oder?	You aren't allergic to pollen, ________? You aren't allergic to pollen, _____ you?
15. Du hast diesen Film noch nicht gesehen, oder?	You haven't seen this film yet, ________? You haven't seen this film yet, have you?
16. Du warst schon in Paris, oder?	You haven't been to Paris yet, ________? You haven't been to Paris yet, _______ ____?
17. Du hast gestern nicht mit ihm gesprochen, oder?	You didn't talk to him yesterday, ________? You didn't talk to him yesterday, ______ ___?
18. Du warst letztes Jahr nicht in Paris, oder?	You weren't in Paris last year, ________? You weren't in Paris last year, _______ ____?

4.5a. Fragewörter als Bindewörter	Question Words as Link Words
1. Können Sie mir sagen, wo das Klo ist? – Könnten Sie mir sagen, wo das Klo ist?	Can you tell me **where** the loo is? Could you tell me where the loo is?
2. Können Sie mir sagen, wie ich da hinkomme?	Can you tell me **how** to get there? Can you tell me **how** I get there?
3. Können Sie mir sagen, wer das ist?	Can you tell me **who** that is?
4. Können Sie mir sagen, was das ist?	Can you tell me **what** that is?
5. Können Sie mir sagen, wessen Auto das ist?	Can you tell me **whose** car that is?
6. Kannst du mir sagen, wann der Zug fährt?	Can you tell me **when** the train leaves?
7. Kannst du mir sagen, wie viel der Hut kostet?	Can you tell me **how much** the hat costs?
 1. Können Sie mir sagen, welches das Beste *ist*?	Can you tell me **which** one *is* the best?
2. Kannst du mir sagen, wie viele Leute *da* sind?	Can you tell me **how many** people are *there*?
3. Kannst du mir sagen, wie oft ich die Tabletten nehmen *soll*?	Can you tell me **how often** I *should* take the tablets?
4. Könnten Sie mir sagen, wo ich das Klo finden *kann*?	Could you tell me **where** I *can* find the loo?
Andere Beispiele:	**Other examples:**
1. Ich weiß nicht, wo die Toilette ist.	I don't know **where** the toilet is.
2. Ich habe keine Ahnung, wo wir sind. → Hast du eine Idee, wo wir essen können?	I have no idea **where** we are. Do you have an idea **where** we can eat?
3. Du kannst einladen, wen (auch immer) du willst. Du kannst einladen, wen du möchtest. Du kannst haben, was du willst. Du kannst haben, was du möchtest. Du kannst kommen, wann du willst. Du kannst kommen, wann du möchtest. Du kannst tragen, welches Kleid du willst. Du kannst hinfahren, wo du möchtest.	You can invite **whoever** you want. You can invite **whoever** you like. You can have **whatever** you want. You can have **whatever** you like. You can come **whenever** you want. You can come **whenever** you like. You can wear **whichever** dress you want. You can travel to **wherever** you like.
4. Nimm, was du willst. Nimm, was du möchtest.	Take **what** you want. Take **what** you like.
5. Es ist mir egal, was wir trinken. Es macht mir nichts aus, was wir trinken. Es ist mir völlig egal, wie du es machst. Es ist mir scheißegal, wie du es machst.	I don't mind **what** we drink. I don't mind **what** we drink. I don't care **how** you do it. I don't give a shit, **how** you do it.
6. Rate mal, wer immer ans Telefon geht.	Guess **who** always answers the phone?
7. Sag mir, was du bestellt hast.	Tell me what you've ordered?
8. Alles, was er sagt, ist wichtig. Alles, was wir bekommen haben, war fantastisch. Alles, was wir bekommen haben, war ein Bier.	Everything (that) he says is important. Everything we got was fantastic. + (viel) All (that) we got was a beer. – (wenig)
9. Das Einzige, was wir machen mussten, war … Das Einzige, was wir bekommen haben, war ein Bier. Das Einzige, was gut war …	All (that) we had to do was … + (wenig) All (that) we got was a beer. – (wenig) The only thing that was good …
10. Alles, was Sie brauchen, ist in diesem Buch. Alles, was Sie machen müssen, ist, es zu lesen.	Everything you need is in this book. All you have to do is read it.
11. Du kannst es machen, wie auch immer du willst. Jedoch musst du es bis morgen machen.	You can do it however you want. However you have to do it by tomorrow.
12. Egal.	Whatever.
13. Es macht nichts. Es ist egal.	It doesn't matter.
14. Es ist mir nicht egal. Es ist mir nicht völlig egal. Es ist mir nicht scheißegal.	I do mind. I do care. I do give a shit.

Übung 18	Practice 18
1. Kannst du mir sagen, wo wir sind?	Can you tell me _______ we are?
2. Ich habe keine Ahnung, wo wir sind.	I have no idea ________ we are.
3. Du kannst kommen, wann du möchtest.	You can come __________ you like.
4. Können Sie mir sagen, welche am besten ist?	Can you tell me ________ ____ is best?
5. Können Sie mir sagen, was es kostet?	Can you tell me _______ it costs?
6. Wo ist das Museum? → Da drüben in die Richtung. → Können Sie mir sagen, wie ich am besten hinkomme?	Where is the museum? Over there in that direction. Can you tell me _____ best to get there?
7. Können Sie mir bitte sagen, wann der nächste Flieger nach Mallorca startet?	Please can you tell me _______ the next plane to Majorca leaves?
8. Sagen Sie mir bitte, wann Sie fliegen wollen?	Please tell me ________ you want to fly.
9. Können Sie mir auch sagen, wie viele Flieger pro Tag nach Mallorca fliegen?	Can you tell me ____ _______ planes fly to Majorca per day?
10. Können Sie mir sagen, was der Anzug kostet?	Can you tell me ________ this suit costs?
11. Können Sie mir sagen, welche Größe ich habe? → Sogar ich kann dir sagen, welche Größe du hast.	Can you tell me _______ size I am? Even I can tell you _______ size you are.
12. Können Sie mir sagen, wie er heißt?	Can you tell me ________ his name is?
13. Ich habe keine Ahnung, wie er heißt.	I have no idea _______ his name is.
14. Sag mir, was du heute Abend vorhast.	Tell me _______ you've planned for this evening?
15. Sag, mir was du von diesem Restaurant hältst.	Tell me _______ you think of this restaurant?
16. Was soll ich tragen? → Du kannst tragen, was du möchtest.	What should I wear? You can wear ______________ you like.
17. Du kannst bestellen, was du willst.	You can order ______________ you want.
18. Sag mir, was du bestellt hast.	Tell me _______ you've ordered?
19. Sag mir bloß nicht, was es kostet.	Whatever happens don't tell me _______ it costs.
20. Es ist mir egal, was für einen Wein wir trinken. Du kannst ihn auswählen.	I don't mind ______ ______ of wine we drink. You can choose.
21. Rate mal, wer gerade reingekommen ist.	Guess ______ has just come in?
22. Kannst du mir sagen, wo die Damentoiletten sind?	Can you tell me ________ the ladies toilets are?
23. Die Desserts sind fantastisch. Nimm, was du willst. Ich lade dich ein.	The puddings (desserts, sweets) are fantastic. Take _____________ you want. It is my treat. (I'm paying)

4.5b. Top-25-Bindewörter (Konjunktionen)

1. aber = but	
Ich lese Zeitschriften gerne, aber ich lese Bücher ungerne.	I like reading magazines ____ I don't like reading books (though).
2. als = as, when	
Als ich reinkam, ist sie gerade gegangen.	____ I came in she was just leaving.
Als ich jung war, spielte ich Fußball.	I played football _____ I was young.
3. sonst, ansonsten, andernfalls = otherwise	
Kaufe die Karten im Voraus, sonst werden wir das Spiel nicht sehen können.	Buy the tickets in advance ____________ we won't be able to watch the game.
4. auch ... nicht = not ... either	
Tut mir leid, meine Frau ist krank, und ich kann auch nicht kommen.	I'm sorry my wife is ill and I can ____ come __________.
5. damit, sodass = so that	
Damit wir ins Kino gehen können, müssen wir Karten im Internet kaufen.	We have to buy tickets in the internet ___ _______ we can go to the cinema.
6. da = as	
Da wir hier sind, lasst uns eine Tasse Kaffee trinken. Wo wir gerade dabei sind, lasst uns ein Stück Kuchen essen.	___ we are here let's have a cup of coffee. While we are at it let's have a piece of cake.
7. darum (deswegen, deshalb) = that's why (because of this)	
Wir haben die beste Verteidigung, darum sind wir Tabellenführer.	We have the best defence _________ ____ we are top of the table.
8. entweder ... oder = either ... or	
Wir können es entweder so oder so machen.	We can do it _________ like this ___ like that.
9. falls, im Falle = in case	
Nimm dein Handy mit, falls du den Zug verpasst.	Take your mobile with you ___ ______ you miss the train.
10. jedoch, allerdings, wohlgemerkt = however, having said that, mind you	
Die Zahlen sind gut. Jedoch könnten sie besser sein.	The figures are good. ____________ they could be better.
11. ob = whether, if	
Ich weiß nicht, ob wir kommen können. Vielleicht kann ich eventuell kommen.	I don't know ___________ we can come. Perhaps I might be able to come.
12. obwohl = although, even though	
Obwohl der Umsatz gut ist, bin ich immer noch nicht wirklich zufrieden.	____________ the turnover is good I am still not really happy/satisfied.
13. oder = or	
Magst du Tee oder Kaffee? → Kaffee, bitte.	Do you want tea ___ coffee? Coffee, please.
14. selbst wenn = even if	
Selbst wenn du vorsichtig fährst, ist Glatteis immer gefährlich.	_______ ___ you drive carefully black ice is always dangerous.
15. sogar, selbst, noch = even	
Sie badet gerne, sogar im Winter.	She likes bathing _______ in winter.
Selbst ich	Even I
noch besser	even better

16. trotzdem, dennoch (nichtsdestotrotz) = but still (nevertheless)	
Es hat geregnet. Trotzdem haben wir Golf gespielt. Übrigens habe ich gewonnen.	It rained. ____ ________ we played golf. By the way I won.
17. trotz = despite, in spite of	
Trotz der Niederlage sind FC 04 immer noch zuversichtlich, dass sie aufsteigen.	__________ the defeat FC 04 are still confident (that) they will get promoted.
18. um … zu = (in order) to	
Um zu gewinnen, muss man kämpfen.	___ ________ ___ win you have to fight.
19. demzufolge (folglich, deshalb) = as a result (consequently, therefore, thus, hence)	
Wir haben heute gewonnen, und demzufolge sind wir Tabellenführer.	We won today and ___ __ _________ we are top of the table.
20. vorausgesetzt (angenommen), dass = providing (supposing) (that)	
Vorausgesetzt, dass wir heute gewinnen, werden wir in die Bundesliga aufsteigen.	______________ (that) we win today we will be promoted to the Bundesliga.
21. während, in der Zeit, wo = while	
Während wir essen, können die Kinder auf dem Spielplatz im Biergarten spielen.	________ we are eating the kids can play on the playground in the beer garden.
22. es sei denn, wenn nicht = unless	
Es ist nicht erlaubt, hier ein Lagerfeuer zu machen, es sei denn, man hat die Erlaubnis dazu.	You are not allowed to make a campfire here ________ you have permission.
Wir bekommen den Vertrag **nicht**, wenn du nicht unterschreibst.	We won't get the contract ________ you sign.
23. egal, was auch immer = whatever	
Wir haben gut gespielt. → Egal. Wir haben trotzdem verloren.	We played well. ______________. We still lost.
24. wie auch immer = anyway	
Mein Flug war gut, danke! Wie auch immer, lasst uns mit dem Meeting anfangen.	My flight was good, thank you. ___________ let's start the meeting.
25. weil = because (coz)	
Ich gehe joggen, weil es Spaß macht.	I go jogging ______________ it's fun.

⚠ **26. abgesehen davon = apart from that**
27. übrigens = by the way, incidentally
28. anstatt = instead of
29. leider, glücklicherweise = unfortunately, fortunately
30. und außerdem = and in adition to, besides
31. und im Gegenzug = and in return
32. apropos … = talking of which
33. dafür, dass … = considering that …
34. wie gesagt … = As I said …
35. Wie Sie wissen … = As you know …

4.6. Fragen mit Präpositionen: Wo kommst du *her*?

Wichtig: Fragewörter und Präpositionen sollen im Englischen getrennt werden, weil sie zusammengestellt sehr formell bzw. altmodisch klingen: **Bis wann** können Sie es liefern? ***By when*** can you deliver it? Heutzutage fragt man: ***When*** can you deliver it ***by***? → ***By*** Friday.

⚠ Woher kommst du? / Wo kommen Sie her? Oder: Wohin gehen Sie? / Wo gehen Sie hin?	Where do you come from? Where are you going to?
1. ab	
Ab wann kann ich dich erreichen? (Wann)	What is the earliest I can call you? (When)
2. als	
Als was soll ich gehen?	What should I go as?
3. an	
An was arbeiten Sie gerade?	**What** are you working **on** at the moment?
An welchem Tag haben wir Englisch?	**What** day do we have English on?
An wen soll ich mich wenden?	**Who** should I talk to?
4. auf	
Auf welcher Seite bist du gerade?	**What** page are you **on** at the moment?
Auf was warten Sie?	**What** are you waiting **for**?
Auf wessen Seite bist du?	**Whose** side are you **on**?
5. bis	
Bis wann kannst du es machen? (spätestens)	**When** can you do it **by**?
Bis wann arbeitest du jeden Tag? (Zeitraum)	**When** do you work **till** everyday?
Ausnahme:	
Bis wann kann ich dich erreichen? (Wann)	**What's the latest** I can reach you? (When)
6. bei	
Bei wem/Für wen arbeitest du?	**Who** do you work **for**?
Bei welcher Bank sind Sie gerade?	**Which** bank are you **at**? (Anwesend)
Bei welcher Bank sind Sie?	**Which** bank are you **with**? (Kontoführung)
Bei wem sind Sie gerade?	**Who** are you **with** at the moment?
7. für	
Für welchen Job hast du dich beworben?	**Which** job have you applied **for**?
Für was hast du dein Geld ausgegeben?	**What** did you spend your money **on**?
8. gegen	
Gegen wen spielt ManUnited?	**Who** are ManUnited playing (**against**)?
9. in	
In welchem Krankenhaus ist sie?	**Which** hospital is she **in?**
10. mit	
Mit wem arbeitest du?	**Who** do you work **with**?
Mit wem redest du gerade?	**Who** are you talking **to**?
Mit welchem Program arbeiten Sie?	**Which** programme do you work **with**?
11. seit	
Seit wann arbeitest du hier?	**How long** have you been working here (**for**)?
12. um	
Um was geht's in dem Lied?	**What** is the song **about**?

13. vor	
Vor wem hast du Angst?	**Who** are you afraid **of**?
Vor wie viel Jahren war es?	How many years **ago** was it?
14. von wem/wem	
Von wem singen Sie in dem Lied? (über wen)	**Who** is the song **about**?
Von wem ist dieses Bild?	**Who** is it **by**? (Leonardo da Vinci) **Who** ist it **from**? (the Louvre) **Who** is it **of**? (Mona Lisa)
Wem gehört dies?	**Who** does this belong **to**?
Wen wollen Sie sprechen?	**Who** do you want to talk **to**?
15. was … an	
Was hören Sie sich gerade **an?**	**What** are you listening **to?**
16. wie	
Wie schmeckt es? (Schmeckt es?)	**What** does it taste **like**? (Do you like it?)
Wie ist Carl? (Vergleich)	**What** is Carl **like**? (comparison)
17. wie lange	
Wie lange bleibst du?	**How long** will you stay (**for**)?
Wie lange hast du dort gearbeitet?	**How long** did you work there (**for**)?
18. wofür	
Wofür sind Sie verantwortlich?	**What** are you responsible **for**?
Wofür haben Sie Ihr Geld ausgegeben?	**What** did you spend your money **on**?
Warum hast du dein Geld ausgegeben?	**What** did you spend your money **for**?
Weswegen bist du angeklagt?	**What** are you accused **of**?
19. wogegen	
Wogegen bist du allergisch?	**What** are you allergic **to**?
20. woher	
Woher hast du das (bekommen)?	**Where** did you get that **from**?
Woher kommst du?	**Where** do you come **from**?
Woher rufen Sie an?	**Where** are you calling **from**?
Woher *weißt* du das?	How do you *know* that?
21. womit	
Womit arbeitest du?	**What** do you work **with**?
22. wonach	
Wonach schmeckt es?	**What** does it taste **of**?
23. worauf	
Worauf wartest du?	**What** are you waiting **for**?
Worauf haben Sie Lust?	What do you feel like doing?
Worauf freuen Sie sich?	What are you looking forward to?
24. woran	
Woran bist du interessiert?	**What** are you interested **in**?
Woran arbeitest du zurzeit?	**What** are you working **on** at the moment?
25. woraus	
Woraus wird es hergestellt?	**What** is it made **of?**
26. worin	
Worin bist du gut?	**What** are you good **at**?
Worin sind Sie am besten?	**What** are you best **at**?

27. worüber	
Worüber sprecht ihr gerade?	**What** are you talking **about** at the moment?
28. worum	
Worum geht es in dem Film?	**What** is the film **about**?
29. wozu	
Wozu sind Sie in der Lage?	**What** are you good **at?**
Wozu brauchst du das?	**What** do you need that **for**?

Übung 19	Practice 19
1. Wo kommen Sie her?	________ do you come _____?
2. Wo gehst du jetzt hin?	________ are you going ___ now?
3. Für wen arbeiten Sie?	_____ do you work ____?
4. Von wem ist das Lied?	_____ is the song ____?
5. Auf wen warten Sie?	_____ are you waiting ____?
6. Ab wann kann ich dich erreichen?	______ is the earliest I can call you?
7. An welchem Tag haben wir Englisch?	_______ day do we have English ___?
8. Auf welcher Seite bist du gerade?	______ page are you ___ at the moment?
9. Bei wem/Für wen arbeitest du?	_____ do you work ____?
10. Für welchen Job hast du dich beworben?	_____ job have you applied ____?
11. Wofür hast du dein Geld ausgegeben?	_____ did you spend your money ___?
12 In welchem Bürogebäude arbeiten Sie?	________ office building do you work ___?
13. Mit wem arbeitest du?	_____ do you work _____?
14. Um was geht's in dem Lied?	_____ is the song ______?
15. Von wem singen sie in dem Lied?	_____ is the song ______?
16. Mit wem wollen Sie reden?	_____ do you want to talk ___?
17. Wie schmeckt es? (Schmeckt es?)	_____ does it taste ____? (Do you like it?)
18. Wofür sind Sie verantwortlich?	_____ are you responsible ___?
19. Worin bist du gut?	_____ are you good ___?
20. Von wem ist die Postkarte?	_____ is the postcard ________?
21. Was suchst du?	______ are you looking _____?
22. Mit wem spricht sie?	_____ is she talking ___?
23. Was hören Sie sich gerade an?	______ are you listening ___?
24. Auf wen warten Sie?	_____ are you waiting ____?
25. Für wen spielt Wayne Rooney?	____ does Wayne Rooney play ___?
26. Worüber denkst du nach? Woran denkst du?	______ are you thinking ________?
27. Wie sind die Strände auf Mallorca?	______ are the beaches _______ in Majorca?
28. In welchem Büro arbeitet Christian?	_______ office does Christian work ___?
29. Worum geht es in dem Buch?	______ is the book _______?

4.6. Antworten auf Fragen ohne Fragewörter
(ein Fragewort ist z. B. Was ...? = What ...?

1. Gang: Grundsatz/Zustand	
Hast du (Haben Sie, habt ihr) ein Auto? → Ja. Nein.	**Do** you have a car? →Yes, ***I (we) do***. No, ***I (we) don't***. **Have** you **got** a car? →Yes, ***I (we) have***. No, ***I (we) haven't***.
Hat er ein Auto? → Ja. Nein. Hat sie ein Auto? → Ja. Nein.	**Does** he have a car? →Yes, ***he does***. No, ***he doesn't***. **Has** she **got** a car? →Yes, s***he has***. No, s***he hasn't***.
Haben sie ein Auto? → Ja. Nein.	**Do** they have a car? →Yes, ***they do***. No, ***they don't***. **Have** they **got** a car? →Yes, ***they have***. No, ***they haven't***.
Bist du (Sind Sie, seid ihr) immer müde? → Ja. Nein.	**Are** you always tired? →Yes, ***I am (we are)***. No, ***I'm (we're) not***.
Ist er (sie) immer müde? → Ja. Nein.	**Is** he (she) always tired? →Yes, ***he (she) is***. No, ***he (she) isn't***.
Sind sie immer müde? → Ja. Nein.	**Are** they always tired? →Yes, ***they are***. No, ***they're not***
2. Gang: Gegenwart	
Arbeitest du (Arbeiten Sie, arbeitet ihr) gerade an dem Audi-Projekt? → Ja. Nein.	**Are you** working on the Audi project? →Yes, ***I am (we are)***. No, ***I'm (we're) not***.
Arbeitet er (sie) gerade an dem Audi-Projekt? → Ja. Nein.	**Is he (she)** working on the Audi project? →Yes, ***he (she) is***. No, ***he (she) isn't***.
Arbeiten sie gerade an dem Audi-Projekt? → Ja. Nein.	**Are they** working on the Audi project? →Yes, ***they are***. No, ***they're not***.
3. Gang: Zukunft	
a. Prognose, Abmachung, Entscheidung	
Sprichst du (Sprechen Sie, sprecht ihr) mit ihm? → Ja. Nein.	**Will you** talk to him? →Yes, ***I (we) will***. No, ***I (we) won't***.
Spricht er (sie) mit ihm? → Ja. Nein.	**Will he (she)** talk to him? →Yes, ***he (she) will***. No, ***he (she) won't***.
Sprechen sie mit ihm? → Ja. Nein.	**Will they** talk to him? →Yes, ***they will***. No, ***they won't***.
b. Infoaustausch, Mitteilung	
Gehst du (Gehen Sie, geht ihr) am Wochenende ins Kino? → Ja. Nein.	**Are you** going (to go) to the cinema at the weekend? →Yes, ***I am (we are)***. No, ***I'm (we're) not***.
Geht er (sie) am Wochenende ins Kino? › Ja. Nein.	**Is he (she)** going (to go) to the cinema at the weekend? →Yes, ***he (she) is***. No, ***he (she) isn't***.
Gehen sie am Wochenende ins Kino? → Ja. Nein.	**Are they** going (to go) to the cinema at the weekend? →Yes, ***they are***. No, ***they're not***.
c. Vergangenheit in der Zukunft	
Wirst du (Werden Sie, werdet ihr) den Bericht bis Freitag angefertigt haben? → Ja. Nein.	**Will you** have finished the report by Friday? →Yes, ***I (we) will***. No, ***I (we) won't***.

d. mögen/wollen (anbieten)	
Magst du (Mögen Sie, mögt ihr) eine Tasse Kaffee? → Ja, bitte. Nein, danke.	**Do you want** a cup of coffee? →Yes, **please**. No, **thank you**
Mag er/Will er (sie) eine Tasse Kaffee? → Ja. Nein.	**Does he (she) want** a cup of coffee? →Yes, ***he (she) does***. No, ***he (she) doesn't***.
Mögen/Wollen sie eine Tasse Kaffee? → Ja. Nein.	**Do they want** a cup of coffee? →Yes, ***they do***. No, ***they don't***.
e. möchten (anbieten)	
Möchtest du (Möchten Sie, möchtet ihr) eine Tasse Kaffee? → Ja, bitte. Nein, danke.	**Would you like** a cup of coffee? →Yes, **please**. No, **thank you**
Möchte er (sie) eine Tasse Kaffee? → Ja. Nein.	**Would he (she) like** a cup of coffee? →Yes, ***he (she) would***. No, ***he (she) wouldn't***.
Möchten sie eine Tasse Kaffee? → Ja. Nein.	**Would they like** a cup of coffee? →Yes, ***they would***. No, ***they wouldn't***.
f. können, könnten	
Kannst du (Können Sie, könnt ihr) mir helfen? Könntest du (Könnten Sie, könntet ihr) mir helfen? → Ja, selbstverständlich. → Nein. Leider habe ich keine Zeit.	**Can you** help me? **Could you** help me? →Yes, ***of course***. →No, ***I'm sorry I have no time***.
(could/couldn't klingt wie ich könnte, aber ich tue es nicht bzw. ich könnte mich nicht erniedrigen)	
g. sollen, sollten	
Soll/sollte ich das Fenster aufmachen? → Ja. Nein.	**Shall/should I** open the window? →Yes, ***feel free***. No, ***please don't***.
Sollte ich die Prüfung machen? → Ja. Nein.	**Should I** do/take the exam? →Yes, ***you should***. No, ***you shouldn't***.
h. etwas ausmachen	
Macht es Ihnen etwas aus, wenn ich rauche? → Nein. Ja.	**Do you mind** if I smoke? →No, ***feel free***. Yes, ***please don't***.
i. Zeit	
Hast du (Haben sie, habt ihr) jetzt (morgen) Zeit? → Ja. Nein.	**Do you have** time now (tomorrow)? →Yes, ***I (we) do***. No, ***I (we) don't***. **Have you got** time now (tomorrow)? →Yes, ***I (we) have***. No, ***I (we) haven't***.
4. Gang: gegenwärtige Vergangenheit (Kontrollfrage)	
Hast du (Haben Sie, habt ihr) schon den Audi-Test gemacht? → Ja. Nein.	**Have you done** the Audi test yet? →Yes, ***I (we) have***. No, I (***we) haven't***.
Hat er (sie) schon den Audi-Test gemacht? → Ja. Nein.	**Has he (she) done** the Audi test yet? →Yes, ***he (she) has***. No, ***he*** (***she) hasn't***.
Haben sie schon den Audi-Test gemacht? → Ja. Nein.	**Have they done** the Audi test yet? →Yes, ***they have***. No, ***they haven't***.
5. Gang: abgeschlossene Vergangenheit (Ausfragen)	
Ist der Test gut gelaufen? → Ja. Nein.	**Did** the test run well? →Yes, ***it did***. No, ***it didn't***.
Hast du (Haben Sie, habt ihr) den Test gemacht? → Ja. Nein.	**Did you do** the test? →Yes, ***I (we) did***. No, I (***we) didn't***.
Hat er (sie) den Test gemacht? → Ja. Nein.	**Did he (she) do** the test? →Yes, ***he (she) did***. No, ***he*** (***she) didn't***.
Haben sie den Test gemacht? → Ja. Nein.	**Did they do** the test? →Yes, ***they did***. No, ***they didn't***.

6. Gang: Vorvergangenheit	
Hattest du (Hatten Sie, habt ihr) vorher jemals einen Test gemacht? → Ja. Nein.	**Had** you ever done a test before? →Yes, ***I (we) had***. No, ***I (we) hadn't***.
Hat er (sie) vorher jemals einen Test gemacht? → Ja. Nein.	**Had he (she) ever done** a test before? →Yes, ***he (she) had***. No, ***he (she) hadn't***.
Haben sie vorher jemals einen Test gemacht? → Ja. Nein.	**Had they ever done** a test before? →Yes, ***they had***. No, ***they hadn't***.

Übung 20	Practice 20
1. Habt ihr ein Auto für den Urlaub? → Ja. Nein.	Do you have a car for the holiday? Yes, we ____. No, we _______.
2. Habt ihr ein Auto für den Urlaub? → Ja. Nein.	Have you got a car for the holiday? Yes, we _______. No, we _______.
3. Hat er morgen Zeit? → Ja. Nein.	Does he have time tomorrow? Yes, he ______. No, he _______.
4. Hat er morgen Zeit? → Ja. Nein.	Has he got time tomorrow? Yes, he ______. No, he _______.
5. Schmeckt dir Kaffee? → Ja. Nein.	Do you like coffee? Yes, I ____. No, I ________.
6. Magst du eine Tasse Kaffee? → Ja, bitte. Nein, danke.	Do you want a cup of coffee? Yes, _________. No, ________ ____.
7. Hast du heute Geburtstag? → Ja. Nein.	Is it your birthday today? Yes, it ___. No, it _______.
8. Arbeitest du zurzeit am Cockpit? → Ja. Nein.	Are you working on the cockpit at the moment? Yes, I ____. No, I ______.
9. Gehen Sie heute um zwölf zum Mittagessen? → Ja. Nein.	Will you go to lunch at 12 today? Yes, I _______. No, I _______.
10. Gehst du am Samstag ins Kino? → Ja. Nein.	Are you going to the cinema on Saturday? Yes, I ____. No, I ____.
11. Möchtest du mit uns ins Kino kommen? → Ja, bitte. Nein, danke.	Would you like to come with us to the cinema? Yes, _________. No, ________ ____.
12. Können Sie mir bitte helfen? Könnten Sie mir helfen? → Ja, klar. → Nein, es tut mir leid, ich habe keine Zeit.	Can you help me? Could you help me? Yes, ___ ________. No, I am _________ I have no time.
13. Soll ich das Fenster zumachen? → Ja. Nein.	Should I shut the window? Yes, _______ ______. No, ________ ______.
14. Macht es Ihnen etwas aus, wenn ich rauche? → Nein, natürlich nicht. Ja, bitte nicht.	Do you mind if I smoke? No, __ _______ ____. Yes, ________ _____.
15. Warst du jemals in London? → Ja. Nein.	Have you ever been to London? Yes, I ________. No, I _________.
16. Warst du jemals in der DDR? → Ja. Nein.	Were you ever in East Germany (the GDR)? Yes, I ______. No, I _________.
17. Haben Sie schon den Audicrashtest gemacht? → Ja. Nein.	Have you done the Audi crash test yet? Yes, I _______. No, I ________.
18. Ist es gut gelaufen? → Ja. Nein.	Did it go well? Yes, it _____. No, it ________.

5. Wichtige Präpositionen/Important prepositions

5.1. mit: begleitend = with

		=	
	mit – Ich fahre jeden Tag **mit** Freunden (ohne Freunde) zur Arbeit.	=	Every day I drive **with friends** to work (without friends).
	Trinkst du den Tee **mit** Zucker und Milch?	=	Do you drink tea **with** sugar and milk?
	Ich **nehme** meine Golfschläger **mit**.	=	I'm taking my clubs **with me**.
a.	an		
	an etwas andocken	=	to dock **with** s/t
b.	auf		
	Sie blieben **auf** einer Menge Schulden sitzen.	=	They were left **with** huge debts.
c.	bei		
	Ich habe um acht einen Termin **bei** Herrn Funk.	=	I have an appointment **with** Mr Funk at eight.
	Ich habe mein Handy **dabei**.	=	I have my mobile **with me.**
	Ich bin in fünf Minuten **bei dir**.	=	I'll be **with you** in 5 minutes.
	Möchtest du **bei uns mitessen**?	=	Would you like to eat **with us**.
d.	in		
	Du kannst ihr **im Haushalt helfen**.	=	You can help her **with the housework**.
e.	unter		
	sich unter die Stars **mischen**	=	to **mix with** the stars
	Unter Mithilfe von HTI	=	with the assistance of HTI
f.	vor		
	Er strotzt **vor Kraft**.	=	He is bursting **with energy**.
	Sie war blass **vor Neid**.	=	She was green **with envy**.
	Es wimmelt vor Ameisen.	=	It's teeming **with ants**.
g.	zu		
	Es gibt einen Salat **zu** dem Essen.	=	There is a salad **with** your meal.
Aber:			
a.	mittels = by		
1.	Ich bin **mit dem Auto** nach/zum … gefahren.	=	I went/drove **by** car to …
	Ich bin mit der Bahn, dem Bus, dem Taxi, Flugzeug, (Motor-)Rad nach/zum … gefahren.	=	I went **by** train, bus, taxi, plane, (motor) bike to …
2.	Schicken Sie es **mit der Post/per E-Mail**.	=	Send it **by post/by e-mail**.
	Ich möchte mit Karte zahlen.	=	I'd like to pay **by** (credit) card.
b.	**Reden** Sie **mit ihr**.	=	Talk **to her**.
	Verglichen mit ManUnited …	=	**Compared to** ManUnited …
c.	Ich habe das Abitur **mit** 18 (Jahren) gemacht.	=	I did my A-levels **at the age of 18.**
		=	I did my A-levels **when I was** 18.
d.	Ich fuhr **mit etwa 80 km/h.**	=	I was **doing about 80 km/h.**
e.	Er handelt **mit** Textilien. Geschrieben **mit** Tinte.	=	He **deals in** Textiles. Written **in ink**.
	Mit der Zeit …	=	In time …
f.	Ich möchte mich **mit 5 Millionen Euro versichern.**	=	I would like to **insure myself for** 5 million euros.
g.	Ich bin **mit Elke verheiratet**.	=	I'm **married to Elke**.
h.	Das ist **mit Abstand** das beste Restaurant.	=	That is **easily** the best restaurant.
	Das ist **bei Weitem** das beste Restaurant.	=	That is **by far/far and away** the best restaurant.

i.	Ich fühle **mit dir** mit.	=	I **feel for you**. I sympathise with you.
	Ich habe Mitleid **mit dir**.	=	I have sympathy **for you**.
j.	Was ist **mit** den Kindern?	=	What **about** the kids?
	Wichtig:		
	Sätze ohne „with" im Englischen:		
	Der Zug lief mit zehn Minuten Verspätung ein	=	The train arrived 10 minutes late.
	Mein Konto ist mit 25 Millionen Euro im Haben.	=	My account is 25 million euros in the black.
	Ich wette mit dir, dass …	=	I bet you that …
	Ich habe gestern mit ihr telefoniert.	=	I phoned her yesterday.
	Du mit deinem Glück!	=	You and your luck!
	Sie gehört mit zu den Besten.	=	She is one of the best.
	Ich war auch mit dabei.	=	I was there too.
	Es ist, war nett, mit dir zu reden.	=	It is, was nice talking/to talk to you.
	Ich gebe dir ein paar Sandwichs für die Reise mit.	=	I'll give you some sandwiches for you trip.
	Man muss mit System arbeiten.	=	You have to work systematically.

5.2. in = drin (inside)

a.	**in = drin**		
	Sie ist im Bett. Im Januar. In der Ecke.	=	She is **in** bed. **In** January. **In** the corner.
	Am Vormittag bin ich in (drin) meinem Büro.	=	I'm **in** my office **in** the morning.
b.	**in = hinein**		
	Gehen Sie bitte **in** (hinein) mein Büro.	=	Please, go **into** my office.
	Biegen Sie links **in** die RH-Straße ab.	=	Turn left **into** the RH Street.
	Steigen Sie **in** das Auto ein. (aussteigen)	=	Get **into** the car.(to get out of)
	Aber:		
a.	Was gibt es/kommt **im Fernsehen (im Radio)**?	=	What's **on TV (on the radio)**?
	im Regal, im ersten Stockwerk	=	**on** the shelf, **on** the first floor
	Ich bin im Urlaub. Ich fliege nach … in Urlaub.	=	I am **on** holiday. I'm flying **on** holiday to …
b.	Lächeln Sie **in** den Fotoapparat.	=	Smile **at** the camera.
c.	Ich fahre gerade in die Kirche.	=	I am just **going to church**.
	Bist du schon mal in NYC gewesen?	=	Have you ever **been to NYC**?
d.	Es ist im Bau.	=	It is **under construction**.
e.	in diesem Sommer	=	**this summer**
	in diesem Jahr/Monat	=	**this year/month**
f.	Ich habe mich in ihr getäuscht.	=	I was **wrong about her**.
g.	**in der Nähe** von München	=	**near to** Munich
h.	**In der Regel** …	=	**As a rule** …
i.	Inlandsflug	=	domestic (internal) flight
j.	Schwiegermutter in spe	=	future mother-in-law, mother-in-law to be
k.	schriftlich	–	in writing
l.	in ein(en) Bus, Zug, Flugzeug, Schiff einsteigen	=	to get onto (to board) a bus, train, plane, ship
	auf ein Pferd, Rad, Motorrad steigen	=	to get onto a horse, bike, motorbike
	aussteigen, absteigen	=	to get off
m.	gut in etwas	=	to be good at s/t
n.	bei dem Wetter	=	in this weather

5.3a. auf = darauf = on

	Leg es **auf** den Tisch.	=	**Put it on** the table.
	Auf der Busfahrt wurde es einigen Leuten schlecht.	=	**On the bus journey** some people felt sick.
	Ich stehe gerade auf der Straße.	=	I'm standing **on** the street.
1.	Gehen Sie **auf** die Straße.	=	Go **onto** the street.
	Steigen Sie auf das Rad, Pferd.	=	**Get onto** the bike, horse.
2.	Die Getränke gehen **aufs Haus**.	=	The drinks are **on the house**.
3.	Wir sind **auf** (der Insel) Malta.	=	We're (**on** the island of Malta)in Malta.
4.	**rechtzeitig/pünktlich**, am Freitag	=	**on** time, on Friday
5.	**Auf** meine Rechnung	=	**on** my bill
	Aber:		
a.	**auf = up**		
1.	**hoch = up**		
	Runde es **auf** …	=	Round it **up to** …
	Schicken Sie es mir **aufs** Zimmer.	=	Send it **up to** my room.
	auf und davon	=	up and away
2.	**geradeaus = up**		
	Geh **auf ihn zu** und rede mit ihm.	=	Go **up to** him and talk to him.
3.	**ganz = up**		
	Räum **auf**. Iss **auf**. Trink **aus**.	=	Tidy **up**. Eat **up**. Drink **up**.
	den Geist aufgeben. Es hängt von dir ab.	=	to give **up** the ghost. It's **up** to you.
b.	**Veranstaltung, Abstand = at**		
	Am Wochenende war ich **auf einer Party**.	=	I was **at a party** at the weekend.
	Wir gehen **auf** eine Party.	=	We're going **to** a party.
	ein Schuss **aufs** Tor	=	A shot **at** goal
c.	**auf = to**		
	Lasst uns auf unseren Erfolg trinken.	=	Let's drink **to** our success.
	Spiel **auf Sieg**	=	Play **to win**.
	ein Blick auf das Schloss/auf die Stadt	=	a view **to** the castle/**over** the city
d.	**auf = for**		
	Treffen wir uns **auf einen Kaffee**.	=	Let's meet **for a cup of coffee**.
e.	**auf = after**		
	Sieg auf Sieg	=	Win **after** (upon) win
f.	Ich **stehe auf Frauen**.	=	I **love the girls**.
g.	25 % auf alles, 19 % MwSt auf alles	=	25 % **off** everything, 19 % VAT **on** everything
h.	Ich bin stolz auf dich.	=	I am proud **of** you.

5.3.b. an = darauf = on

	Der Laden ist **an** der Ecke.	=	The shop/store is **on** the corner.
	Der An-/Ausknopf ist **am** Fernseher.	=	The on/off switch is **on** the tv.
	Aber:		
a.	Biegen Sie links **an** der Ecke ab.	=	Turn left **at** the corner.
b.	Unser Hotel is **am** Meer.	=	Our hotel is **by** the sea.
c.	Das Beste **an** meiner Arbeit ist …	=	The best thing **about** my job is …
d.	Lehne es **an** der Wand an.	=	Lean it **against** the wall.
e.	Gehen Sie bitte ans Telefon.	=	Can you answer the phone please.

5.4. bis = till/until

a. Zeitraum = till/until

Ich bin **von** Dienstag **bis** Donnerstag nicht im Büro.	=	I will be out of the office **from** Tuesday **till/until** Thursday.
Ich bin nicht im Büro **bis** Freitag/**bis** Mittag.	=	I'm not in the office **till** Friday/**till** midday.
Verschieben Sie das Meeting **auf** morgen.	=	Put the meeting off **till** tomorrow.
Ich kann **erst nächste** Woche kommen.	=	I can't come **(un-) till** next week.
Ich kann **bis nach** dem Meeting nicht mit dir reden.	=	I can't talk to you **till after** the meeting.
Bis jetzt habe ich über die … gesprochen.	=	**Up till now/So far** I have talked about …
Bis dahin will ich nichts hören.	=	**Till then** I don't want to hear anything.
Bis wann arbeiten Sie heute?	=	**When** are you working **till** today?
⚠ **Bis wann** kann ich dich erreichen?	=	**What's the latest** I can reach you?
Bis heute ist der Fall nicht geklärt.	=	**To this day** the case hasn't been cleared.
Bis heute wusste ich das nicht.	=	**Up till today** I didn't know that.
Im Besitz: Ich brauche es bis Freitag.	=	I need it **till** Friday.
Du kannst es am Freitag haben.	=	You can have it **on Friday**.
Ich kann es dir erst am Freitagnachmittag geben.	=	I can't give it to you **till/before Friday** afternoon.

Aber:

a. Zeitpunkt = by

Ich möchte den Bericht **bis spätestens a**m Freitag.	=	I would like the report **by** Friday **at the latest.**
Ich kann den Bericht **frühestens am** Freitag liefern.	=	I can deliver the report **at the earliest by** Friday.
Bis dahin möchte ich eine Erklärung haben.	=	**By then** I would like an explanation.
Ich bin nur **bis dahin** (Distanz) gekommen.	=	I only came **this far** (distance).
Bis ich wieder da bin, möchte ich eine Erklärung haben.	=	**By the time I'm back** I'd like an explanation.
Bis ich wieder da bin, kannst du …	=	Can you … ***by the time*** I'm back.
Bis wann können Sie es fertigstellen?	=	**When** can you have it finished **by**?
Ich wäre **schon längst** tot, wenn …	=	I would be dead **by now** if …
Sie müssen **jetzt schon** da sein.	=	They must be there **by now**.

b. up to

Ich arbeite **bis einschließlich** den 23.	=	I'm working **up to and including** the 23rd.
Es könnte **bis zu** 60 Euro kosten.	=	It could cost **up to** 60 euros.

c. to: Schätzung/Entfernung

von A **bis** Z, sechs bis acht Tage	=	**from** A **to** Z, six to eight (6–8) days
Ich arbeite acht **bis** zehn Stunden pro Tag.	=	I work eight **to** ten hours per/a day.
von Nairobi **bis nach** Mombasa	=	**from** Nairobi **all the way to** Mombasa
Ich **zähle bis** zehn.	=	I'll count (up) **to 10.**
Wir werden **in** vier **bis** fünf Stunden bei euch sein.	=	We'll be with you **in** four **to** five hours.
von oben **bis** unten	=	from top **to** bottom
zwei- bis dreimal pro Woche	=	two **to** three times a week
ein- bis zweimal pro/in der Woche	=	once or twice per/a week

d. right: bis zum Gehtnichtmehr

bis zum bitteren Ende	=	**right** to the bitter end
Gehen Sie **bis zum** Ende des Korridors.	=	Go **right to the** end of the corridor.

e.	**Bis Montag (usw.)!**		
	Bis Montag! (Verabschiedung)	=	**See you** on Monday!
f.	**bis auf**		
	Wir sind komplett **bis auf** drei Leute	=	We are all present **except for/with the exception** of three people.

5.5. unter = gedeckt = under

	unter der Brücke	=	**under** the bridge
	unter meinem Dach	=	**under** my roof
	unter der Decke	=	**under** the blanket
	die Unterseite des Autos	=	**the underneath** of the car
	unter Druck stehen	=	to be **under pressure**
	Die Unterwelt	=	**the under world**
	Unter 50 Euro bekommen Sie so was nicht.	=	You won't get that **for under** 50 euros.
	**im Bau** sein	=	to be **under construction**
Aber:			
a.	**unter** dieser Nummer	=	**on (at)** this number
	etwas **unter Dach und Fach** haben	=	to have s/t **signed and sealed**
b.	**unter** der Woche	=	**during** the week
c.	**unter** Leuten (**sich unter** die Stars **mischen**)	=	**among** people (to **mix with** the stars)
	unter anderem	=	**among** other things
d.	**Unter** uns …	=	**Between** you and me …
	Wir sind unter uns.	=	We're **by ourselves** (alone).
e.	**unter** etwas/an etwas leiden (an etwas kranken)	=	to suffer **from**
f.	**unter**dessen, währenddessen	=	**meanwhile**, in the mean time
g.	Frau Schmidt arbeitet **unter** mir.	=	Ms. Schmidt works **for** me.
h.	Ich bin **unter der Dusche**.	=	I'm **taking/having a shower**.
i.	**unter Par** (Golf)	=	**below**/under par (golf)
	unter null	=	**below**/under zero
	unter mir (Rang)	=	**below** me
	unter Deck	=	**below** deck
j.	Es ist mir **unter Todesstrafe** verboten, Ihnen zu sagen, wo …	=	I'm forbidden **on pain of death** to tell you where …
k.	unter Umständen (vielleicht)	=	**possibly** (perhaps, maybe)
l.	ein Gespräch unter Männern haben	=	to talk **man to man**
	ein Gespräch unter vier Augen	=	a **private conversation**
m.	Meine Hobbys sind unter anderem Golfspielen.	=	My hobbies **include** playing golf.
n.	unterwegs (fahren)	=	on the road
	unterwegs (ziellos)	=	out and about
	unterwegs zu dir	=	on the way to you

5.6. gegen: Druck fernhalten = against

	schützen vor	=	to protect s/o, s/t **against** s/o, s/t.
	Wer ist dafür und wer ist **dagegen**?	=	Who is for and who is **against** my plan?
	Haben Sie etwas **gegen** Rauchen?	=	Do you have something **against** smoking?
	Sind wir dagegen versichert?	=	Are we insured **against** that?
	Er lehnte sich **gegen/an** den Pfosten.	=	He leant **against/on** the post.
	ManUnited **gegen** Liverpool ist ein Klassiker.	=	ManUnited **versus/against** Liverpool is a classic.
	Wir **segeln gegen** den Wind.	=	We're **sailing against** the wind.
	ein Rennen gegen die Zeit/Uhr	=	a race **against** time, the clock
	Ich bin gegen Cholera geimpft worden.	=	I have been vaccinated **against** cholera.
Aber:			
1.	**gegen: Problem loswerden = about**		
	Was können wir **dagegen machen**?	=	What can we **do about it**?
	Können Sie etwas **gegen Vogelgrippe** machen?	=	Could you do something **about** bird flu?
	Können Sie etwas **gegen das Bremsproblem** tun?	=	Could you do something **about** the brake problem?
2.	**gegen: lindern = for**		
	Haben Sie etwas **gegen Kopfschmerzen**?	=	Do you have something **for a headache**?
	Hast du etwas gegen Durst?	=	Do you have s/t **for my thirst**?
	Haben Sie etwas gegen Cholera?	=	Do you have something **for** cholera?
3.	**gegen: Allergie = to**		
	Wogegen sind Sie allergisch?	=	**What** are you allergic **to**?
	Ich bin **allergisch gegen** Birke.	=	I'm **allergic to** birch pollen.
1.	Haben Sie etwas dagegen, wenn ich rauche?	=	**Do you mind** if I smoke?
→	Nein, bitte. Ja, bitte nicht.	→	No, of course not. Yes, if you don't mind.
2.	Er schoss **gegen** (traf) **den Pfosten**.	=	He **hit the post**.
3.	Sie fahren uns entgegen.	=	They're driving **towards us**/in the opposite direction.
	Können Sie uns entgegenkommen?	=	Can we try and meet **somewhere in the middle?**
4.	**ein Gegenvorschlag, -angriff, -demonstration**		
	ein **Gegen**vorschlag	=	a **counter** proposal
	ein **Gegen**angriff/Konter	=	a **counter** attack
	eine **Gegen**demonstration	=	a **counter** demonstration
5.	**Gegenverkehr**		
	Gegenverkehr	=	**oncoming** traffic
6.	**gegen etwas laufen, fahren**		
	Er fuhr gegen eine Mauer.	=	He drove **into** a wall.
7.	Es gibt **Gegenwind** (Rückenwind).	=	There is a **head wind** (tail wind).
	Seitenwind, Windschatten	=	a cross wind, a slip stream
8.	die Einladung erwidern	=	to return the invitation
9.	**tauschen gegen**		
	Ich möchte es **gegen** dieses **tauschen**.	=	I'd like to **switch/swap** it **for** this.
	Ich möchte es **gegen** dieses **umtauschen**.	=	I'd like to **change** it **for** this.
10.	**Uhrzeit**		
	Gegen Ende der ersten Halbzeit …	=	**Towards** the end of the first half …
	gegen 13 Uhr	=	**towards** 1 pm (at around about 1 pm)

11. **gegen etwas schlagen**		
Er schlug gegen die Tür.	=	He hammered **on** the door.
12. **und als Gegenleistung/und im Gegenzug**		
und als Gegenleistung …	=	and in return …
13. **das Gegenteil**		
Er ist das genaue Gegenteil von ihr.	=	He is **exactly the opposite** to her.
14. **dagegen/im Gegensatz zu**		
Dagegen ist er sensibler.	=	**In contrast** he is more sensitive.
Haben Sie etwas dagegen, wenn ich rauche?	=	Do you mind if I smoke. No + Yes –
Es spricht nichts dagegen.	=	There's nothing to be said against it.
15. **wohingegen**		
Wohingegen diese Idee besser wäre.	=	**Whereas** this idea would be better.
16. **gegen den Uhrzeigersinn**		
gegen den Uhrzeigersinn	=	anti-clockwise/counter-clockwise
Anti-Raucher	=	anti-smoker
17. voller **Gegensätze**, Widersprüche	=	full of **contradictions**
18. Wir sitzen uns gerade gegenüber.	=	We are sitting **opposite to** each other.

5.7.a. über (hinüber) = over

Ein Blick über Ingolstadt	=	a view **over** Ingolstadt
Einen Überblick haben	=	to have an overview
Wir fliegen gerade über Frankfurt	=	We are flying **over** Frankfurt.
Es wird über 1.000 Euro kosten.	=	It will cost **over** 1,000 Euros.

5.7.b. über (oberhalb) = above

über meiner Wohnung	=	**above** my flat
(unter meiner Wohnung)	=	(below my flat)
über uns nur Himmel	=	above us only sky

Aber:

1. **da drüben** (quer)	=	**over there**
2. Es ist **vorbei.**	=	It's **over.**
3. Das Spiel ist **aus.**	=	The game is **over.**
4. **Die Reste** von gestern	=	The **left-overs** from yesterday
5. Wir haben zwei Flaschen Sekt **übrig**.	=	We have two bottles of sparkling wine **left over.**
6. Ich schreibe zurzeit ein Buch **über** die Weltmeisterschaft	=	I'm writing a book at the moment **about** the World Cup.
7. Wir fliegen **über** Frankfurt nach New York City. (mit Zwischenstopp)	=	We are flying **via** Frankfurt to N.Y.C. (with a stopover)
8. Ich habe ein bisschen Kaffee **über**.	=	I have a little coffee **left**.

Übung 21	Practice 21
1. Ich fahre jeden Tag mit dem Auto zur Arbeit.	Everyday I drive ___ work ____ car.
2. Wo bist du? Ich bin bei Carl.	Where are you? I am _______ Carl.
3. Kann ich mit Karte zahlen?	Can I pay ____ card?
4. Ich habe mein Abitur mit 18 gemacht.	I did my A-levels ______ ___ ____ 18.
5. Ich bin in fünf Minuten bei dir.	I'll be _______ you in 5 minutes.
6. Er ist blass vor Neid, weil ich mit ihr verheiratet bin.	He is green ______ envy because I am married ___ her.
7. Möchtest du mitkommen?	Would you like to come _______ us?
8. Schick es entweder mit der Post oder per E-Mail.	Send it either __ post or __ e-mail.
9. Geh ins Wohnzimmer und schau in der Fernsehzeitschrift nach, was es im Fernsehen gibt.	Go ______ the living room and look __ the TV guide to see what is ____ TV.
10. Wo ist Ihr Büro? In der dritten Etage.	Where is your office? ___ the third floor.
11 Ich wohne in der Nähe von Ingolstadt.	I live _________ ___ Ingolstadt.
12. Gehen Sie die Straße entlang und biegen Sie links ab.	Go ______ the street and turn left.
13. Auf der Party gingen die Getränke aufs Haus.	____ the party the drinks were ____ the house.
14. Nach der Schlägerei mussten wir aufräumen.	After the punch up we had to tidy ___.
15. Treffen wir uns auf eine Tasse Kaffee. → Um das Café zu finden, brauche ich das Londoner A bis Z.	Let's meet ____ a cup of coffee. In order to find the café I'll need the London A __ Z.
16. Ich wette mit dir, dass er nichts gegen Kopfschmerzen hat.	I bet ______ you he has nothing _____ a headache.
17. Kann ich diese Uhr gegen diese Uhr umtauschen (tauschen)?	Can I change (swap) this watch ______ that watch?
18. Unter der Woche habe ich keine Zeit. Wenn du mich brauchst, kannst du mich unter dieser Nummer erreichen.	_________ the week I have no time. If you need me you can reach me ____ this number.
19. Ich brauche den Bericht bis spätestens Freitag.	I need the report ____ Friday __ ___ _______.
20. Ich kann dir den Bericht erst am Freitagnachmittag geben.	I can't give you the report ______ Friday afternoon.
21. Ich bin von Dienstag bis Donnerstag nicht im Büro.	I'm not in the office ______ Tuesday ____ Thursday.
22. Ich bin im Januar auf Mallorca.	I'm ____ Majorca ____ January.
23. Ich gebe dir einen Tag frei und im Gegenzug …	I'll give you a day off and ___ ______ …
23. Ich schreibe ein Buch über dich.	I'm writing a book _____ you.

5.8. an, auf, aus, bei, in, über, um, zu = at

a.	**Standort: Abstand**		**location: distance**
	Nah dran (Lebewesen)		Nearby (living things)
1.	**an**		
	Wir sitzen **am** Tisch/**an der** Bar und quatschen.	=	We're sitting **at** the table/**at** the bar chatting.
	Er lehnt an seinem Schreibtisch.	=	He is leaning on his desk.
	Er ist nicht zu Hause.	=	He is not at his place/house.
	Der Stuhl ist am Tisch.	=	The chair is by the table.
	Er ist nicht **an** seinem Platz.	=	He is not **at** his desk/**at** his work place.
	Er ist **an** der Tür/an der Rezeption/an der Theke.	=	He's **at** the door/**at** the reception/**at** the bar.
	Der Aushang ist an der Tür.	=	The notice is on the door.
	Bei Saturn haben wir uns Fernseher **an**geschaut.	=	At Saturn we looked **at** TV's.
	Sie lächelt ihn **an**. Er schrie sie **an**.	=	She is smiling **at** him. He shouted **at** her.
	Schau dir den Fotoapparat **an**.	=	Look **at** the camera.
⚠ a.	Biegen Sie **an** der Ecke links ab.	=	Turn left **at** the corner.
	Der Laden ist **an** der Ecke.	=	The shop is on the corner.
b.	Wir sind **am** Bodensee am Strand.	=	We're **at** Lake Constance **on** the beach.
	Unser Hotel ist am Ufer, am Gardasee. (unbeweglich)	=	Our hotel is **on** the shore, **by** Lake Garda.
c.	Ich **versuche es.** / Ich **packe es an.**	=	I'll **have a go at** it.
	Sie **beschäftigen sich** seit über zwei Stunden damit.	=	They have **been at it** for over two hours.
d.	am Computer sitzen	=	to **sit at** the computer
⚠	am Computer arbeiten	=	to **work on** the computer
	am Apparat sein	=	to **be on** the phone
e.	Er hat mich stundenlang vollgelabert.	=	He prattled on **at** me for hours.
2.	**auf**		
	ein Schuss **aufs** Tor	=	A shot **at** goal
	auf seinen Vorschlag hin …	=	**at** his suggestion …
	auf deine Kosten	=	**at** your expense
3.	**aus**		
	Sie lachte ihn **aus**.	=	She laughed **at** him.
4.	**bei**		
	Bei der Kreuzung fahren Sie geradeaus.	=	**At** the crossroads go straight on.
5.	**in**		
	Lächeln Sie **in** den Fotoapparat.	=	Smile **at** the camera.
	Schau in den Fotoapparat. (Wartung)	=	Look inside the camera
	im Vorteil, im Nachteil	=	**at an** advantage, **at a** disadvantage
6.	**über**		
	Sie lachten **über** den Witz.	=	They laughed **at/about** the joke.
⚠ 7.	**um**		
	um jeden Preis (koste es, was es wolle)	=	**at** all costs

8. zu		
Zu diesem Preis kaufe ich es nicht.	=	I won't buy it **at** that price.
Für diesen Preis würde ich es kaufen.	=	I would buy it **for** this price.
⚠ Ganz **vorne**, ganz **hinten**	=	right **at** the front, right **at** the back (of)
ganz **oben**, ganz **unten**	=	right **at** the top, right **at** the bottom (of)
am Anfang, **am** Ende des Flurs	=	**at** the beginning, **at** the end of the corridor
b. Einrichtung, Standort		**establishment, site, facility**
⚠ **Wichtig: Wir sind immer**		**Important: We are always**
in einer Stadt, Großstadt, Hauptstadt		in a town, in a city, in a capital
in einem Land, in Deutschland, in der Wüste		in a country, in Germany, in the desert
in der Fußgängerzone, im Stadtzentrum		in the pedestrian zone, in the town centre
im Flur, im Gang, im Korridor, in den Bergen		in the corridor, in the mountains
in einem Dorf, auf Mallorca, im Vorort		in a village, in Majorca, in the outskirts
auf dem Lande, in der RH-Straße		in the countryside, in RH street
in/auf einem Zimmer, in der Nachbarschaft		in a room, in the neighbourhood
1. am		
Ich bin **am** Flughafen im Duty-free-Shop.	=	I'm **at** the airport in the duty free shop.
Ich bin **am/beim** Buckingham Palace.	=	I'm **at** Buckingham Palace.
vor dem Tor	=	In front of the gate
Wir sehen uns **am** Kino. Wir sind **im** Kino.	=	I'll see you **at** the cinema. We are **in** the cinema.
Wir sehen uns im Eingangsbereich, an der Kasse.	=	I'll see you in the foyer, at the box office.
Er hat sich selbst übertroffen **am** achten Loch.	=	He exceeded himself **at** the eighth hole.
Wir sind **am** neunten Loch.	=	We're **at** the ninth (hole).
Wir sind auf dem Fairway, Grün, Golfplatz.	=	We're on the fairway, green, golf course.
Wir sehen uns am Stadion.	=	I'll see you **at** the stadium.
Ich sitze im Stadion.	=	I'm sitting in the stadium.
⚠ am Rathausplatz, auf dem Rathausplatz		at the/in the town square
am Wald, im Wald		at the wood/forest, in the wood/forest
auf der Straße		in or on a street, in or on a road
2. bei		
Ich bin **bei der** Arbeit.	=	I'm **at** work.
Ich arbeite **bei** der Zentrale in Ingolstadt.	=	I work **at** the headquarters in Ingolstadt.
Ich arbeite bei EADS, Manching.	=	I work at EADS in Manching.
Ich arbeit **bei/für** Schmidt-Seeger.	=	I work **for** Schmidt-Seeger.
Ich bin **bei** einem Freund zu Hause.	=	I'm **at** a friend's house.
Ich bin **bei** James zu Hause.	=	I'm **at** James' place/house.
Ich esse heute Abend **bei Juliet**.	=	I'm eating **at Juliet's** this evening.
Ich bin bei Juliet, in ihrem Büro.	=	I'm with Juliet in her office.
Ich habe bei Nils übernachtet	=	I stayed (the night) at Nils's house.
Wir essen **bei McDonald's**.	=	We're eating **at McDonald's**.
Gibt es eine Kantine **bei** EADS?	=	Is there a canteen **at** EADS?
Bei Saturn haben wir uns Fernseher angeschaut.	=	**At** Saturn we looked **at** TV's.
Ich bin **beim** Gosch **am** Bahnhof.	=	I'm **at** the Gosch restaurant **at** the railway station.
⚠ Wenn wir beim Hotel ankommen …	=	When we **arrive at** the hotel …
	=	When we **get to** the hotel …

3.	bei uns		
	bei uns zu Hause, bei uns in der Firma	=	**at home, at our company**
	bei euch zu Hause, bei euch in der Firma	=	**at your *house*, at your company**
	**bei uns in** Gerolfing	=	**in our** village (Gerolfing), **here** in Gerolfing
	bei euch in Eichstätt	=	**in your** town (Eichstätt)
	bei dem Zugunglück, an der Unfallstelle	=	**in** the train crash, **at** the train crash
	Du bist jetzt bei der Armee.	=	You're **in** the army now.
4.	in		
	Ich bin heute Abend im Theater.	=	I'm **at** the theatre this evening.
	Treffen wir uns am/im Theater?	=	Shall we meet **at/in** the theatre?
	Ich bin **im** Buckingham Palace, **im** königlichen Bad.	=	I'm **at** Buckingham Palace **in** the royal bathroom.
	Ich bin **im** Westpark, bei Edeka.	=	I'm **at** Westpark **in** Edeka.
	Wir sehen uns **im** Hotel **im** Restaurant.	=	I'll see you **at** the hotel **in** the restaurant.
	Wir sehen uns **im** Hotel **an der** Bar.	=	I'll see you **at** the hotel **at** the bar.
	Wir sehen uns **im** Restaurant **in der** Bar.	=	I'll see you **at** the restaurant **in** the bar
	Er ist **in** der Schule **in** seinem Klassenraum.	=	He is **at** school **in** his classroom.
	Ich bin **in der** Schule **bei** dem Schuldirektor.	=	I'm **at the** school **with** the headmaster.
	Worin ist dein Sohn gut **in der Schule**?	=	What is your son good **at, at** school?
	Ich bin **im** Freibad.	=	I'm **at** the open air pool.
	Wir sind **im** Golfklub, im Klubhaus.	=	We're **at** the golf club, in the club house.
	Ich bin im Büro, auf der zweiten Etage, im Flur.	=	I'm **at the office,** on the second floor, in the corridor.
	Ich bin in meinem Büro.	=	I'm in my office.
	Ich bin in der Fußgängerzone.	=	I'm **in** the pedestrian zone.
	Ich stehe in einer Schlange.	=	I'm standing **in** a queue, **in** a line.
	in der ersten Reihe	=	**in** the first row
5.	vor		
	Er schäumt **vor Wut**.	=	He's foaming **at** the mouth.
	Er hat Schaum **vorm Mund**.	=	He's foaming **at** the mouth.
6.	zu		
	Ich bin **zu** Hause, im Wohnzimmer.	=	I am **at home** in the living room.
	Ich muss zu Hause anrufen.	=	I have to call home.
	Ich fahre zu ihr nach Hause.	=	I'm driving to her house.
	Ich fahre zu ihnen nach Hause.	=	I'm driving to their house.
7.	**vorne/hinten**		
	Ich sitze vorne/hinten.	=	I'm sitting **at** the front/back.
8.	**Bewegung**		
	Ich bin auf einem Konzert.	=	I'm **at** a concert.
	Ich fahre zu einem Konzert.	=	I'm driving to a concert.
	Waren Sie jemals auf einem Konzert?	=	Have you ever been to a concert?

c. Veranstaltung		Event
1. **auf**		
Ich war kürzlich **auf** einer Party auf dem Dach.	=	Recently I was **at** a party on the roof.
Ich war kürzlich **auf** einem James-Blunt-Konzert.	=	Just recently I was **at** a James Blunt concert.
Ich bin am Wochenende **auf einer Hochzeit**.	=	I'm **at** a wedding at the weekend.
Ich bin **auf dem** Oktoberfest im Paulanerzelt.	=	I'm **at** the Oktoberfest in the Paulaner tent.
2. **bei**		
Er ist **beim** Fußballspiel, **bei der** Arbeit.	=	He is **at** a soccer match, **at** work.
Er ist **beim** Frühstück, Mittagessen, Abendessen.	=	He is **at** breakfast, lunch, supper.
Wir sehen uns **beim** Mittagessen.	=	I'll see you **at** lunch.
Wir **gewannen/verloren** immer **beim** Rugby.	=	We always **won at/lost at** Rugby.
Er hat sich **beim** Fußball hervorgetan.	=	He **excelled at** football/soccer.
Wir sind heute Abend **bei** einer Filmpremiere.	=	We're **at** a film premiere this evening.
3. **in**		
Wir sehen uns im Meeting. (kurz davor)	=	I'll see you **at** the meeting.
Ich bin in einem Meeting.	=	I'm **in/at** a meeting.
Ich bin heute Abend **im** Theater.	=	I'm **at** a play/at the theatre this evening.
⚠ **Wichtig: gut** (schlecht, brillant usw.) **in**		
Ich bin **gut, besser, am besten im** Sport.	=	I'm **good, better, best at** sport.
gut im Bett	=	good in bed
d. Zeit		**time**
1. **am**		
am Anfang, **am** Ende des Tages/Monats	=	**at** the beginning, **at** the end of the day/month
schließlich	=	at the end of the day, after all
am Anfang/zuerst, endlich	=	**at** first, **at** last
am Ende	=	at the end/in the end/in the final stages
Was machen Sie **am Wochenende**?	=	What are you doing **at the weekend**?
⚠ **am Samstag** (am nächsten/letzten Samstag)	=	**on Saturday** (last/next Saturday)
Am Vormittag bin ich in meinem Büro.	=	I'm in my office **in** the morning.
am Heiligabend, **am** Karfreitag	=	**on** Christmas Eve, **on** Good Friday
Was machen Sie **am** Samstag, den 22. Mai?	=	What are you doing **on** Saturday 22nd May?
2. **bei**		
bei 280 km/h	=	**at** 280 km/h
bei Sonnenaufgang, **bei** Sonnenuntergang	=	**at** sunrise/**at** dawn, **at** sunset/**at** dusk
3. **bis spätestens**		
Ich möchte den Bericht **bis spätestens** Freitag.	=	I would like the report **by** Friday **at the** latest.
4. **in**		
im Alter von 48 (mit 48)	=	**at** the age of 48
im Schneckentempo	=	**at** snails pace
im Morgengrauen, in der Abenddämmerung	=	**at** dawn, **at** dusk
⚠ **In** den Sommerferien sind wir eine Woche **im** Urlaub.	=	**In** the summer holidays, we're **on** holiday for one week.
Wir sehen uns **im** Mai, in 3 Wochen.	=	I'll see you **in** May, in three weeks.
Bis gleich.	=	See you in a few minutes.
5. **nach**		
Eins **nach** dem anderen. (Prioritäten)	=	One thing **at** a time.
⚠ Eins **nach** dem anderen. (zählen)	=	One after another.

6. überhaupt keine Zeit		
Ich habe heute überhaupt keine Zeit.	=	I don't have any time **at all** today.
7. um		
Bis Donnerstag **um** Punkt zehn.	=	See you on Thursday **at** ten on the dot.
Wir sehen uns **um** die Mittagszeit.	=	I'll see you **at** midday.
Wichtig: verreisen		
Ich muss um 10.30 Uhr da sein.	=	I have to be there **at/for** 10.30 am.
8. zu		
zu Beginn …	=	**at** the beginning/at first/at the outset
zu dieser Zeit, zu dieser Jahreszeit	=	**at the** time, at this/that time of the year.
zu keiner Zeit, niemals	=	**at** no time (never)
zu Weihnachten, **zu** Ostern (über Ostern)	=	**at** Christmas, **at** Easter (over Easter)
Bis **zum** Wochenende!	=	See you **at the weekend**.
zur gleichen Zeit, **gleichzeitig**	=	**at** the same time
Zurzeit, momentan arbeite ich an …	=	**At the moment** I'm working on …
9. Ohne Präposition		
daraufhin …	=	**at that** …
Sie kann drei Sachen **gleichzeitig** machen.	=	She can do three things **at the same time**.
nachts, in der Nacht	=	**at** night
sofort	=	**at once**, immediately, now
wenigstens, höchstens	=	**at** least, **at** most
Ich muss **kurzfristig** nach Hongkong fliegen.	=	I have to fly to Hong Kong **at** short notice.
 **kurzfristig**, mittelfristig, langfristig (Periode)	=	**in the short-term**, middle-term, long-term
Das ist mir zu kurzfristig.	=	That's at too short notice for me.
tagsüber	=	**during** the day
Beim letzten Mal sagtest du …	=	**Last time** you said …
schließlich (zusammenfassend)	=	at the end of the day, after all.
schließlich (Reihe)	=	finally (eventually)
endlich, endlich mal	=	at last, at long last

Übung 22	Practice 22
1. Wo seid ihr? Wir sind am Kino. – Wollen wir uns im Eingangsbereich treffen?	Where are you? We are ___ the cinema. Shall we meet ___ the foyer?
2. Ticky arbeitet in einem Krankenhaus im Stadtzentrum.	Ticky works ___ a hospital ___ the town centre.
3. Wenn du willst, kann ich dich am Flughafen abholen.	If you want I can pick you up ___ the airport.
4. Wo ist Elke? Sie sitzt an ihrem Schreibtisch und arbeitet an ihrem Computer.	Where is Elke? She is sitting ___ her desk and is working ___ her computer.
5. Sie waren im Januar auf Mallorca und haben viel Zeit im Golfclub verbracht.	They were ___ Majorca ___ January and they spent a lot of time ___ the golf club.
6. An der Ampel biegen Sie links ab.	Turn left ___ the traffic lights.
7. Das Sekretariat ist ganz am Ende des Flurs auf der linken Seite.	The secretaries office is right ___ the end of the corridor ___ the left (hand side).
8. Thomas ist heute nicht bei der Arbeit. Er ist beim Arzt.	Thomas isn't ___ work today. He is ___ the doctor's.
9. Warst du gestern Abend zu Hause? – Nein, ich war bei James.	Were you ___ home yesterday evening? No, I was ___ James's place.
10. Das Büro von Carl ist im Stadtzentrum.	Carl's office is ___ the town centre.
11. Ich fange jeden Tag um acht an zu arbeiten.	I begin work every day ___ eight.
12. Ich habe mit 26 zum ersten Mal geheiratet.	I got married for the first time ___ the age of 26.
13. Wasser kocht bei 100° Celsius.	Water boils ___ 100° centigrade.
14 Ich bin am Wochenende auf einer Party. (Ich fahre zu einer Party.)	I'm going ___ a party ___ the weekend.
15 Wir sehen uns am Donnerstag um 11.30 Uhr.	I'll see you ___ Thursday ___ 11.30.
16. Was macht ihr zu Ostern? → Wir sind bei meiner Mama zu Hause.	What are you doing ___ Easter? We are ___ my mother's house.
17. Das Buch wird Ende März fertig sein.	The book will be finished ___ the end of March.
18. Unser nächster Termin ist am Dienstagmittag.	Our next appointment is ___ Tuesday ___ midday.
19. Auf Wiedersehen. Bis Dienstag.	Bye. See you ___ Tuesday.
20. Heute Abend gehe ich auch ins Theater. → Wir können uns im Theater in der Bar treffen.	Tonight I'm going to the Theatre too. We could meet ___ the theatre ___ the bar.
21. Wir sehen uns beim Spiel im Stadion.	I'll see you ___ the game ___ the stadium.
22. Kannst du kurzfristig zu mir ins Büro kommen? → Ja, klar. Wann soll ich rüberkommen? → Um 11.30 Uhr? Bis dann.	Can you come over to my office ___ short notice? Yes, of course. When should I come over? ___ 11.30. See you then.

5.9. Position, Ort, Stellung/Stelle = position

a. zu Hause, bei uns zu Hause		at home, at our house
→ in unserem Haus	→	at our hotel, school, office, company
(ganz) am Ende des Flurs	=	(right) at the end of the corridor
am Fußboden, in der zweiten Etage	=	on the floor, on the second floor
im Erdgeschoss, im Keller, im Untergeschoss	=	on the groundfloor, in the cellar, in the basement
im Dachgeschoss, im obersten Stockwerk	=	on the top floor
am Ende des Flurs	=	at the end of the corridor
am Hals	=	around your neck
am Tisch (Mensch), am Tisch (Gegenstand)	=	at the table, by the table
an der Tür (Mensch, Zettel/Aushang)	=	at the door (person), on the door (note/notice)
andersrum, umgekehrt (Plan)	=	the other way round (vice-versa)
auf den Tisch	=	on the table
auf der linken, rechten Seite	=	on the left, right (hand-side)
bei dir (zu Hause), bei mir (zu Hause) sein, bei jmd. sein	=	to be at your place, my place, to be with s/o
beim Tisch	=	by the table
bei, auf (Institution, Event)	=	at the baker's, at a wedding
da drüben	=	over there
da oben (im Haus), ganz oben, von oben bis unten	=	upstairs, right at the top, from top to bottom
da unten (Gebäude)	=	downstairs (building)
dies und das	=	this (vor mir), that (weg von mir)
diese und jene	=	these (vor mir), those (weg von mir)
falsch herum (auf dem Kopf stehend)	=	upside down
 richtig herum	=	the right way up
falsch herum (links herum)	=	inside out
 richtig herum	=	the right way round
Ich kenne den Text in- und auswendig. (auswendig)	=	I know the text inside out. (by heart)
falsch herum (falsche Richtung)	=	the wrong way round
fehl am Platz	=	out of place
gegenüber	=	opposite, vis-à-vis
hier und dort/da (anwesend: da)	=	here and there (present: here)
hier drin, hier draußen	=	in here, out here
(ganz) hinten	=	(right) at the back
in der Küche (gehen Sie hinein in die Küche)	=	in the kitchen (go into the kitchen)
im Fernseher, auf dem Fernseher, im Radio	=	on TV, on the TV, on the radio
in der Tiefgarage	=	in the underground garage (privat) in the underground car park (public)
in der Nähe des Tisches	=	by, near the table
die nächste Bank	=	the nearest (next) bank
neben dem Tisch (anliegend)	=	next to the table (adjacent to)
nebenan, die dritte Tür links	=	next door, the 3rd door down on the left
obendrauf, darunter	=	on top, underneath
an der Frontseite, Rückseite, Seite eines Gebäudes	=	at the the front, the back/rear, the side of a building

umdrehen (stehen), umdrehen (liegen)	=	to turn around, to turn over
unter den Tisch	=	under(-neath), beneath the table,
Was ist darunter?	=	What is underneath that?
Es hängt von der Decke.	=	It's hanging from the ceiling.
(ganz) vorne (vor, hinter)	=	(right) at the front (in front, behind)
b. Umgebung, Umwelt		**surroundings, environment**
abseits der Straße	=	off the beaten track
unten am Hügel, Tal, Berg	=	at the bottom of the hill, valley, mountain
am Boden des Glases, Schwimmbades	=	at the bottom of the glass, swimming pool
am Meeresgrund	=	at the bottom of the sea, ocean
am Fuß des Berges	=	at the foot of the mountain
am Boden	=	on the ground
am Gipfel, an der Bergspitze	=	at the summit, at the peak
an der (Landes-)Grenze (Grenzwertig)	=	on/at the border (borderline)
an der Grenze Binnenland, Grundstück	=	on/at the boundary, perimeter
an der (eigenen) Grenze	=	on/at the limit
an der Spitze des Eisberges, der Insel	=	at the tip of the iceberg, on the tip of island
an der Küste, am Meer	=	on the coast, by the sea, on the sea shore
anderswo: Ufer (See), Ufer (Fluss)	=	elsewhere: shore of the lake, river bank
auf der linken, rechten Seite (Abstand)	=	on the left (hand side), right (hand side)
auf der linken, rechten Seite (am Gegenstand)	=	on the left side, right side
auf der Insel Mallorca, auf Mallorca	=	on the island of Majorca, in Majorca
auf dem Lande	=	in the countryside
bei der Abreise/Anreise	=	on departure, on arrival
Unser Haus ist bei München.	=	Our house is close, near to Munich.
bei dieser Hitze	=	in this heat
da draußen, da drinnen	=	out there, in there
da oben (ohne Treppe)	=	up there
da hinten	=	back there
da unten (ohne Treppe)	=	down there
da vorne	=	up ahead
da/dort drüben	=	over there
darunter	=	underneath
draußen (außerhalb)	=	outdoors, outside
drinnen (innerhalb), von innen heraus	=	indoors/inside, from within
entgegen, in Richtung	=	towards
gegenüber, schräg gegenüber	=	opposite/vis-à-vis, diagonally opposite
(unmittelbar) hinter	=	(right) behind
(ganz) hinten	=	(right) at the back
Höhepunkt	=	the highest point, the peak/the height
	=	highlight (event), climax (end of event, sex)
im Norden von …, im Vorort	=	in the north of …, in the suburbs
das Landesinnere, Binnenstaat, Festland	=	the interior/the heartland, landlocked,mainland
immer und überall	=	here, there and everywhere
in der Entfernung/Ferne	=	in the distance
in der Nähe, in der Nähe von München	=	nearby, near to Munich
in und um München	=	in and around Munich

	kreuz und quer, quer durch	=	criss-cross, straight through
	kurz vor (fast in) München	=	nearly in Munich
	nördlich von …	=	to the north of …
	Nordflanke/Nordseite eines Berges	=	the north face of a mountain
	Zifferblatt einer Uhr	=	the face of a clock/watch (Armbanduhr)
	Gebirgskamm, Gebirgskette	=	a mountain ridge, mountain range
	(ganz) oben	=	(right) at the top
	obendrauf, darunter	=	on top, underneath
	die Seiten (Buchseiten, das Cover)	=	the sides (pages, the cover)
	der Tiefstand	=	rock bottom, lowest point
	über, oberhalb (über mit Zwischenstopp)	=	over, above (via with a stop-over)
	(knapp) über, knapp unter null Grad	=	(just) over, under the freezing point
	um uns herum	=	all around us
	unten (unterhalb)	=	under/underneath (below)
	(ganz) unten	=	(right) at the bottom
	von da oben, hier oben	=	from up there, here
	von da unten, hier unten	=	from down there, here
	von innen, außen	=	from inside (within), from outside
	von oben, von unten	=	from above, from underneath
	(genau) vor	=	(right) in front of
	vor der Küste	=	off the coast
	(ganz) vorne	=	(right) at the front
	weit weg, zehn Kilometer weg/entfernt	=	far away, 10 kilometres away
	weit vor uns, weit hinter uns	=	far ahead of us, far behind us
	weiter vorne, weiter hinten	=	further up ahead, further back
	zwischen	=	between
c.	**Unterwegs (fahren), auf Reisen**		**on the road (driving)**
	Kassel ist vor uns.	=	We're driving towards Kassel.
	Kassel ist neben uns.	=	We're just passing Kassel.
	Kassel ist hinter uns.	=	We have just passed Kassel.
	hin und zurück (Hin- und Rückfahrkarte)	=	there and back (a return ticket)
	vorwärts, rückwärts, seitwärts, schräg bewegen	=	to move forwards, backwards, sideways, diagonally
	hin und her	=	back and forth, to and fro
	vor und zurück	=	forwards and backwards
	schräg bewegen	=	to move diagonally
	bergauf, bergab	=	uphill, downhill
	Ostdeutschland, östliches Deutschland	=	East Germany (GDR), eastern Germany
	Westdeutschland, westliches Deutschland	=	West Germany (FRG), western Germany
	Südamerika, südliches Amerika (USA)	=	South America, southern America (USA)
	unterwegs nach München (mit Ziel)	=	on the way to Munich (with a destination)
	unterwegs in München (bummeln)	=	out and about in Munich (wandering)
d.	**Bilder(-rahmen), Diagramm**		**picture (frame), diagram/chart**
	auf der rechten/linken Seite	=	on the right, left (hand side)
	im Hintergrund, im Vordergrund	=	in the background, in the foreground
	horizontal, waagerecht, vertikal/senkrecht	=	horizontal, level, vertical
	genau, fast in der Mitte	=	right, nearly/almost in the middle

	oben, unten	=	at the top, at the bottom
	unten links, oben rechts	=	bottom left, top right
	unten in der Ecke	=	at the bottom in the corner, down in the corner
1.	Tabellenerste, Tabellenletzte		at the top, the bottom of the table
2.	im Uhrzeigersinn, gegen den Uhrzeigersinn		clockwise, anti-clockwise/counter-clockwise
e.	**Schiff/Flugzeug/Auto**		**ship/plane/car**
	Backbord (links), Steuerbord (rechts)	=	port (left), starboard (right)
	an der Spitze des Flugzeugs	=	at the tip of the plane
	am Bug	= =	at the nose of the plane, bow of the ship, at the front of the ship, plane or car
	am Heck	= =	at the tail of the plane, stern of the ship, the rear end of plane, ship or car
	Flugzeugrumpf, Schiffsrumpf, Karosserie	=	the fuselage of a plane, the hull of a ship, the body of a car
	Windschatten (sich vor dem Wind schützen)	=	the slipstream (to be out of the wind)
f.	**in der Schublade, im Regal**		**in the drawer, on the shelf**
	oberste, mittlere, unterste Schublade	=	top, middle, bottom drawer
	Der eine in der Mitte, rechts davon.	=	The one in the middle, to the right of it.
	Der eine daneben auf der linken, rechten Seite.	=	The one next to it on the left, right.
	Oben, zweiter von links.	=	At the top, second from the left.
	Der eine da oben, da unten.	=	The one just above, just below it.
	Der eine oben links in der Ecke.	=	The one in the top left corner.
	Der eine unten rechts in der Ecke.	=	The one in the bottom right corner.
	Die dritte von links.	=	The third from the left.
	Die zweite von oben, unten.	=	The second from the top, bottom.
g.	**Wegbeschreibung (der Weg nach/zu)**		**Directions (the way to)**
	Gehen Sie die Straße, den Flur entlang. (Straße mit Gehwegen und Läden usw.) (Radweg, Weg/Pfad)	=	Go along the road, corridor. (streets with pavements and shops etc.) (a cycle track/path, a track/path)
	Gehen Sie an dem Laden vorbei.	=	Go past the shop. Pass the shop
	Gehen Sie geradeaus bis zur T-Kreuzung.	=	Go straight ahead to the T-junction.
	Gehen Sie die Straße hoch/runter.	=	Go up/down the street.
	Gehen Sie bis zum Ende der Straße, des Flurs.	=	Go right to the end of the road, corridor.
	Biegen Sie an der Kreuzung links ab (Gabelung).	=	Turn left at the crossroads (the fork).
	Gehen Sie durch den Eingangsbereich.	=	Go through the entrance hall.
	Überqueren/passieren Sie die Straße, den Flur.	=	Cross the street, corridor.
	Gehen Sie die Treppe nach oben, unten.	=	Go upstairs, downstairs.
	Steigen Sie hier nach Paddington um.	=	Change here for Paddington.
	Es ist gut ausgeschildert.	=	It is well sign-posted.
	Straße mit Gehweg, Fahrbahn in der Stadt	=	Street with a pavement, road in the town
	Radweg, Weg/Pfad	=	cycle track, track/path
	Der Weg nach Hause.	=	The way home.
	Der beste Weg in die Stadt.	=	The best way into town.
	Geh aus dem Weg!	=	Get out of the way!

Übung 23	Practice 23
1. Schaut euch die Rückseite des Dokuments an.	Look at the ________ side of the document.
2. Gehen Sie nach unten in den Keller.	Go ____________ _____ the cellar.
3. von draußen Mein Büro ist da oben im dritten Stock.	From __________ My office is ___ _______ ___ the third floor.
4. von drinnen Mein Büro ist da oben im dritten Stock.	From __________ My office is __________ ___ the third floor.
5. auf dem Kopf stehend – Das Paket ist falsch herum. – Stellen Sie es bitte richtig herum.	 The parcel is _________ _______. Please put it the ________ way ___.
6. Das Flugzeug ist falsch herum. → Stellen Sie es bitte richtig herum.	The aircraft is the _______ ____ ________. Please put it the ________ way _______.
7. Wer wohnt nebenan?	Who lives ________ ______?
8. Hier drinnen ist es warm. Da draußen ist es kalt.	It is warm ___ ______. It is cold ____ _______.
9. Wir sitzen ganz vorne/hinten.	We are sitting _______ ___ ____ _______ / ______.
10. Das Sekretariat ist ganz am Ende des Flurs auf der linken Seite.	The secretaries office is _______ ___ ____ _____ of the corridor on the ______ (______ ______).
11. Ich liege in einem Liegestuhl auf Mallorca.	I'm lying ____ a sun lounger ___ Majorca.
12. Manching ist südlich von Ingolstadt.	Manching is ___ ____ _______ of Ingolstadt.
13 Audi ist im Norden von Ingolstadt.	Audi is ___ ____ _______ of Ingolstadt.
14. Da vorne ist ein Ferrari.	There is a Ferrari ____ ________.
15. Und da hinten ist ein Fiat.	And ______ ______ there is a Fiat.
16. Sehen Sie das Schloss da drüben?	Can you see the castle _______ ________?
17. Hamburg liegt vor uns. (in Richtung)	We are driving _________ Hamburg.
18. Wo ist das Geschirr? Oben links oder unten rechts im Schrank.	Where are the dishes? _____ ______ or _______ ______ in the cupboard.
19. Mein Locher ist in der obersten Schublade.	My hole puncher is in the _____ _________.
20. Gehen Sie die Straße entlang und biegen Sie an der Ecke links ab.	Go ________ the street and turn left ____ the corner.
21. Überqueren Sie die Straße und gehen Sie in die nächste Straße auf der rechten Seite.	_______ the street and go ______ the ______ street ____ the ________ (______ _______).
22. Können Sie mir sagen, wie ich zum Büro von Herrn Bräu komme? → Ja, klar. Gehen Sie durch die Drehtür. Biegen Sie links ab und gehen Sie den Flur entlang. Gehen Sie die Treppe hinauf. Sein Büro ist am Ende des Flurs auf der linken Seite.	Could you tell me how to get to Mr. Bräu's office? Yes, of course. Go _________ the revolving door. Turn _____ and go ________ the corridor. Go _________. His office is ___ the end of the corridor ___ the ______ (______ _____).

5.10. rechts, genau, bis, Rechte, oder?, also = right

a. rechts, links	
auf der rechten/linken Seite	on the right/left (hand side)
b. ..., oder?	
Der Film war gut, oder?	The film was good, right?
c. richtig/stimmt, falsch	
Das stimmt. Stimmt.	That's right. You're right.
richtig/falsch	right/wrong
richtig herum/falsch herum	the right way round/the wrong way round
rechter Flügel, rechte Szene	right wing, the right wing scene
d. genau	
genau in der Mitte, mittendrin	right in the middle
e. bis	
bis zum bitteren Ende	right to the bitter end
bis zum Ende des Flurs	right to the end of the corridor
f. Rechte	
Menschenrechte (Rechtsanwalt)	human rights (lawyer)
Vorfahrt (Vorfahrt gewähren)	the right of way (give way)
g. sofort	
sofort	right now (immediately, at once)
gerade jetzt	right now
h. also	
Also, fangen wir an.	Right (so), let's start.
⚠ auch	also, too
i. gleich (direkt)	
Sie sitzt gleich neben mir.	She's sitting right next to me.
Wir könnten uns gleich nach dem Essen treffen.	We could meet right after lunch.
Gleich hinter der Mauer.	Right behind the wall.
j. ganz	
ganz vorne, ganz hinten	right at the front, right at the back
k. OK	
Ich rufe dich nach dem Meeting an, OK.	I'll call you after the meeting, right/ok.

5.11. just

Just in dem Augenblick …	Just in that second …
a. direkt	
direkt hinter der Mauer	**just behind** the wall
b. einfach	
Halt einfach deinen Mund!	**Just** shut up!
Mach's einfach.	Just do it.
Nicht einfach irgendjemand/irgendwas …	Not just anybody/anything …
Wir waren einfach furchtbar.	We were just (simply) dreadful.
Kommen Sie einfach, wie Sie sind.	Come just as you are.
Probiere es einfach.	Just try it.
Er schoss einfach so ein Tor.	He scored a goal just like that.
Du bist einfach schön.	You are just (simply) beautiful.
Es ist einfach so.	It's just (simply) the way it is.

Englisch ist wirklich einfach.	English is really easy.
einfach so	
Du hast einfach so 4.000 Euro ausgegeben.	You spent 4,000 euros **just like that**.
c. eben	
Das ist eben, was ich meinte.	That's just what I meant.
d. genau (eben gerade), just	
Just in dem Augenblick …	Just in that second …
Genau in dem Moment …	Just then …/ Just at that moment …
Genau das wollte ich sagen.	That's just what I was going to say. That's just what I wanted to say.
Alles ist genau richtig hier.	Everything is just right here.
Aber: genau (exakt)	
Genau.	Exactly. / Precisely.
genau in der Mitte, auf den Millimeter genau	right in the middle, accurate to the mm
genau so/genauso	
Es ist genau so, wie ich es erwartet hatte.	It's **just as** I had expected it.
Wir sind genauso gut.	We are **just as** good.
genauso wie sein Vater	just **like his** father
Ich verdiene **genauso** viel **wie** er. (gleich)	I earn **just as** much **as** he does/**as** him.
e. gerade	
Ich telefoniere gerade mit ihm.	I'm **just** on the phone to him (at the moment).
Ich bin gerade fertig geworden.	I've **just** finished.
Sie sind gerade weggegangen.	They have **just** gone.
Ich wollte dich gerade anrufen.	I was **just** about to phone you.
Gerade/Just in diesem Augenblick …	**Just** then …
Ich habe eben/gerade mit ihm gesprochen.	I have **just** spoken to him.
gerade dabei	
Wir sind gerade dabei zu gehen.	We're **just about** to leave.
gerade noch	
Ich konnte sie gerade noch so sehen.	I could **just about** see her.
gerade rechtzeitig	
Die Sitze kamen gerade rechtzeitig.	The seats came **just in time**.
gerade eben/erst	
Wir sind gerade erst angekommen.	We have only just arrived.
f. gleich	
Ich bin gleich bei dir.	I'll be with you in just a minute.
Wir könnten uns gleich nach dem Essen treffen.	We could meet just after lunch.
Sie sitzt gleich neben mir.	She's sitting right next to me.
Wir könnten uns gleich nach dem Essen treffen.	We could meet right after lunch.
Der Film fängt gleich an. (Spannung)	The film is just about to start.
Der Film fängt gleich an. (normal)	The film is starting in a few minutes.
Bis gleich.	See you in a few minutes/a minute.
g. gerecht, berechtigt	
eine berechtigte Beschwerde	a just complaint
h. halt	
Sie ist halt/nur ein Kind.	She is **just/only** a child.
Du bist halt/einfach der Beste.	You're **simply** the best.

i. knapp	
Wir haben es **knapp** verpasst/geschafft.	We've **just** missed it/made it.
⚠ Das war knapp.	That was close.
Das Geld ist zu knapp, um es zu erwähnen.	Money's too tight to mention.
Trüffel sind knapp.	Truffles are scarce.
j. kurz vor/nach	
kurz vor acht/kurz nach acht	just (shortly) before/after eight
kurz vorm Spiel	Just before the game
Kanst du kurz kommen?	Can you just come over here?
k. mit Mühe und Not	
Sie haben **mit Mühe und Not** gewonnen.	They **only just** won.
l. nur, bloß	
Bloß nicht heute.	Just not today.
(Nur) für den Fall …	Just in case …
Nur nicht/Bloß nicht anfassen.	Just don't touch it.
Ich rief an, nur/bloß um zu sagen, dass ich dich liebe.	I just called to say I love you.
Ich habe sie nur geküsst. Sonst nichts.	I just kissed her. Nothing else.
Nur wir zwei.	Just the two of us/you and I.
Ich wollte nur/kurz fragen, ob …	I just wanted to ask whether …
Es ist nur ein weiterer Tag im Himmelreich.	It's just another day in paradise.
Nur zum Spaß.	Just for fun, Just for a laugh
Es ist nur um die Ecke.	It's just around the corner.
Nur die Reifen alleine haben … gekostet.	Just the wheels alone cost …
Bloß keine Mayo, bitte. (Alles außer …)	Just no mayonnaise, please. (Everything but …)
Der Laden ist nur um die Ecke.	The shop is just around the corner.
Es war nur ein Vorschlag.	It was only/just a suggestion.
Stellen Sie sich nur mal vor …	Just imagine …
Nur dies eine Mal.	Just this once.
⚠ Bloß nicht diesen Knopf drücken.	What ever happens don't push this button.
m. schnell (nebenbei)	
Ich rauche **schnell** eine Zigarette.	I'm **just** going to smoke a cigarette.
Kannst du meinen Pulli schnell halten?	Can you **just** hold my pullover for me?
Ich möchte dich schnell was fragen.	I just want to ask you something.
n. zuliebe	
dir zuliebe, ihr zuliebe, ihm zuliebe	**just for you**, just for her, just for him
euch zuliebe, ihnen zuliebe	just for you, just for them
o. ohne Übersetzung	
Alles ist absolut perfekt.	Everything is just so/absolutely perfect.
Ein Augenblick, bitte	Just a minute, please. Hang on.
Moment mal!	Just a minute!
Lasst uns zur Abwechslung …	Just for a change, let's …
Denk mal darüber nach!	Just think about it!
Denk mal darüber nach, was …	Just think what …
Ganz wie du magst. Wie du willst.	Just as you like.
Gott sei Dank.	It's just as well. (Thank God, Thank goodness)

Übung 24	Practice 24
1. Ich mache es dir zuliebe.	I'll do it _______ ____ you.
2. Kannst du schnell meinen Pulli halten?	Can you _______ hold my pullover for a second?
3. Der Film ist gut, oder? → Richtig.	The film is good, ________? __________.
4. Wir sehen uns am Sonntag, oder? → Das stimmt.	I'll see you on Sunday, _________? That's __________.
5. Kannst du kurzfristig rüberkommen? → Ich habe gerade jetzt keine Zeit. → Wir könnten uns gleich nach dem Essen treffen.	Can you come over at short notice? I haven't got any time _______ _____. We could meet _______ after lunch.
6. Also, lasst uns zum Mittagessen gehen.	_______. Let's go to lunch.
7. Ich will sofort gehen.	I want to go _________ _____.
8. Was soll ich anziehen? Kommen Sie einfach, wie Sie sind.	What should I wear? Come ______ as you are.
9. Coldplay war einfach brillant.	Coldplay were ________ brilliant.
10. Du hast einfach 4.000 Euro für eine Uhr ausgegeben.	You spent 4,000 euros on a watch ______ _______ _______.
11. Du willst mich nerven, gerade wenn ich mich konzentrieren muss.	You want to bug me ______ when I have to concentrate.
12. Er ist genauso wie sein Vater, oder?	He is _______ like his father, ________?
13. Wir sind mitten in einem Meeting.	We are _______ ____ the middle of a meeting.
14. Die Kantine ist direkt hinter diesem Gebäude.	The canteen is _______ behind _____ building.
15. Ich habe Angst zu springen. → Mach es einfach.	I am scared to jump. ______ ___ ___.
16. (am Telefon) Wo ist meine Frau? → Sie sitzt gleich neben mir.	(on the phone) Where is my wife? She is sitting _______ ______ ___ me.
17. Er ist so verspielt. → Ja, er ist einfach ein Kind.	He is so playful. Yeah. He is _______ a child.
18. Wie spät ist es? Kurz nach acht.	What's the time. It's _______ ______ eight.
19. Ich kann jederzeit kommen. → Bloß heute nicht.	I can come anytime. ______ not today.
20. Was macht ihr gerade? Wir sind gerade dabei, das Haus zu verlassen.	What are you doing? We are ______ _______ to leave the house.
21. Das Spiel fängt gleich an.	The game is _______ _______ to start.
22. Ich rauche schnell eine Zigarette.	I'll _______ smoke a cigarette.
23. Ganz wie du magst.	_______ as you like.

6. Nummern und Zahlen/Numbers and Figures

6.1. Bruchzahlen (Bruchteil)	Fractions (a fraction)
⅛ ein Achtel	an eighth, one eighth
¼ ein Viertel *(vierteln)*	a quarter, one quarter *(to quarter s/t)*
⅓ ein Drittel	a third, one third
½ halb, die Hälfte (*geteilt, 50/50, halbieren*)	half (*divided, 50/50, to halve s/t*))
⅔ zwei Drittel	two thirds
¾ drei Viertel	three quarters
a. anderthalb, eineinhalb Stunden	one and a half hours
eine halbe Stunde, eine Viertelstunde	half an hour, quarter of an hour
b. Turnier	tournament
Achtelfinale	the last sixteen
Viertelfinale	the quarter finals
Halbfinale	semi finals
*halb*trocken = Zustand, Stand	*semi*-dry = condition, status
Endspiel	the final
c. Fußball	football BE/soccer AE
die erste Halbzeit (Hälfte)	the first half
die Halbzeit	half time
die zweite Halbzeit (Hälfte)	the second half
d. Eishockey	ice hockey
1. Drittel	the first period
1. Pause	the first break
2. Drittel	the second period
2. Pause	the second break
3. Drittel	the third period
e. Pause (Theater, Kino)	the interval (theatre, cinema BE/movie theatre AE)

6.2. Dezimalzahlen	decimal numbers
1,5 Stunden	1.5 hours (one point five)
10,75 Sekunden	10.75 seconds (ten point seven five)
25,8 Millionen Euro	25.8 million euros
Ohne Aussprache von Komma bzw. point:	
8.07 Uhr	8.07 eight o seven
1,88 Meter	1.88 one metre eighty-eight
9,99 Euro	9.99 nine euros ninety-nine
2.000,00 Euro	2,000.00 euros
 Ziel (allgemein)	a goal, an aim
Ziel (messbar)	a target
Ziel (Rennen), Reiseziel, Zielgerade	the finish, destination, the home straight
 einzeln, doppelt, dreifach, vierfach	single, double, triple, quadruple
Einzel, Doppel (Tennis)	singles, doubles (tennis)
Einzelkind	an only child
Einzelunterricht	a one-to-one lesson

6.3. Grundzahlen (gerade und ungerade Zahlen) = cardinal numbers (even and odd numbers)

1	one bestimmt, a/an unbestimmt	11	eleven	0	zero, o, nil (football), love (tennis)	
2	two	12	twelve	21	twenty-one	
3	three	13	thirteen	30	thirty	→ 31 thirty-one
4	four	14	fourteen	40	forty	→ 41 forty-one
5	five	15	fifteen	50	fifty	→ 51 fifty-one
6	six	16	sixteen	60	sixty	→ 61 sixty-one
7	seven	17	seventeen	70	seventy	→ 71 seventy-one
8	eight	18	eighteen	80	eighty	→ 81 eighty-one
9	nine	19	nineteen	90	ninety	→ 91 ninety-one
10	ten	20	twenty	100	one/a hundred	

1. Million	=	million	Milliarde	=	billion
Millionär	=	a millionaire	Milliardär	=	billionaire
Millionen von Menschen	=	million**s** of people	Billion	=	trillion
13 Millionen Euro	=	thirteen million euros	08/15	=	(bog) standard
2. 1.131 (Seite 106)	=	one thousand one hundred **and** thirty-one (1,131) (Page 1–0–6)			
3. Kannst du bis zehn zählen?	=	Can you count to ten?	Prozent	=	percent
4. Geschäftszahlen (sechsstellig)	=	the figures (six figures)	Daten	=	data
5. Noch eine(r, s)	=	another	1.000	=	one grand
6. Brutto/netto, Haben/Soll	=	gross/net, credit/debit		=	1 K
7. schwarze/rote Zahlen schreiben	=	to be in the black, red	Statistiken	=	the statistics

6.4. Ordinalzahlen = ordinal numbers

1. 1st first	11. 11th eleventh	21. 21st twenty-first
2. 2nd second	12. 12th twelveth	22. 22nd twenty-second
3. 3rd third	13. 13th thirteenth	23. 23rd twenty-third
4. 4th fourth	14. 14th fourteenth	24. 24th twenty-fourth
5. 5th fifth	15. 15th fifteenth	25. 25th twenty-fifth
6. 6th sixth	16. 16th sixteenth	26. 26th twenty-sixth
7. 7th seventh	17. 17th seventeenth	27. 27th twenty-seventh
8. 8th eighth	18. 18th eighteenth	28. 28th twenty-eighth
9. 9th ninth	19. 19th nineteenth	29. 29th twenty-ninth
10. 10th tenth	20. 20th twentieth	30. 30th thirtieth
zweiter Platz	the runner-up	31. 31st thirty-first
Vizemeister	the runners-up, second place	7. Himmel = 7th heaven
Zweitletzter	second to last	Wolke 7 = cloud #9
Ausschlussverfahren	a process of elimination	7. Sinn = 6th sense

6.5. Sequenzbildung/sequencing

erstens	firstly	und dann	and then
zweitens	secondly	und danach	and after that, afterwards
drittens	thirdly	zum Schluss	finally
viertens	fourthly	zur guter Letzt	last but not least

6.6. einmal/once

a. einmal pro/am Tag, zweimal pro Woche	once a day, twice a week
dreimal pro Monat, viermal pro Jahr	three times a month, four times a year
mehrmals, zum x-ten Mal, niemals	several times, for the umpteenth time, never

zum zehnten Mal in Folge	for the tenth time running
Jahrzehnt, Jahrhundert	a decade, a century
Zeitalter, Jahrtausend	age, millenium
v. Chr./n. Chr.	BC/AD
Vorsicht: ein- bis zweimal und zwei- bis dreimal	
ein- bis zweimal pro/in der Woche	once or twice a week
zwei- bis dreimal pro Woche	two to/or three times a week
alle 14 Tage	every 14 days
b. dreimal hintereinander/am Stück	three times in a row, on the trot, running, in succession, three consecutive/straight times
c. einmalig, einzigartig	unique, one in a million, a one-off
d. der Einzige, kein Einziger	the only one, not one of them
e. zum allerersten Mal, ein einziges Mal	for the very first time, just once

6.7. Monate – Sternzeichen = months – star signs

Januar – Steinbock (Tier)	January – Capricorn (an ibex)
Februar – Wassermann (Wasser)	February – Aquarius (water)
März – Fisch (Tier)	March – Pisces (a fish)
April – Widder (Tier)	April – Aries (a ram)
Mai – Stier (Tier)	May – Taurus (a bull)
Juni – Zwillinge (Menschen)	June – Gemini (twins)
Juli – Krebs (Krankheit, Tier)	July – Cancer (illness: cancer, Animal: crab)
August – Löwe (Tier)	August – Leo (a lion)
September – Jungfrau (Mensch)	September – Virgo (a virgin)
Oktober – Waage	October – Libra (scales, a weighing machine)
November – Skorpion (Tier)	November – Scorpio (a scorpion)
Dezember – Schütze (Mensch)	December – Sagittarius (a marksman)
Ich habe am 22. Mai Geburtstag.	It is my birthday on (*the*) 22nd (*of*) May. BE It is my birthday on May (*the*) 22nd. AE

→ Die Worte in (*Klammern*) werden nur ausgesprochen, nicht geschrieben.

6.8. Wochentage = days of the week

Montag, Dienstag, Mittwoch (diesen/letzten)	Monday, Tuesday, Wednesday (last)
Donnerstag, Freitag, Samstag, Sonntag (diesen/nächsten), Schaltjahr	Thursday, Friday, Saturday, Sunday (this/next), a leap year
letzte, diese, nächste Woche, Tag X	last, this, next week, D-Day
am Montagmorgen, -nachmittag, -abend	on Monday morning, afternoon, evening
Der Stichtag ist heute, morgen/war gestern.	The deadline is today, tomorrow/was yesterday.
heute Morgen, Nachmittag, Abend	this morning, this afternoon, this evening
heute Nacht, Brückentag, Feiertag	tonight, a bridging day, a public holiday
morgen Vormittag, Nachmittag, Abend	tomorrow morning, afternoon, evening
morgen Abend (übermorgen)	tomorrow night (the day after tomorrow)
gestern Morgen, Nachmittag, Abend	yesterday morning, afternoon, evening
letzte Nacht/heute Nacht (vorgestern)	last night (the day before last)
letztes, dieses, nächstes Wochenende	last, this, next weekend
Guten Morgen, *Tag*, Abend, Nacht!	Good morning, *afternoon*, evening, night.
Hallo, Auf Wiedersehen	Hello/Hi, good-bye/bye
Ausgerechnet heute/jetzt.	Today of all days/now of all times.

6.9. Maße/Größe = measurements/size

die Länge, lang (schmal), Durchmesser	the length, long (narrow), diameter
die Breite, breit	the width, wide
die Höhe, Höhe (Flug), hoch (Gegenstände)	the height, the altitude (flight), high
die Tiefe, tief (flach, seicht)	the depth, deep (shallow)
Groß (Menschen, Tiere, Gegenstände)	tall (height), big (width)

6.10. Mathematische Symbole = mathematical symbols

rechnen	to calculate s/t, to work s/t out
a. **addieren (dazugeben), auf-/abrunden**	**to add to, to round up/down**
2 + 2 = 4	two **plus/and** two **is/equals** four two added to two **is/equals** four
gutschreiben (Guthaben)	to credit s/t to (credit)
b. **subtrahieren von = to subtract from**	
4 – 3 = 1	four **minus** three is/equals one three **subtracted from** four is/equals one
abziehen von, abbuchen von (Soll)	to deduct s/t from, debit s/t from (debit)
c. **multiplizieren = to multiply by**	
4 · 3 oder 4 **x** 3 = 12	four **times** three is/equals twelve four **multiplied by** three is/equals twelve
8 x 4 m (32 Quadratmeter)	**= 8** by **4 metres (32 square metres)**
4 x 100-m-Staffel (Hoch 4)	**= 4** by **100 metre relay (To the power of 4)**
d. **dividieren/durch (teilen durch) = to divide by (divide s/t between)**	
12 ÷ 3 = 4, 12 : 3 = 4	twelve **divided by** three is/equals four
e. **Ist gleich ...**	
ist gleich	is, equals, makes
macht	adds up to, comes to, amounts to
eine Gleichung, Wurzel	an equation, a root
Zwischensumme, Gesamtbetrag	subtotal, grand total/total amount
1. **plus, minus** 100,00 Euro (Abweichung)	= **give or take** 100.00 euros (deviation)
– ungefähr, circa, um (VB = Verhandlungsbasis), zahlreich	approximately, roughly, around, about, around about (o. n. o. = or nearest offer), numerous
2. **teilen**	= to share (teilhaben, brüderlich) = to divide (dividieren, genau teilen) = to split (aufteilen, spalten, trennen)
3. **zum Teil, teilweise, eigentlich**	= partly, actually
teils, teils/jein	= yes and no
4. **sich vermehren**	= **to multiply**, to reproduce yourself
5. **Schulnoten/Punktzahl**	= **school grades/marks**
Note Eins/Sehr gut	grade one/very good
Note Zwei/Gut	grade two/good
Note Drei/Befriedigend	grade three/satisfactory
Note Vier/Ausreichend	grade four/adequate
Note Fünf/Mangelhaft	grade five/inadequate
Note Sechs/Ungenügend	grade six/poor
 1. Klasse (Schule)	first grade
1. Klasse (Luxus)	first class

6. **Zuschauerzahl**	**the attendance**
Einschaltquote	the viewing figures
umsonst, kostenlos	for nothing, free of charge
7. **Triebwerk Nummer 4**	**jet engine #4/number 4**
8. **viele Bussis und Umarmungen**	xoxoxoxo (kisses and hugs)
Ich mache drei Kreuze, wenn …	I'll make three signs of the cross if/when
9. **Einzahl, Mehrzahl**	singular, plural

Übung 25	Practice 25
1. Wie alt sind Sie? → Ich bin ____.	How old are you? I am ____.
2. Wie groß sind Sie? → Ich bin 1,___ (gesprochen: 1 Meter 88)	How tall are you? I am 1.____. (spoken: one metre 88)
3. Welche Schuhgröße haben Sie? → Ich habe Schuhgröße ____.	What is your shoe size? What shoe size do you take? My shoe size is ____.
4. Wie hat Ihre Mannschaft gestern gespielt? → Sie haben zwei zu null gewonnen.	What was your team's score? They won ____ ____.
5. Wie spät ist es? → Es ist _______.	What time is it? What's the time? It is ________.
6. Um wie viel Uhr stehen Sie jeden Tag auf? → Ich stehe um ________ auf.	What time do you get up every morning? I get up at _________.
7. Wie viel verdienen Sie im/pro Jahr? → Ich verdiene ___________ im/pro Jahr.	How much do you earn (in) a year/per year? I earn ____________ (in) a year/per year.
8. Wie viele Leute arbeiten bei Ihrer Firma? → Ungefähr ______ Leute.	How many people work at your company? Approximately (roughly, about) _______ people.
9. Wann haben Sie Geburtstag? → Ich habe Geburtstag am _______.	When is your birthday? My birthday is on (the) ______ (of) _______. (BE) My birthday is on ______ (the) ______. (AE)
10. Wann haben Sie Hochzeitstag? → Ich habe Hochzeitstag am ___ ______. (Jubiläum = anniversary)	When is your wedding anniversary? My wedding anniversary is on (the) ____ (of) _______. My wedding anniversary is on _________ (the) ____.
11. Was haben wir heute für ein Datum? → Wir haben den ____ _______.	What is the date today? It is the _____ (of) ___________. It is ___________ (the) _____.
12. Was haben wir heute für einen Tag? → Wir haben ____________ heute.	What is the day today? It is _____________ today.
13. Wie viel Grad haben wir heute? → Wir haben ____° (Grad) Celsius.	What is the temperature today? It is ____° (degrees) Celsius/centigrade.
14. In welche Klasse geht Ihr Sohn? → Er geht in die ____ Klasse.	What grade is your son in? He is in the ____ grade.
15. Welchen Notendurchschnitt haben Sie? → Ich habe ______.	What is your grade average? My grade average is _______.
16. Wie oft gehst du zum Fitnesscenter? → ____________________ pro Woche.	How often do you go to the gym? __________________ a week.
17. Der/Die wievielte sind Sie bei Ihrem letzten Rennen geworden? → Ich bin _______ geworden.	Where did you come at your last race? I came ________.
18. Wie groß ist Ihr Haus? → Es ist _____ m^2 (Quadratmeter) groß.	How big is your house? It is _____ m^2 (square metres).

6.11. Wie spät ist es? Kannst du mir sagen, wie spät es ist?
What time is it?/What's the time? Can you tell me the time?

Jawohl/Ja. Es ist ...	Yes/Yeah. It is ...
1. Andere Fragen	
Um wie viel Uhr stehen Sie auf?	What time do you get up?
Wann stehen Sie auf?	When do you get up?
Ich stehe **um** 5.30 Uhr auf.	I get up **at** five thirty.
Wie spät ist es auf deiner Uhr?	What time do you have?
Auf meiner Uhr ist es 18.30 Uhr. (Bis bald.)	My watch says 6.30. (See you soon.)
2. Nur wenn die Zeit unklar ist:	**Only if the time is unclear:**
fünf Uhr morgens	five (o'clock) in the morning 5 (am)
17.00 Uhr/fünf Uhr nachmittags	5 (o'clock) in the afternoon 5 (pm)
19.00 Uhr/sieben Uhr abends	7 (o'clock) in the evening 7 (pm)
3. 5.30 Uhr	**without "o'clock"**
5.30 Uhr	five thirty am half-past five in the morning
17.30 Uhr	five thirty pm half-past five in the afternoon
 halb fünf	4.30
half five	5.30
Besser ist:	
4.30 Uhr	four thirty
5.30 Uhr	five thirty
4. fast, kurz nach/vor	**nearly/almost, just after/before**
Es ist fast 20 Uhr. Es ist kurz nach 20 Uhr.	It's nearly eight (o'clock). It's just after eight (o'clock).
Um 19 Uhr herum.	Around 7 o'clock/7ish.
5. 24 Stunden, rund um die Uhr	**24 hours, round the clock, 24/7**
6. Ab 10 Uhr	**from 10 o'clock onwards, starting at 10**

What time is it?

It's one o'clock	
It's one o five.	(It's five past one.)
It's one ten.	(It's ten past one.)
It's one fifteen.	(It's quarter past one.)
It's one twenty.	(It's twenty past one.)
It's one twenty-five.	(It's twenty-five past one.)
It's one thirty.	(It's half [past] one.)
It's one thirty-five.	(It's twenty-five to two.)
It's one forty.	(It's twenty to two.)
It's one forty-five.	(It's quarter to two.)
It's one fifty.	(It's ten to two.)
It's one fifty-five.	(It's five to two.)

5.	**Was ist einfacher?**		**Which is easier?**
	5.33 Uhr		five thirty-three am twenty-seven **minutes** to six in the morning
	17.33 Uhr		five thirty-three pm twenty-seven **minutes** to six in the afternoon
6.	**aufpassen**		**watch out**
a.	zwölf Uhr Mittag	=	12 *pm*, **midday/noon**
	die Mittagszeit	=	**lunch time (11:30 am–1:30 pm), midday**
b.	null Uhr, **Mitternacht**	=	12 *am*, **midnight**
c.	2 Uhr nachts/in der Früh	=	2 o'clock in the night/in the morning
7.	**die Uhr umstellen**		**to adjust/re-set your watch, clock**
	Die Armbanduhr geht vor/nach.	=	**The wrist watch is fast/slow.**
	vor- und zurückdrehen	=	turn it forward, back
	Digitaluhr (Ziffer)	=	a digital watch (clock) (digit)
	Eieruhr	=	an egg timer
	Glasenuhr	=	a bell clock
	Handyuhr	=	a mobile phone clock
	die innere Uhr	=	the body clock, the biological clock
	Kirchenuhr	=	a church clock
	Kuckucksuhr	=	a cuckoo clock
	Parkuhr	=	a parking meter
	Radiowecker	=	a clock radio (radio alarm clock)
	Reiseuhr	=	a carriage clock
	Schachuhr	=	chess clock
	(Zeit-)Schaltuhr	=	a time switch
	Sanduhr	=	an hourglass
	Spieluhr	=	musical box
	Sonnenuhr	=	a sun dial
	Standuhr	=	a grandfather clock
	Stechuhr/Zeiterfassungsuhr	=	a time clock
	Stoppuhr (die Zeit stoppen)	=	stopwatch (to time s/t or s/o)
	Zeitvorgabe	=	time standard, time-setting
	Tankuhr	=	a petrol gauge
	Taschenuhr	=	a pocket watch
	Uhr	=	a time-piece
	Uhrenturm, Wachturm	=	a clock tower, a watch tower
	Uhrwerk	=	clockwork
	Wanduhr	=	the wall clock
	Wecker	=	an alarm clock
	Zeitumstellung	=	changing the clocks
	Zeitzeichen	=	a time signal
	ein Zifferblatt mit römischen Ziffern	=	a watch face with Roman numerals
	**Der Minutenzeiger zeigt auf …**	=	**the minute (large) hand is pointing at …**
	Stunden-, Sekundenzeiger (Anzeige)	=	**hour (little) hand, second hand (dial)**
	Die Stunde der Wahrheit	=	the moment of truth
	Sternstunde	=	moment of glory
	Tagesdatumsanzeige	=	day date display

Zifferblatt	=	(clock/watch) face
24 Stunden rund um die Uhr	=	24 hours around the clock
einen Uhrenvergleich machen	=	to do a time check
Lederarmband, Metallarmband	=	leather watch strap, metal watch strap
⚠ **im/gegen den Uhrzeigersinn**	=	**clockwise/anti-clockwise, counter-clockwise**
9. Zeitzonen		**time zones**
Zeitunterschied, Zeitverschiebung von	=	a time difference of
00:00 WEZ	=	GMT (Greenwich Mean Time)
+ 01:00 Britische Sommerzeit	=	BST (British Summer Time)
+ 01:00 MEZ	=	CET (Central European Time)
+ 02:00 OEZ	=	**EET (East European Time)**
10. pünktlich/zu spät: Meeting von/from 10 bis/till 11.30		
Um 9.55 Uhr bin ich **pünktlich/rechtzeitig**.	=	At 9.55 I am **on time/in good time**.
Um Punkt 10 Uhr bin ich **gerade rechtzeitig**.	=	At 10 o'clock on the dot I'm **just in time**.
Um 10.15 Uhr bin ich **zu spät (spät dran)**.	=	At 10.15 I am **late (running late).**
Um 11.30 Uhr bin ich **zu spät (alles aus/vorbei)**.	=	At 11.30 I am **too late**.
11. Essenszeiten (Mahlzeit)		**meal times** (a meal)
Abendessen, Abendbrot		supper (in manchen Regionen: [high] tea)
das Letzte Abendmahl		the Last Supper
schickes Abendessen		dinner
Candle-Light-Dinner mit 3 Gängen		a candle light dinner with 3 courses
Brotzeit		a *snack* (vormittags), a *cold lunch/cold supper*
Frühstück		breakfast
Brunch		brunch
Frühschoppen		an early drink, an eye-opener, a morning pint
Imbiss		a snack
Mittagessen		lunch (in manchen Regionen: dinner)
formelles Mittagessen		luncheon
Pause		break
Teestunde, Kaffeepause		tea time, coffee break
⚠ **Beim Essen:** Mahlzeit! / Guten Appetit!		Enjoy your meal. / Bon appétit.
Unterwegs: Mahlzeit!		Hello. Good morning. Good afternoon.
⚠ **eine Verabredung/Date**		to meet s/o
Ich habe eine Verabredung mit ein paar Freunden zum Mittagessen.		I'm meeting some friends for lunch.
Können Sie sich an Ihr erstes Date erinnern? (romantisch)		Can you remember your first date?
12. Arbeitszeiten		**work times**
auf Bewährung, Schonfrist		on probation, a honeymoon period
Feierabend machen, nach Feierabend		to finish work for the day, after work
Freizeit (Freizeitkleidung)		free, spare, leisure time (casual clothes)
Früh-, Spät-, Nachtschicht		early, late, night shift
Gleitzeit, Arbeitszeit, Urlaub (von der Arbeit)		flexitime, working hours, leave
Pause, Pause (Erholung), einen Tag Urlaub		a break, a rest (recovery), a day off
Probezeit, Kündigungsfrist		trial period/probation time, period of notice

Überstunden (Freizeit oder Geld)		overtime (free time or money)
Überstunden (Geschäftsführer)		long hours (executives, managers)
Vollzeit, Teilzeit, Nebenjob		full time, part time, side job
Zeitausgleich, Zeitmanagement		balancing out your time account, time management
zeitgleich, gleichzeitig		simultaneously, at the same time
13. Um diese Uhrzeit …		**This time …**
Gestern, morgen um diese Zeit …	=	This time yesterday, tomorrow …
Heute vor, in einer Woche …	=	This time last, next week …
Heute vor, in einem Monat …	=	This time last, next month …
Heute vor, in einem Jahr …	=	This time last, next year …
Heute vor, in zwei Jahren …	=	This time two years ago, in two years …
14. Wir stehen unter Zeitdruck	=	**We are pressed for time/short of time.**
Wir sind spät dran.		We are running late.
15. Abgabefrist, Meldeschluss, Stichtag		**deadline**
Kurz, mittel-, langfristig		in the short, middle, long term
Kurzfristig (Zeitpunkt)		at short notice
16. Zeitplan (Terminplan, Programm)		**schedule**
Ablaufplanung		scheduling
Anfang, Anstoß, Bully		the start/beginning, kick-off, face-off/bully
Dienstplan		a work schedule (BE), a duty roster (AE)
Einlass (Ruhetag)		admission (closed)
Fahrplan (Bus, Zug, U-Bahn)		a bus, train, tube timetable (BE) a bus, train, subway schedule (AE)
Flugplan		a flight schedule, flight plan
Programm		a programme (BE), program (AE)
Putzplan		a cleaning rota (BE), a cleaning roster (AE)
Reiseplan		an itinerary, a travel plan
Spielplan		a fixture list
Stundenplan		school timetable (BE), school schedule (AE)
Tagesordnung		the agenda
17. Termin		
Ich brauche einen Termin mit jmd.		I need an appointment with s/o.
Können Sie mir ein paar Termine für etwas geben?		Can you give me a few dates for s/t?
Haben wir einen Termin für das Meeting?		Do we have a date for the meeting?
18. Jahreszeiten		**seasons**
Winter, Frühling		winter, spring
Sommer, Herbst		summer, autumn (BE), fall (AE)
Fußballsaison, Staffel (Serie)		football season, season (series)
19. Tagesablauf		**daily routine**
morgens,nachmittags, abends, nachts		in the morning, in the afternoon, in the evening, at night
Von morgens bis abends		from dawn till dusk
Morgendämmerung, Abenddämmerung		dawn, dusk
20. Es ist Zeit, dass wir gehen.		**It's time to go. (on time)**
Es ist höchste Zeit, dass wir gehen. (spät dran)		It's high time we went. (running late)
21. Demnächst, vor kurzem		**in the near future/soon, just recently**

Übung 26	Practice 26
1. Es ist ein Uhr.	It is one o'clock.
2. Es ist elf Uhr fünfundfünfzig. Es ist fünf vor zwölf. → Es ist fünf vor zwölf!	 It's the eleventh hour!
3. Es ist ein Uhr fünf. Es ist fünf nach eins.	
4. Es ist fünfzehn Uhr fünfzehn. Es ist Viertel nach drei.	
5. Es ist achtzehn Uhr fünfundzwanzig. Es ist fünfundzwanzig nach sechs. (Es ist fünf vor halb sieben.)	
6. Es ist siebzehn Uhr vierzig. Es ist zwanzig vor sechs.	
7. Es ist fünfzehn Uhr dreißig. Es ist halb vier.	
8. Es ist vierzehn Uhr fünfzig. Es ist zehn vor drei.	
9. Es ist neun Uhr zwanzig. Es ist zwanzig nach neun.	
10. Es ist neun Uhr fünfunddreißig. Es ist fünfundzwanzig vor zehn. (Es ist fünf nach halb zehn.)	
11. Es ist fünfzehn Uhr fünfundvierzig. Es ist Viertel vor vier.	
12. Es ist zwanzig Uhr zehn. Es ist zehn nach acht.	

7. Die Steigerung (Vergleich)/Comparison

7.1. Typ A: besser als	Typ A: better than
1a. Eine Silbe	**One syllable**
Er hat ein schnelles Auto.	He has a **fast** car.
→ Sein Auto ist schneller als meins.	→ His car is **faster** than mine/than mine is.
→ Er hat das schnellste Auto.	→ He has the **fastest** car.
1b. Zwei Silben: klingt kurz	**Two syllables: sounds short**
Sie ist hübsch.	She is a **pretty** woman.
→ Sie ist hübscher als sie.	→ She is **prettier** than her/than she is.
→ Sie ist die hübscheste Frau hier.	→ She is **the prettiest** woman here.
1c. Zwei Silben: klingt lang	**Two syllables: sounds long**
Er ist berühmt.	He is **famous**.
→ Er ist berühmter als er.	→ He is **more famous** than him/than he is.
→ Er ist der Berühmteste hier.	→ He is **the most famous** here.
1d. Drei Silben und mehr	**Three syllables and more**
Das ist ein interessanter Film.	That is an **interesting** film.
→ Dieser Film ist interessanter als dieser Film.	This film is **more interesting** than that film.
→ Dieser Film ist am interessantesten.	This is **the most interesting** film.
⚠ Wichtig: unregelmäßig	
a. gut	good/well
Er ist gut, besser, der beste Spieler.	He is a good, better, the best player.
Adverb: beschreibt das Tunwort	Adverb: describes the verb
Er spielt gut, besser als, am besten.	He plays well, better than, best of all.
Gesundheit	Health
Ihm geht es gut, besser als gestern, er ist gesund.	He is well, better than yesterday, healthy.
Viel Glück! → Ich brauche auch Glück!	Good luck! → I need luck as well.
Und/Nun. Naja. Nun gut. Hm!	Well! Hm!
b. mehr	more
Er hat mehr, mehr als, am meisten Zeit.	He has more, more than, the most time.
mehrere Leute	several people
c. schlecht/schlimm	
schlecht, schlechterer Spieler als, der schlechteste Spieler	a bad , worse player than, the worst player
d. viel (Einzahl)	much (singular)
viel, mehr als, am meisten Geld	much/a lot of, more than, the most money
e. viele (Mehrzahl)	many (plural)
viele, mehr als, am meisten Freunde	many/a lot of, more than, the most friends
f. weit	far
weit, weiter als, am weitesten weg	far, further than, the furthest away
weiter = zusätzlich	further = additional
g. wenig (Einzahl)	little (singular)
wenig, weniger, am wenigsten Geld	little, less than, the least money
statt wenig Geld: *nicht viel Geld*	instead of little money: *not much money*
nicht genug Geld	not enough money

h. **wenig (Mehrzahl)**	**few (plural)**
wenig, weniger, am wenigsten Freunde	few, fewer than, the fewest friends
statt wenig Freunde: *nicht viele Freunde*	instead of few friends: *not many friends*
ein paar Freunde, Ehepaar	a few, a couple of friends, a married couple
ein Paar Schuhe, eine Brille	a pair of shoes, a pair of glasses (left, right)
(ein paar =	a few beers: 3+, a couple of beers: 2,
⚠ a. **Die Steigerung** von einem Audi …	**The next step/One up** from an Audi …
Preissteigerung, Leistungssteigerung	a price **increase/rise,** an **improved** performance
steigerungsfähig sein	to have **room for improvement**
b. **eins zu viel/wenig**	**one too many, few**
c. **Bestärkung**	**reinforcement**
sehr gut, viel zu gut, nicht so gut	very good, far/much/way too good, not so good
ein bisschen, noch, viel besser	a little bit, even, far/much/a lot better.
ein bisschen, noch, viel interessanter	a little, even, far even more interesting than …
einfach, mit Abstand die Beste	simply, easily the best
d. *die* **meisten Deutschen**, die meiste Zeit	**most Germans**, most of the time
e. **Adverbien mit -ly**	
Sie ist hübsch, hübscher als,	She is dressed pretti**ly**, **more** pretti**ly** than,
→ am hübschesten angezogen.	→ **the most** pretti**ly**.
⚠ Er hat schlecht, schlechter als, am schlechtesten gespielt.	He played badly, worse than, the worst.
f. **sein neuestes Lied**	**his latest song**
g. **wie,ähnlich wie**	**like, similar to**
h. **Das Beste daran ist …**	**The best thing about it is …**
i. **ganz**	
ganz gut, ziemlich gut	quite good, fairly good
ganz sicher	quite sure, really sure
ganz wichtig	really important
Die ganze Mannschaft	The whole team …
j. **höchstens**	
Ich kann höchstens das ändern.	I can change that at most.
k. **gut, besser, am besten**	
gut, besser, am besten **im Aufschlagen**	good, better, the best **at serving**
l. **besser als**	
Es ist besser, als draußen zu arbeiten.	It's better **than working** outside.
m. **Was ist der Unterschied zwischen … und …?**	**What is the difference between … and …?**
n. **wohingegen**	**whereas**
o. **langsam, aber sicher**	**slowly but surely**
nach und nach	little by little, bit by bit
schrittweise, allmählich	gradually
p. **Diagramm**	**diagram, chart**
Balkendiagramm	a bar chart
Flussdiagramm	a flow chart/diagram
Graph, Kurvenbild	a graph
Tortendiagramm	a pie chart
q. **Pro und Contra, Vor- und Nachteil**	**the pros and cons, advantage, disadvantage**
abwägen, einerseits/andererseits	to weigh up, on the one hand/on the other hand

Übung 27 / Practice 27

Bilden Sie die Steigerung so:			Create the comparison like this:
1. ruhiger Ort	=	a quiet place	a quieter place, the quietest place
2. gemütliches Restaurant	=	a cosy restaurant	
3. ein früher Anfang	=	an early start	
4. einfache Sprache	=	an easy language	
5. eine große Herausforderung ein großer Mann	= =	a large, big challenge a tall man	
6. ein hohes Gebäude	=	a high/tall building	
7. eine kleine Frau	=	a small woman	
8. eine schmale/enge Straße	=	a narrow street/road	
9. ein tiefer Teich	=	a deep pond	
10. ein breites Fairway	=	a wide fairway	
11. ein langes Loch	=	a long hole	
12. ein bequemer Sessel (Komfort)	=	a comfortable armchair	
13. eine bequeme Art und Weise zu bezahlen (praktisch)	=	a convenient way to pay (practical)	
14. eine erfolgreiche Mannschaft	=	a successful team	
15. ein exklusives Angebot	=	an exclusive offer	
16. ein langweiliger Film	=	a boring film	
17. eine interessante Aufgabe	=	an interesting job, order, task	
18. ein lehrreicher Abend	=	an informative evening	
19. ein moderner Entwurf	=	a modern design	
20. eine schreckliche Erfahrung	=	an awful/a terrible experience	
21. ein spannendes Spiel	=	an exciting game	
22. ein teures Geschenk	=	an expensive present/gift	
23 ein wertvoller Tipp	=	a valuable tip	
24. ein zuverlässiger Partner	=	a reliable partner	
25. eine wichtige Entscheidung	=	an important decision	
26. ein wunderbarer Tag	=	a wonderful day	
27. heißes, kaltes Wetter	=	hot, cold weather	
28. sehr gut, noch besser, mit Abstand das Beste			

7.2. Typ B: so … wie		Type B: as … as
a. Adjektiv: gut (besser als, am besten)		good (better than, the best)
1. Ich bin **so** gut **wie** du/ihr.		I am **as** good **as you/as you are**.
2. Du bist **so** gut **wie** ich.		You are **as** good **as me/as I am**.
3. Er ist **so** gut **wie** sie.		He is **as** good **as her/as she is**.
4. Sie ist **so** gut **wie** er.		She is **as** good **as him/as he is**.
5. Dies ist **so** gut **wie** das da.		This (one) is **as** good **as that** (one).
6. Wir sind **so** gut **wie** sie.		We are **as** good **as them/as they are**.
7. Ihr seid **so** gut **wie** sie.		You lot are **as** good **as them/as they are**.
8. Sie sind **so** gut **wie** wir.		They are **as** good **as us/as we are**.
b. Gleiche Steigerung mit Adverben		
Adverb: gut (besser als, am besten)		**well** (better than, the best)
1. Ich spiele **so** gut **wie** du/ihr.		I play **as** well **as you/as you do**.
2. Du spielst **so** gut **wie** ich.		You play **as** well **as me/as I do**.
3. Er spielt **so** gut **wie** sie.		He plays **as** well **as her/as she does**.
4. Sie spielt **so** gut **wie** er.		She plays **as** well **as him/as he does**.
5. Dies isst sich **so** gut **wie** das da.		This (one) eats **as** well **as that** (one) does.
6. Wir spielen **so** gut **wie** sie.		We play **as** well **as them/as they do**.
7. Ihr spielt **so** gut **wie** sie.		You lot play **as** well **as them/as they do**.
8. Sie spielen **so** gut **wie** wir. Ich spielte nicht ***so gut***.		They play **as** well **as us/as we do**. I didn't play ***that well***.
c. Bestärkung		
zweimal so gut wie	=	twice as good/well as
dreimal so gut wie	=	three times as good/well as
fast so gut wie (beinahe/fast = nearly/almost)	=	nearly/almost as good/well as
genauso gut wie	=	just/every bit as good/well as
halb so gut wie	=	half as good/well as
immer noch genauso gut wie	=	still just as good/well as
nicht so gut wie	=	not as good/well as
ungefähr so gut wie	=	approximately, roughly, about as good/well as
⚠ Diese ist so gut wie die da.		This (one) is **as** good **as that** (one).
Diese sind so gut wie die da.		These (ones) are **as** good **as those** (ones).
Seine Taktik ist **die gleiche wie** meine.		His tactic is **the same as** mine.
Seine Taktik ist **ähnlich wie** meine.		His tactics are **similar to** mine.
Es ist quasi das Gleiche.		It's **virtually** the same thing.
⚠ Wir sind quasi alleine.		We are as it were alone. We are so to speak alone.
Wir sind mehr oder weniger, quasi alleine		We are more or less alone. We are virtually alone.
Sie sieht gut aus.		She looks good
Es schmeckt gut.		It tastes good.
Es riecht gut.		It smells good.
So wie Herr Schmidt	=	as well as Mr. Schmidt
das Gleiche wie …	=	the same as…
wie immer	=	as always
Solange alles gut läuft	=	as long as everything runs well

Übung 28	Practice 28
1. Er ist so fit wie ein Turnschuh.	He is ___ fit ___ a fiddle.
2. Sie ist **so** fleißig **wie** eine Biene.	She is ___ busy ___ a bee.
3. Er ist nicht so groß wie du.	He is not ____ tall ____ you.
4. Ich bin so frei wie ein Vogel.	I am ___ free ___ a bird
5. Er ist so schlau wie ein Fuchs.	He is ___ crafty/cunning/sly ____ a fox.
6. Die beiden sind so verschieden wie Tag und Nacht.	Both of them are __ different __ night and day.
7. Er ist blitzschnell.	He is ___ quick ___ lightening.
8. Du bist eiskalt.	You are ___ cold ___ ice.
9. Dieser Laptop ist federleicht.	This laptop is ___ light ___ a feather.
10 Er ist hart im Nehmen.	He is ___ tough ___ old boots.
11. Er ist die Ruhe selbst. Er hat die Ruhe weg.	He is ___ cool ___ a cucumber.
12. Es ist saukalt, -heiß.	It is ___ cold/hot ___ hell.
13. Er ist so stur wie ein Esel.	He is ___ stubborn ___ a donkey.
14. Dieser Rock ist doppelt so teuer, wie ich dachte.	This skirt is _______ ___ expensive ___ I thought.
15. Sie ist genauso alt wie ich.	She is ______ ___ old ___ me/I am.

7.3. Typ C: langsame Steigerung	Type C: to get better and better
1a. Eine Silbe	**One syllable**
Es wird **langsam kälter**.	It's getting **colder and colder**.
Mein Englisch wird **immer besser**.	My English is getting **better and better**.
Das Wetter wurde **immer schlechter**.	The weather got **worse and worse**.
Immer mehr Menschen lernen Englisch.	**More and more** people are learning English.
1b. Zwei Silben: klingt kurz	**Two syllables: sounds short**
Sie wird immer hübscher.	She is getting prettier and prettier.
1c. Zwei Silben: klingt lang	**Two syllables: sounds long**
Das Buch wird immer bekannter.	The book is becoming **more and more** well known.
1d. Drei Silben und mehr	**Three syllables and more**
Es wird **immer schwieriger**, einen Job zu finden.	It's getting **more and more difficult** to find a job.

Übung 29	Practice 29
1. Es wird langsam heller.	It's getting _________ and __________.
2. Das Loch in deinem Laufschuh wird immer größer.	The hole in your running shoe is getting _________ and __________.
3. Mein Rucksack wird immer schwerer.	My back pack is getting __________ and __________.
4. Ich werde immer aufgeregter (nervöser).	I'm getting _____ and _____ __________.
5. Das Wetter wird immer schlechter.	The weather is getting _______ and _______.
6. Benzin wird langsam billiger.	Petrol is getting _________ and __________.
7. Die Uhr wird immer teurer.	The watch is getting _____ and _____ ___________.
8. Es gibt einen kleinen Haken.	There is one little snag.
– Sie gefällt mir immer mehr.	I like it ______ and ______.

7.4. Typ D: je mehr … umso/desto	Type D: the … the …
1a. Eine Silbe auf Englisch	**One syllable in English**
Je früher, **umso** besser.	**The** earlier **the** better.
Je mehr Geld man verdient, umso besser.	The more money you earn the better.
1b. Zwei Silben: klingt kurz	**Two syllables: sounds short**
Je hübscher man ist, umso besser.	**The prettier** you are the better.
1c. Zwei Silben: klingt lang	**Two syllables: sounds long**
Je berühmter man ist, umso besser.	**The more famous** you are the better.
1d. Drei Silben und mehr	**Three syllables and more**
Je schwerer die Aufgabe ist, umso besser.	**The more difficult** the job the better.
 Umso mehr für mich! Umso besser!	**All the more** for me. **All the better!**

Übung 30	Practice 30
1. Je größer ihr Koffer ist, umso besser.	The _______ your case is the _______.
2. Je wärmer das Wetter ist, umso besser geht's mir.	The _______ the weather is the _____ I feel.
3. Je früher wir starten, umso früher kommen wir an.	The ________ we leave the _______ we will get there.
4. Je jünger man ist, umso einfacher ist es, einen Job zu finden.	The ________ you are the ________ it is to find a job.
5. Je länger ich warte, umso ungeduldiger werde ich.	The _______ I wait the ______ _________ I become.
6. Je müder man ist, umso schwerer wird es, sich zu konzentrieren.	The _______ you are the _________ / ______ ___________ it is to concentrate.
7. Je mehr du Englisch sprichst, umso besser wird dein Englisch.	The ______ you speak English the _______ your English will get.
8. Je mehr du verreist, umso besser.	The ______ you travel the _________.

8. Der Zeit Form geben – Gangschaltung I Gear changing I

Alles dreht sich um den G-Punkt (bzw. die Gegenwart),
der immer am Rollen ist

Er ist wie ein Radar und stellt fest:

Wo man ist.
Was man gerade macht.
Was man zurzeit macht.

Oder:

Wo Gegenstände bzw. Tiere sind.
Was sie machen.
Was sie zurzeit machen.

Gear Changing

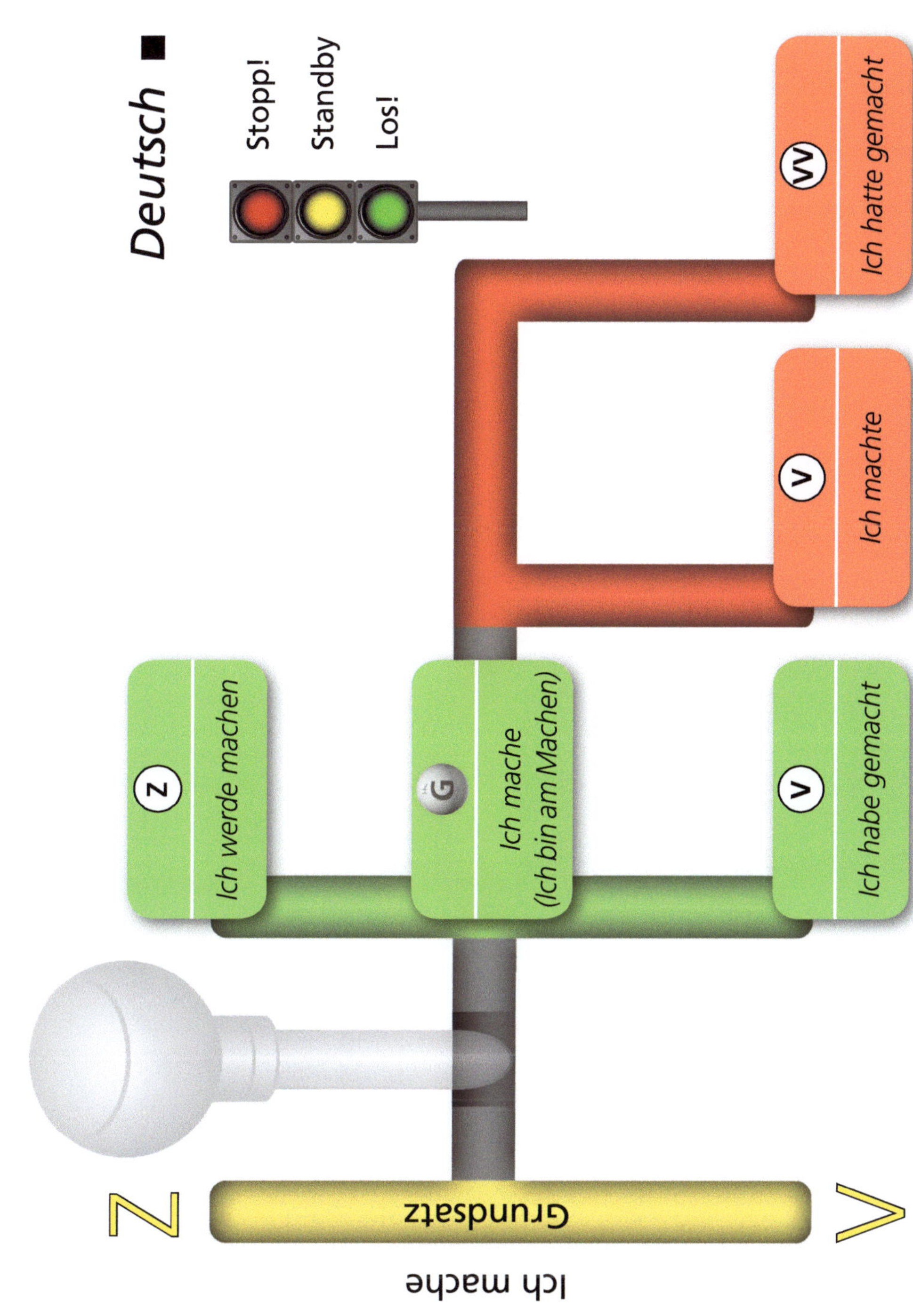

Gear Changing

Key words ■

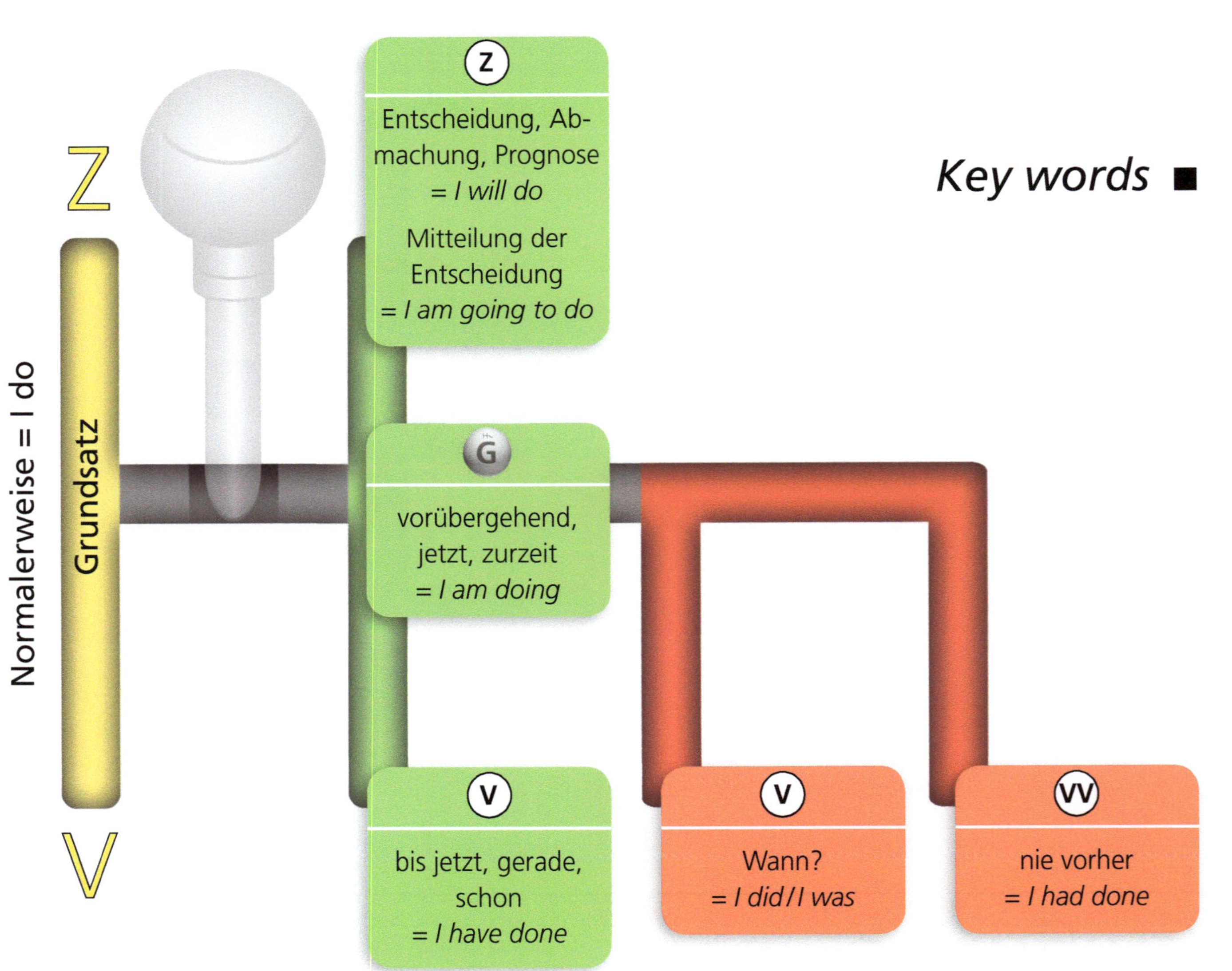

Gear Changing

Fragen ■

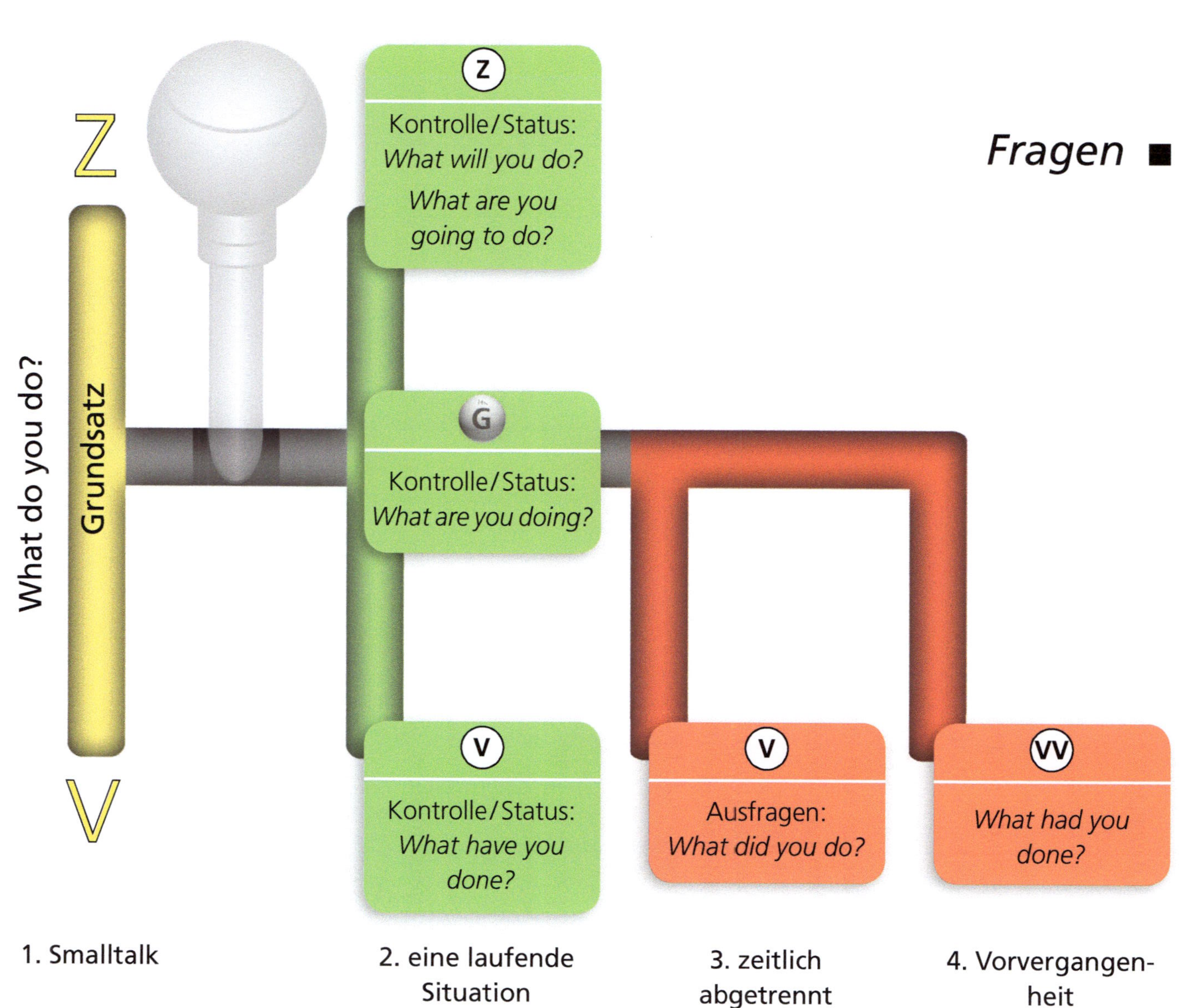

8.1. Grundsatz = I do oder Gegenwart = I am doing

a. Ein Grundsatz ist eine Tatsache/Meinung und gilt für die Vergangenheit und Zukunft gleichzeitig. Es ist zeitlos. Man benutzt die Grundsatzform, wenn man etwas normalerweise macht, aber nicht jetzt. Hier gilt: „He, she, it, das ‚s' muss mit."

	Rauchen Sie? Raucht sie?	=	**Do** you **smoke**? **Does** she **smoke**?
	Ich meine, es schmeckt super.	=	I think it tastes great.
	Bei wem arbeiten Sie? Bei wem arbeitet sie?	=	Who **do** you **work for**? Who **does** she **work for**?
	Die Donau fließt durch Ingolstadt.	=	The Danube flows through Ingolstadt.
	Sind Sie Holländer? Nein, ich bin Engländer.	=	Are you Dutch? No, I am English.
b.	**Wenn das Fragewort gleichzeitig das Subjekt ist, fällt das „do/does" weg.**		
	Wer hat ein Auto?	=	**Who** ***has*** a car?
	Wer hat die Hosen an in eurer Ehe?	=	**Who** ***wears*** the trousers in your marriage?
	Wer weißt, was morgen kommt.	=	**Who** ***knows*** what tomorrow will bring.
	Wer von euch spricht Englisch?	=	**Which** of you speaks English?
	Wen kümmert es?	=	**Who** ***cares***.
	Was passiert normalerweise?	=	**What** normally ***happens***?
	Was dauert länger?	=	**What** *lasts* longer?
	Welches Auto hat eine Beule?	=	**Which car** ***has*** a dent?
	Wessen Auto fährt schneller?	=	**Whose car** ***goes/drives*** faster?
	Wie viele Leute arbeiten hier?	=	**How many people** ***work*** here?

c.	**Schlüsselwörter**	**Key words**
	jede, jeder, jedes	every
	normalerweise, heutzutage	normally, these days/nowadays
	immer, fast immer	always, nearly always
	nie, so gut wie nie	never, hardly ever
	gelegentlich, ab und zu, manchmal	occasionally, now and again, sometimes
d.	**Das Verb**	**The verb**
Einzahl		**Singular**
1.	Ich esse Äpfel.	I eat apples.
	Ich esse keine Äpfel.	I don't (do not) eat apples.
	Esse ich Äpfel? Ja. Nein.	Do I eat apples? Yes, I do. No, I don't.
2.	Du isst (Sie essen) Äpfel.	You eat apples.
	Du isst keine Äpfel.	You don't (do not) eat apples.
	Isst du Äpfel? Ja. Nein.	Do you eat apples? Yes, I do. No, I don't.
3.	Er isst Äpfel.	He eat**s** apples.
	Er isst keine Äpfel.	He do**es**n't (does not) eat apples.
	Isst er Äpfel? Ja. Nein.	Do**es** he eat apples? Yes, he do**es**. No, he do**es**n't.
3.	Sie isst Äpfel.	She eat**s** apples.
	Sie isst keine Äpfel.	She do**es**n't (does not) eat apples.
	Isst er Äpfel? Ja. Nein.	Do**es** she eat apples? Yes, she do**es**. No, she do**es**n't.
3.	Es isst Äpfel.	It eat**s** apples.
	Es isst keine Äpfel.	It do**es**n't (does not) eat apples.
	Isst es Äpfel? Ja. Nein.	Do**es** it eat apples? Yes, it do**es**. No, it do**es**n't.

Mehrzahl		Plural
1. Wir essen Äpfel.		We eat apples.
Wir essen keine Äpfel.		We don't (do not) eat apples.
Essen wir Äpfel? Ja. Nein.		Do we eat apples? Yes, we do. No, we don't.
2. Ihr esst (Sie essen) Äpfel.		You eat apples.
Ihr esst keine Äpfel.		You don't (do not) eat apples.
Esst ihr Äpfel? Ja. Nein.		Do you eat apples? Yes, we do. No, we don't.
3. Sie essen Äpfel.		They eat apples.
Sie essen keine Äpfel.		They don't (do not) eat apples.
Essen sie Äpfel? Ja. Nein.		Do they eat apples? Yes, they do. No, they don't.
Aussprache		**Pronunciation: does = dus, do = du**
Die Gegenwart ist vorübergehend:		
a. Orten/festellen = gegenwärtiger Zustand		
Wo bist du? Wie geht es dir?	=	Where **are you**? How **are you**?
→ Ich bin (nicht) im Büro.	→	**I am** (**not**) in the office.
→ Mir geht es gut.	→	**I am** fine.
b. Die Gegenwart ist eine Handlung, die jetzt in diesem Moment stattfindet:		
Was machst du gerade?	=	What **are you doing** at the moment?
→ Ich *bin am Englisch-Lernen*.	=	I *am learning English* at the moment.
→ Ich lerne gerade Englisch.	=	I *am learning English* at the moment.
c. Etwas, was man zurzeit macht:		
Das Buch liegt aufgeschlagen bei Ihnen zu Hause.		
Was liest du zurzeit/gerade?	=	What **are you *reading*** currently/at the moment?
→ Ich lese gerade „Eine Kurve in der Straße".	→	**I am *reading*** "A Bend in the Road".
d. Schlüsselwörter		**Key words**
jetzt, gerade jetzt	=	now, just now/right now
gerade, momentan, zurzeit	=	at the moment
zurzeit	=	currently
derzeit, noch nicht	=	at present, not yet
vorläufig, vorübergehend	=	for the time being, temporarily
e. Das Verb		**The verb**
Einzahl		**Singular**
1. Ich esse gerade einen Apfel.		I'm (am) eating an apple at the moment.
Ich esse gerade keinen Apfel.		I'm (am) not eating an apple at the moment.
Esse ich gerade einen Apfel? Ja. Nein.		Am I eating an apple at the moment? Yes, I am. No, I am not.
2. Du isst (Sie essen) gerade einen Apfel.		You're (are) eating an apple at the moment.
Du isst gerade keinen Apfel.		You're (are) not eating an apple at the moment.
Isst du gerade einen Apfel? Ja. Nein.		Are you eating an apple at the moment? Yes, I am. No, I am not.
3. Er isst gerade einen Apfel.		He's (is) eating an apple at the moment.
Er isst gerade keinen Apfel.		He isn't (not) eating an apple at the moment.
Isst er gerade einen Apfel? Ja. Nein.		Is he eating an apple at the moment? Yes, he is. No, he isn't.
3. Sie isst gerade einen Apfel.		She's (is) eating an apple at the moment.
Sie isst gerade keinen Apfel.		She isn't (not) eating an apple at the moment.
Isst sie gerade einen Apfel? Ja. Nein.		Is she eating an apple at the moment? Yes, she is. No, he isn't.

3.	Es isst gerade einen Apfel.		It's (is) eating an apple at the moment.
	Es isst gerade keinen Apfel.		It isn't (not) eating an apple at the moment.
	Isst es gerade einen Apfel? Ja. Nein.		Is it eating an apple at the moment? Yes, it is. No, it isn't.
Mehrzahl			**Plural**
1.	Wir essen gerade einen Apfel.		We're (are) eating an apple at the moment.
	Wir essen gerade keinen Apfel.		We aren't (not) eating an apple at the moment.
	Essen wir gerade einen Apfel? Ja. Nein.		Are we eating an apple at the moment? Yes, we are. No, we aren't.
2.	Ihr esst (Sie essen) gerade einen Apfel.		You're (are) eating an apple at the moment.
	Ihr esst gerade keinen Apfel.		You aren't (not) eating an apple at the moment.
	Esst ihr gerade einen Apfel? Ja. Nein.		Are you eating an apple at the moment? Yes, we are. No, we aren't.
3.	Sie essen gerade einen Apfel.		They're (are) eating an apple at the moment.
	Sie essen gerade keinen Apfel.		They aren't (not) eating an apple at the moment.
	Essen sie gerade einen Apfel? Ja. Nein.		Are they eating an apple at the moment? Yes, they are. No, they aren't.
f.	**Satzbau**		**word order**
1.	**Worte der Häufigkeit**	=	**words of frequency**
	Immer, nie, so gut wie nie, manchmal, gelegentlich, häufig/oft	=	always, never, hardly ever, sometimes, occasionally, often
	Ich gehe **normalerweise** um 10 ins Bett.	=	I **normally** go to bed at 10.
	Ich bin **normalerweise** um 10 im Bett.	=	I am **normally** in bed at 10.
	Ich kann nicht **immer** am Wochenende arbeiten.	=	I can't **always** work at the weekend.
	Ich werde es **nie wieder** machen.	=	I will **never** do it again.
	Ich war **noch nie** in Island.	=	I have **never** been to Iceland **before**.
2.	**Zeitangaben**		**specific times**
	Ich arbeite **jede Woche** in München.	=	I work in Munich **every week**.
oder	**Jede Woche** arbeite ich in München.	=	**Every week** I work in Munich.
	Ich arbeite **heute** in München.	=	I'm working in Munich **today**.
oder	**Heute** arbeite ich in München.	=	**Today** I'm working in Munich.
	Ich habe **gestern** in München gearbeitet.	=	I worked in Munich **yesterday**.
oder	**Gestern** habe ich in München gearbeitet.	=	**Yesterday** I worked in Munich.

Übung 31	Practice 31
1. Wie heißen Sie? → Schön, Sie kennen zu lernen.	What ___ your name? → Nice to meet you.
2. Sind Sie verheiratet?	____ you ________?
3. Wo wohnen Sie?	Where ___ you _____ ?
4. Wo kommen Sie her?	Where ___ you _____ from?
5. Was machen Sie beruflich? Ich bin …	What ___ you ___ for a living? I am a …
6. Wo arbeiten Sie?	Where ___ you work?
7. Bei wem/für wen arbeiten Sie?	Who ___ you work for?
8. Wann stehen Sie jeden Tag auf?	When ___ you ____ ___ every day?
9. Was machen Sie in Ihrer Freizeit?	What ___ you ___ in your free time?
10. Was machen Sie an den Wochenenden?	What ___ you ___ at the weekends?
11. Spielen Sie ein Instrument?	___ you ____ a musical instrument?
12. Mögen Sie Fußball?	___ you ____ football?
13. Was ist deine Lieblingsmannschaft?	What ___ your favourite team?
14. Sie können ruhig du zu mir sagen.	______ _______ to call me (your first name).
Umschalten: have past	
15. Seit wann bist du ein Fan von ManUnited?	How long _____ you ____ a ManUnited fan?
Umschalten: Grundsatz	
16. Lesen Sie gerne?	___ you like ________ ?
17. Was für Bücher liest du?	What kind of books ____ you ____?
Umschalten: Gegenwart	
18. Was liest du zurzeit?	What ____ you __________ at the moment?
Umschalten: grundsätzlicher Zustand	
19. Worum geht es in dem Buch?	What _____ the book about?
Umschalten: Gegenwart	
20. Was machen Sie zurzeit in der Arbeit?	What ____ you _______ at work at the moment?
21. Wir denken daran zu expandieren.	We ____ _________ about expanding.
22. Wir überlegen zu expandieren.	We ____ _________ about expanding.
23. Wir schauen uns zurzeit ein neues Büro an.	We ____ _________ at a new office at the moment.
Umschalten: Grundsatz	
24. Meinst du, es ist eine gute Zeit, um zu expandieren?	____ you _______ it is a good time to expand?
Umschalten: Zukunft	
25. Wann gehst du heute nach Hause?	When ____ you ______ home today?
26. Magst du mit uns fahren?	___ you _____ to go with us?
27. Wir fahren in deine Richtung.	We ____ _________ in your direction.
28. Wir fahren in die Stadt.	We ____ _________ into town.

8.2. Zukunft: I will do or I am going to do

1. I will do

a. Prognose	
Vielleicht werde ich mir einen Audi **kaufen**.	**Perhaps/Maybe I will** buy an Audi.
Ich denke, ManUnited wird den Titel **gewinnen**.	**I think** ManUnited **will** win the title.
Ich bin **wahrscheinlich** um 19 Uhr da.	I **will probably** be there at 7 pm.
b. Abmachung/Entscheidung	
Wir sehen uns morgen.	I **will** see you tomorrow.
Ich verspreche, ich rufe dich morgen an.	I promise I **will** call you tomorrow.
Ich schicke es mit der Post.	I **will** send it by post.
Er wird nächste Woche in München sein, um dir zu helfen.	He **will be** in Munich next week to help you.
c. spontane Entscheidung/spontane Entscheidung fordern	
Ich gehe zum Mittagessen. →Ich komme mit.	I'm going to lunch. →**I will** join you.
Ich gehe zum Mittagessen. Kommst du mit?	I'm going to lunch. **Will** you join me?
Soll ich das wegschmeißen? → Ja. Nein.	Shall I throw it away? Yes, you can. No, don't.
d. zwingen	
Sie machen, was ich sage.	You **will** do as I say.
e. Verb	**Verb**
Einzahl	**Singular**
1. Ich esse gleich einen Apfel.	I'll (will) eat an apple now.
Ich esse gleich keinen Apfel.	I won't (will not) eat an apple now.
Esse ich gleich einen Apfel? → Ja. Nein.	Will I eat an apple now? Yes, I will. No, I won't (will not).
2. Du isst (Sie essen) gleich einen Apfel.	You'll (will) eat an apple now.
Du isst gleich keinen Apfel.	You won't (will not) eat an apple now.
Isst du gleich einen Apfel? → Ja. Nein.	Will you eat an apple now? Yes, I will. No, I won't (will not).
3. Er isst gleich einen Apfel.	He'll eat an apple now.
Er isst gleich keinen Apfel.	He won't (will not) eat an apple now.
Isst er gleich einen Apfel? → Ja. Nein.	Will he eat an apple now? Yes, he will. No, he won't (will not).
3. Sie isst gleich einen Apfel.	She'll (will) eat an apple now.
Sie isst gleich keinen Apfel.	She won't (will not) eat an apple now.
Isst sie gleich einen Apfel? → Ja. Nein.	Will she eat an apple now? Yes, she will. No, he won't (will not).
3. Es isst gleich einen Apfel.	It'll (will) eat an apple now.
Es isst gleich keinen Apfel.	It won't (will not) eat an apple now.
Isst es gleich einen Apfel? → Ja. Nein.	Will it eat an apple now? Yes, it will. No, it won't (will not).
Mehrzahl	**Plural**
1. Wir essen gleich einen Apfel.	We'll (will) eat an apple now.
Wir essen gleich keinen Apfel.	We won't (will not) eat an apple now.
Essen wir gleich einen Apfel? → Ja. Nein.	Will we eat an apple now? Yes, we will. No, we won't (will not).

2. Ihr esst (Sie essen) gleich einen Apfel.	You'll (will) eat an apple now.
Ihr esst gleich keinen Apfel.	You won't (will not) eat an apple now.
Esst ihr gleich einen Apfel? Ja. Nein.	Will you eat an apple now? Yes, we will. No, we won't (will not).
3. Sie essen gleich einen Apfel.	They'll (will) eat an apple now.
Sie essen gleich keinen Apfel.	They won't (will not) eat an apple now.
Essen sie gleich einen Apfel? Ja. Nein.	Will they eat an apple now? Yes, they will. No, they won't (will not).
⚠ 1. **wollen**	
Mein Auto **will** nicht **anspringen**.	My car **will** not **start**.
2. **Alle Zeitpläne sind Grundsätze. Verspätungen nicht.**	
Wann fliegt das nächste Flugzeug nach Mallorca?	When **does** the next plane **fly** to Majorca?
⚠ **Wichtig: mit Verspätung**	**Important: with a delay.**
Wann startet das Flugzeug nach Mallorca?	When **will** the next plane **leave to** Majorca?

2. I am going to do/I am doing

– **Informationsaustausch**

– **Mitteilung einer Entscheidung**

a. Was **machst du** am Wochenende?		What **are you going to do** this weekend?
→ **Ich fahre** in die Stadt.		**I am going to (gonna) drive** into town.
→ **Ich fahre** nicht in die Stadt.		**I am not going to (gonna) drive** into town.
b. Was **machst du** am Wochenende?		What **are you doing** this weekend?
→ Ich fahre in die Stadt.		I **am driving** into town this afternoon.
→ Ich fahre nicht in die Stadt.		**I am not driving** into town tomorrow.
c. **Schlüsselwörter**		**Key words: will do/am going to do**
demnächst, in nächster Zeit	=	in the near future
ab morgen, von nun an	=	from tomorrow onwards, from now on
bald, gleich	=	soon, in a few minutes
im Laufe der Zeit	=	somewhere down the line
nächste/diese Woche, Monat, Jahr	=	next/this week, month, year
jetzt (gleich)	=	now (event: any minute/time now)
morgen, übermorgen	=	tomorrow, the day after tomorrow
übernächste Woche, in zwei Wochen	=	the week after next, in two weeks
d. Verb		**Verb**
Einzahl		**Singular**
1. Ich esse zu Mittag einen Apfel.		I'm (am) going to eat an apple for lunch.
Ich esse zu Mittag keinen Apfel.		I'm (am) not going to eat an apple for lunch.
Esse ich zu Mittag einen Apfel?		Am I going to eat an apple for lunch?
Ja. Nein.		Yes, I am. No, I am not.
2. Du isst (Sie essen) zu Mittag einen Apfel.		You're (are) going to eat an apple for lunch.
Du isst zu Mittag keinen Apfel.		You're (are) not going to eat an apple for lunch.
Isst du zu Mittag einen Apfel?		Are you going to eat an apple for lunch?
Ja. Nein.		Yes, I am. No, I am not.
3. Er isst zu Mittag einen Apfel.		He's (is) going to eat an apple for lunch.
Er isst zu Mittag keinen Apfel.		He isn't (not) going to eat an apple for lunch.
Isst er zu Mittag einen Apfel?		Is he going to eat an apple for lunch?
Ja. Nein.		Yes, he is. No, he isn't.

3. Sie isst zu Mittag einen Apfel.	She's (is) going to eat an apple for lunch.
Sie isst zu Mittag keinen Apfel.	She isn't (not) going to eat an apple for lunch.
Isst sie zu Mittag einen Apfel?	Is she going to eat an apple for lunch?
Ja. Nein.	Yes, she is. No, he isn't.
3. Es isst zu Mittag einen Apfel.	It's (is) going to eat an apple for lunch.
Es isst zu Mittag keinen Apfel.	It isn't (not) going to eat an apple for lunch.
Isst es zu Mittag einen Apfel?	Is it going to eat an apple for lunch?
Ja. Nein.	Yes, it is. No, it isn't.
Mehrzahl	**Plural**
1. Wir essen zu Mittag einen Apfel.	We're (are) going to eat an apple for lunch.
Wir essen zu Mittag keinen Apfel.	We aren't (not) going to eat an apple for lunch.
Essen wir zu Mittag einen Apfel?	Are we going to eat an apple for lunch?
Ja. Nein.	Yes, we are. No, we aren't.
2. Ihr esst (Sie essen) zu Mittag einen Apfel.	You're (are) going to eat an apple for lunch.
Ihr esst zu Mittag keinen Apfel.	You aren't (not) going to eat an apple for lunch.
Esst ihr zu Mittag einen Apfel?	Are you going to eat an apple for lunch?
Ja. Nein.	Yes, we are. No, we aren't.
3. Sie essen zu Mittag einen Apfel.	They're (are) going to eat an apple for lunch.
Sie essen zu Mittag keinen Apfel.	They aren't (not) going to eat an apple for lunch.
Essen sie zu Mittag einen Apfel?	Are they going to eat an apple for lunch?
Ja. Nein.	Yes, they are. No, they aren't.
⚠ 1. Ich esse zu Mittag einen Apfel.	I'm (am) **gonna** eat an apple for lunch.
2. Ich esse zu Mittag einen Apfel.	I'm (am) **eating** an apple for lunch.
e. Die dynamische ing-Form	
1. Verb ⇒ Nomen	
Laufen ⇒ das Laufen	to run ⇒ running
Zu meinen Hobbys zählt Golfspielen.	My hobbies include ***playing*** golf.
2. Verb + Präposition + ing	
about	
Wir denken daran, zu expandieren.	We're thinking ***about*** **expanding**.
Es geht darum, der Beste zu sein.	It's all **about** ***being*** the best.
Ich träume davon, für ManU zu spielen.	I dream **about, of** ***playing*** for ManUnited.
after	
Nach China fliege ich weiter nach Hongkong.	**After** flying to China I'm going to fly on to Hong Kong.
Nachdem wir gegessen haben …	After ***eating*** …
against	
Ich bin dagegen, dass wir expandieren.	I'm **against** ***expanding***.
as	
Bei strömendem Regen rauszugehen ist das Gleiche, wie sich unter die Dusche zu stellen.	Going out in the pouring rain is the same **as** ***taking*** a shower.
at	
Er ist gut/schlecht im Verhandeln.	He is good/bad **at** ***negotiating***.
before	
Bevor ich zur Arbeit gehe, trinke ich immer eine Tasse Kaffee.	**Before** ***going to work*** I always drink a cup of coffee.
Bevor wir essen, beten wir immer.	Before ***eating*** we always pray.

by	
Ich lösche meinen Durst, indem ich viel Wasser trinke.	I quench my thirst **by *drinking*** a lot of water.
for	
Ich bin ganz dafür, dass wir eine Kreuzfahrt machen.	I'm all **for *going*** on a cruise.
Ich bedanke mich dafür, dass du uns geholfen hast.	Thank you **for *helping*** us.
from	
Er konnte sie nicht daran hindern/davon abhalten, abzusteigen.	He couldn't prevent/stop them **from *being*** relegated.
in	
Wir sind daran interessiert, mit Ihnen zu arbeiten.	We are interested **in *working*** with you.
Es ist uns gelungen, ihn zu überreden.	We succeeded **in *persuading*** him.
like	
Ich habe Lust, ein Radler zu trinken.	I feel **like** (**fancy**) ***drinking*/*having*** a shandy.
on	
Sie sollen weiterarbeiten.	They should **carry on *working***.
off	
Wir können es nicht ewig verschieben, eine Entscheidung zu treffen.	We can't **put off** forever ***making*** a decision.
than	
Es ist besser, als draußen zu arbeiten.	It's better **than *working*** outside.
to	
Wir freuen uns darauf, Sie kennenzulernen.	We are looking forward **to *meeting*** you.
Zu und um … zu sind auch Bindewörter	
 Es ist schön, Sie kennenzulernen.	It's nice to meet you.
Sie hat angehalten, um mit mir zu reden.	She stopped (in order) to talk to me.
up	
Wir sind zum Schluss in einer Disco gelandet.	We ended **up *going*** to a disco.
while	
Er unterbricht mich ständig, während ich rede.	He always interrupts me **while *I am talking***.
Er hat sich beim Skifahren ein Bein gebrochen.	He broke a leg **while** (he was) ***skiing***.
Es lohnt sich, Englisch zu lernen.	It's worth(-while) ***learning*** English.
without	
Können wir nach Amerika fliegen, ohne in Frankfurt zu landen?	Can we fly to America **without *landing*** in Frankfurt?
3. Verb + ing	
Ich spreche gerne Englisch.	I like ***speaking*** English.
Ich liebe, genieße, hasse Radfahren.	I love, enjoy, hate ***cycling***.
Viel Spaß beim Englisch lernen.	Have fun ***learning*** English.
Hast du etwas dagegen/Macht es dir etwas aus, eine Stunde später zu kommen?	Do you mind ***coming*** an hour later?
Hör auf, zu quatschen.	Stop ***chatting***.
4. Ort + Handlung	
Ich bin in der Küche und mache einen Kaffee.	I'm in the kitchen ***making*** a coffee.
4. Die ganze Zeit: Zukunft	
Ich arbeite die ganze nächste Woche an …	I will be ***working*** on … for the whole of next week.

Übung 32	Practice 32
Fall A: Wunsch	
1. Ich möchte nach Südafrika fahren. – Ich schlage vor, wir gehen nach Südafrika.	I _____ _____ __ go to South Africa. I _________ we go to South Africa.
Prognose	
2. Ich denke, ich fliege nach Südafrika.	I think I ____ fly to South Africa.
Entscheidung	
3. Ich fliege nach Südafrika.	I ____ fly to South Africa.
Mitteilung einer schon getroffenen Entscheidung	
4. Ich fliege nach Südafrika.	I __ _____ to fly to South Africa.
Fall B: Informationsaustausch	
5. Was machst du morgen?	What ____ ___ ______ to do tomorrow?
Mitteilung einer schon getroffenen Entscheidung	
6. Ich gehe in die Stadt.	I __ ______ __ go into town.
oder Meinung:	
7. Ich weiß es nicht.	I ___'_ know.
Prognosen	
8. Ich werde morgen wahrscheinlich in die Stadt fahren.	I ____ probably go into town tomorrow.
Fall C: Informationsaustausch	
9. Mit wem isst du heute zu Mittag?	Who ____ you ______ to have lunch with today?
10. Ich treffe mich mit Carl zum Mittagessen.	I __ _____ __ meet Carl for lunch.
Prognose	
11. Ich werde ungefähr um 11.30 Uhr da sein.	I ____ be there at around 11.30.
Spontane Entscheidung	
12. Ich komme mit.	I ____ join you.
Fall D: Reisen – Informationen über Zeitpläne stehen immer in der Grundform	
13. Wann fährt der nächste Zug nach München?	When ______ the next train ___ to Munich?
14. Der nächste Zug fährt um 10.30 Uhr. → Es gibt eine Verspätung.	The next train _______ at 10.30 am. There is a delay.
15. Der Zug fährt ungefähr um 10.45 Uhr.	The train _____ _________ at about 10.45.
Jetzt entscheiden Sie.	**Now you decide.**
16. Ich fliege nächste Woche nach Hamburg. → Fliegen Sie mit?	
17. Mein Boss ist (voraussichtlich) nächste Woche in Barcelona.	
18. Wann gehst du zum Mittagessen? → Um zwölf. → OK. Ich komme mit.	
19. Was glaubst du, wer die Meisterschaft gewinnt? – Ich drücke deinem Team die Daumen.	
20. Wir sehen uns morgen früh um sieben. → Ich treffe mich morgen um sieben mit einem Freund.	
21. Ich freue mich darauf, zu joggen.	

8.3. Befehlsform/Aufforderung: Do it!

In Englisch gibt es keine direkte „Sie"-Form. Auch bei der Befehlsform gibt es keinen Unterschied:

1.	**Aufbau: 1. Spalte ohne „to"**		
	Geh/Gehen Sie den Flur entlang.	=	**Go** along the corridor.
	Nimm dir/Nehmen Sie sich bitte Zeit.	=	Please, **take** your time.
	Hör zu! / Hören Sie zu!	=	**Listen** up!
	Nimm/Nehmen Sie bitte Platz.	=	Please **take** a seat.
	Denk mal, was wir machen könnten ...	=	**Just think** what we could do ...
	Pass auf! Pass auf dich auf. Pass auf.	=	**Watch out**! **Take care** (of yourself). Listen.
	Pass auf die Kinder auf.	=	**Look after** the kids.
2.	**Verneinung: Don't + 1. Spalte ohne „to"**		
	Mach es nicht, es sei denn, du bist 100 % sicher.	=	***Don't* do** it unless you are 100% sure.
	Hören Sie auf, mich zu ärgern.	=	Stop annoying/bugging me.
	Übertreibe/Übertreiben Sie es nicht.	=	***Don't* overdo** it. / ***Don't* exaggerate**.
	Machen Sie das nie wieder.	=	***Don't ever*** do that ***again***. / ***Never do*** that again.
	Stecken Sie Ihren Finger nie in den Reißwolf.	=	**Never** insert your fingers into the shredder.
3.	**Du/Sie als Befehl**		
	Du ... warte mal ab! Du ... setzt dich.	=	**You ...** just wait and see! You ... sit down.
	Du isst, was auf den Tisch kommt.	=	**You** eat what is put in front of you.
	Du gehst sofort ins Bett.	=	**You** ... **go** straight to bed now!
	Jetzt entscheiden Sie.	=	**Now you decide.**
4.	**„*Have*" ist *etwas zum Durchführen***		
	Einen schönen Tag noch.	=	***Have*** a nice day.
	Mach eine Pause. Iss ein KitKat.	=	***Have*** a break. ***Have*** a KitKat.
	Gute Fahrt! Gute Heimreise! Fahr vorsichtig!	=	***Have*** a good trip. Get home safely. Drive carefully.
5.	**Sofort ...**		
	Geh und schau dir bei Saturn die Fernseher an.	=	***Go and have*** a look at the TV's at Saturn.
	jetzt (gleich), sofort	=	**now, right now**
	sofort (auf einmal = all at once)	=	**at once, immediately, here and now**
6.	**Wenn es quasi kein Befehl ist, kommt „can/could" dazu:**		
	Leihen Sie mir 10 Euro!	=	Lend me 10 euros!
→	**Leihen Sie** mir bitte 10 Euro?	→	**Can/Could** you lend me 10 euros please?
–	**Buchstabieren Sie das bitte.**	=	**Can/Could** you spell that please?
	Fahr zu!	=	Drive faster!
→	**Fahr du**, bitte.	→	Please, **can/could** you drive.
7.	**Bis morgen! Gesundheit! Gute Besserung!**		**See you tomorrow. Bless you. Get better soon.**
8.	**Gear changing: Rate mal ...**		
	Raten Sie mal, was, wo, wann ...	=	**Guess what, where, when ...**
	Rate mal, was wir jeden Tag machen.	=	Guess what **we do** everyday.
	Rate mal, was wir gerade machen.	=	Guess what *we are doing* now.
	Rate mal, was wir morgen machen.	=	Guess what *we are going to do* tomorrow.
	Rate mal, was wir für ihren Geburtstag gekauft haben.	=	Guess what *we have bought* for her birthday.
	Rate mal, was wir gestern getan haben.	=	**Guess what** *we did* yesterday.
9.	**wehe**		
	Wehe, du lädst sie ein. (Wage es nicht)	=	**Don't you dare** invite them.

10. Gangschaltung		
Sagen Sie mir, wie Sie es tun.	=	Tell me/Can you tell me how you do it.
Sagen Sie mir, wie Sie es tun werden.	=	Tell me how you are going to do it.
Sagen Sie mir, wie Sie es bis jetzt getan haben.	=	Tell me how you have done it so far.
Sagen Sie mir, wie Sie es taten.	=	Tell me how you did it.
⚠ Sag nicht, dass ich euch nicht gefragt hätte.	=	Don't say I didn't ask you.
Sag nicht, dass ich euch nicht gewarnt hätte.	=	Don't say I didn't warn you.
Sag nicht, dass ich es euch nicht gesagt hätte.	=	Don't say I didn't tell you.
11. Mildere Formen		
a. Bitte bleiben Sie angeschnallt.	=	Please keep your safety belts on.
	=	**Can I ask you to** keep your safety belt on?
	=	**I would ask you to** keep your safety belt on.
b. Gehen wir? (Lasst uns gehen!)	=	**Shall we** go? **Let's** go!
→ Machen Sie bitte Schluss für heute.	→	Please **let's** finish for the day.
c. Wollen wir gehen?	=	**Shall** we go? **Let's** go.
d. Sie sollen/sollten es machen.	=	You should do it.
Sie sollten es eigentlich machen.	=	You're supposed to do it.
12. Aus einer Beziehung		
a. Die Kontrollform		
Christian, hast du schon den Rasen gemäht?	=	Christian, have you cut the lawn yet?
b. Die verständnisvolle Form		
Sebastian, unser Rasen muss gemäht werden.	=	Sebastian, our lawn needs cutting.
c. Die Ritterform		
Ich habe noch viel zu tun. Ich muss noch den Rasen mähen.	=	I still have a lot to do. I still have to mow the lawn.
→ Nein, Schatz. Lass mich es tun.	→	No, darling. Let me do it.
d. Die „Royal We"-Form		
Wir müssen am Wochenende den Rasen mähen.	=	***We have to*** mow the lawn this weekend.
e. Die offensichtliche Form		
Ich bin sicher, dass du beim Rasenmähen keine Hilfe brauchst.	=	I'm sure you don't need any help mowing the lawn.
f. Die Wunschform		
Möchtest du mir im Garten helfen?	=	Would you like to help me in the garden?
Du wolltest den Rasen mähen.	=	You wanted to mow the lawn.
Man mäht den Rasen am Wochenende.	=	One mows the lawn at the weekend.
Wir brauchen Wasser, Schatz.	=	We need water, darling.
Ah, du kannst den Müll mit runternehmen.	=	While you're at it you could take the rubbish out.
g. Die Erinnerungsform		
Wolltest du nicht den Rasen mähen?	=	Didn't you want to mow the lawn?
h. Die Passivform		
Der Rasen muss am Wochenende gemäht werden.	=	The lawn must be mowed this weekend.

Übung 33	Practice 33
1. Gehen Sie bitte in mein Büro.	Please _____ into my office.
2. Können Sie mir sagen, wie ich zum Büro von Herrn Bräu komme? – Ja, klar. Gehen Sie durch die Drehtür. Biegen Sie links ab und gehen Sie den Flur entlang. Gehen Sie die Treppe hinauf. Sein Büro ist am Ende des Flurs auf der linken Seite.	Could you tell me how to get to Mr. Bräu's office? Yes, of course. ___ _________ the revolving door. _____ _____ and ___ ________ the corridor. ___ __________. His office is ___ the end of the corridor ___ the ______ (______ _____).
3. Rate mal, welchen Film wir uns heute anschauen. → Los, sag's mir!	________ ________ film we are going to watch this evening? ________ ____, ________ _____.
4. Schaut euch die Rückseite an.	________ at the __________ ________.
5. Hau ab! Geh zum Teufel!	________ ____. ______ to hell.
6. Bis morgen.	______ _____ _____________.
7. Einen schönen Tag noch. → Ihnen/Dir auch. Ebenso.	________ __ ______ _____. You, too. Likewise.
8. Geh nicht aufs Eis. Es ist zu dünn.	______ ____ on the ice. It is too thin.
9. Lasst uns spazieren gehen.	________ _____ for a walk.
10. Los, steh auf, du Schlafmütze.	Come on. ______ ___ you sleepy head.
11. Lass mich in Ruhe.	___________ ____ alone.
12. Um Wasser zu kochen, machen Sie Folgendes:	In order to boil water _____ the following:
a. Nehmen Sie den Wasserkocher vom Standfuß.	______ the kettle off the stand.
b. Machen Sie den Deckel auf.	______ the lid.
c. Kontrollieren Sie, wie viel Wasser enthalten ist.	______ how much water is in it.
d. Füllen Sie den Wasserkocher bis zum nötigen Füllstand auf.	______ the kettle to the required level.
e. Setzen Sie den Wasserkocher auf den Standfuß zurück.	_____ the kettle ______ on the stand.
f. Stecken Sie den Stecker in die Steckdose.	________ the kettle ___.
g. Schalten Sie ihn ein.	__________ it ____.
h. Der Wasserkocher schaltet sich automatisch aus.	The kettle __________ _______ off automatically.
i. Nehmen Sie den Wasserkocher vom Standfuß, bevor Sie das Wasser ausgießen.	_______ the kettle from the stand before ___________ the water.
13. Fangen Sie bitte an.	Please ____ ________ and ________.
14. Machen Sie bitte weiter.	Please ____ ____ / _____________.
15. Denk daran, dass wir Wasser brauchen.	_____ ___________ we need water.
16. Wundern Sie sich nicht, wenn es nicht funktioniert.	______ ___ ______________ if it doesn't work.
17. Mach die Musik lauter.	__________ the music ___.
18. Grüßen Sie ihn schön von mir.	________ him my best regards.

9. Der Zeit Form geben – Gangschaltung II
Gear changing II

9.1. Haben gemacht	Have done or did do
1. Gegenwärtige Vergangenheit	the *have/has done* past
Die gegenwärtige Vergangenheit ist a. eine Art von Kontrolle oder Statusabfrage, ist änderbar und wird immer mit der nächsten Handlung verbunden oder ist b. ohne eine bestimmte Zeitangabe.	
a. Hast du dein Zimmer **schon** aufgeräumt?	Have you tidied your room **yet**?
Nein. Ich mache es nach dem Mittagessen.	No, I haven't. I will do it after lunch.
Hast du meine Brille gesehen? Ich suche sie.	Have you seen my glasses? I'm looking for them.
b. Ich habe alles neu organisiert, und nun läuft es rund.	I have reorganized everything and now it is running properly.
Schlüsselwörter	**Key words**
1. Was haben wir dieses Jahr bis jetzt gemacht?	What have we done **so far** this year?
2. Wir haben schon vieles gemacht. – Haben Sie schon den Bericht gelesen?	We have done a lot **already**. Have you read the report **yet**?
3. Noch nicht.	**Not yet**.
4. Ich habe gerade angefangen. – Wo kommst du gerade her?	I have **just** begun. Where have you **just** come from?
5. Warst du jemals auf dem Oktoberfest? → Nein. Ich war noch nie da.	Have you ever been to the Oktoberfest? No. I **haven't** been there **before**.
6. Das Ereignis liegt in der Zukunft: – Wie viele Leute haben Sie zu der nächsten Sitzung eingeladen?	**The event is in the future:** How many people have you invited to the **next meeting**?
7. Seit wann arbeiten Sie bei EADS? (Handlung) Wie lange arbeiten Sie schon bei EADS?	**How long have** you worked for EADS? (normal) How long have you been working for EADS? (dynamic)
Seit wann kennst du sie? (Tatsache) → Seit über acht Jahren. Seit wann? Seit 2001.	How long have you known her? For over eight years. Since when? Since 2001.
8. Seitdem wir zusammen arbeiten …	(Ever) **Since** we have been working together …
9. Seitdem/Seither haben wir sie nicht mehr gesehen.	**Since then** we haven't seen her anymore.
10. So lange ich hierherkomme … So lange ich ihn kenne …	**As long as** I have been coming here … **As long as** I have known him …
⚠ **Wichtig: When ist niemals mit have/has verbunden**	
Wann haben Sie angefangen?	When did you start?
Das Verb	**The verb**
Einzahl	**Singular**
1. Ich habe gerade einen Apfel gegessen.	I've (have) just eaten an apple.
Ich habe gerade keinen Apfel gegessen.	I haven't (not) just eaten an apple.
Habe ich gerade einen Apfel gegessen?	Have I just eaten an apple?
Ja. Nein.	Yes, I have. No, I haven't.
2. Du hast gerade einen Apfel gegessen.	You've (have) just eaten an apple.
Sie haben gerade einen Apfel gegessen.	You've (have) just eaten an apple.
Du hast gerade keinen Apfel gegessen.	You haven't (not) just eaten an apple.
Hast du gerade einen Apfel gegessen?	Have you just eaten an apple?
Ja. Nein.	Yes, I have. No, I haven't.
3. Er hat gerade einen Apfel gegessen.	He's (has) just eaten an apple.
Er hat gerade keinen Apfel gegessen.	He hasn't (not) just eaten an apple.

Hat er gerade einen Apfel gegessen?	Has he just eaten an apple?
Ja. Nein.	Yes, he has. No, he hasn't.
3. Sie hat gerade einen Apfel gegessen.	She's (has) just eaten an apple.
Sie hat gerade keinen Apfel gegessen.	She hasn't (not) just eaten an apple.
Hat sie gerade einen Apfel gegessen?	Has she just eaten an apple?
Ja. Nein.	Yes, she has. No, she hasn't.
3. Es hat gerade einen Apfel gegessen.	It's (has) just eaten an apple.
Es hat gerade keinen Apfel gegessen.	It hasn't (not) just eaten an apple.
Hat es gerade einen Apfel gegessen?	Has it just eaten an apple?
Ja. Nein.	Yes, it has. No, it hasn't.
Mehrzahl	**Plural**
1. Wir haben gerade einen Apfel gegessen.	We've (have) just eaten an apple.
Wir haben gerade keinen Apfel gegessen.	We haven't (not) just eaten an apple.
Habe ich gerade einen Apfel gegessen?	Have we just eaten an apple?
Ja. Nein.	Yes, we have. No, we haven't.
2. Ihr habt gerade einen Apfel gegessen.	You've (have) just eaten an apple.
Sie haben gerade einen Apfel gegessen.	You've (have) just eaten an apple.
Ihr habt gerade keinen Apfel gegessen.	You haven't (not) just eaten an apple.
Habt ihr gerade einen Apfel gegessen?	Have you just eaten an apple?
3. Sie haben gerade einen Apfel gegessen.	They've (have) just eaten an apple.
Sie haben gerade keinen Apfel gegessen.	They haven't (not) just eaten an apple.
Haben sie gerade einen Apfel gegessen?	Have they just eaten an apple?
Ja. Nein.	Yes, they have. No, they haven't.

9.2. Die abgeschlossene Vergangenheit/The did do past

„Did do" ist a. eine Art Ausfragung, die nicht änderbar ist, weil alles zeitlich abgeschlossen ist, oder b. immer mit einer bestimmten Zeitangabe verbunden.

	Ich habe mein Portemonnaie verloren.	I have lost my wallet/purse.
→	Können Sie mir helfen? Ja, selbstverständlich.	Can you help me? Yes, of course.
a.	Wo haben Sie Ihr Portemonnaie zuletzt gesehen?	Where **did** you last see your wallet/purse?
b.	Ich habe es zuletzt gestern Abend gesehen.	I **saw** it last **yesterday evening**.

Wenn das Fragewort gleichzeitig das Subjekt ist, fällt das „did" weg.

Wer kam als Erstes zur Arbeit?	=	Who *came* to work first *today*?
Wer von euch hat mit ihm gesprochen?	=	Which of you *spoke* to him?
Was ist passiert?	=	What *happened*?
Welches Auto hatte eine Beule?	=	Which car *had* a dent?
Wessen Auto fuhr schneller?	=	Whose car *went/drove* faster?
Wie viele Leute arbeiteten hier?	=	How many people *worked* here?
Schlüsselwörter		**Key words**
Als ich jung war …	=	When I was young …
bevor	=	He took care of it before I arrived.
gestern, gestern Abend	=	yesterday, yesterday evening
im Laufe des Morgens, Nachmittags, Abends	=	earlier this morning, afternoon, evening
in der Vergangenheit	=	in the past, in years gone by
in der guten alten Zeit, damals	=	in the good old days, in those days
letzte Nacht, Woche, letzten Monat, letztes Jahr	=	last night, week, month, year
normalerweise, ab und zu, manchmal, nie	=	normally, now and again, sometimes, never
wie gewöhnlich, vor 2Tagen	=	as usual, two days ago

Das Verb	The Verb
Einzahl	**Singular**
1. Ich habe gestern einen Apfel gegessen.	I ate an apple yesterday.
Ich habe gestern keinen Apfel gegessen.	I didn't (not) eat an apple yesterday.
Habe ich gestern einen Apfel gegessen?	Did I eat an apple yesterday?
Ja. Nein.	Yes, I did. No, I didn't.
2. Du hast gestern einen Apfel gegessen.	You ate an apple yesterday.
Sie haben gestern einen Apfel gegessen.	You ate an apple yesterday.
Du hast gestern keinen Apfel gegessen.	You didn't (not) eat an apple yesterday.
Hast du gestern einen Apfel gegessen?	Did you eat an apple yesterday?
Ja. Nein.	Yes, I did. No, I didn't.
3. Er hat gestern einen Apfel gegessen.	He ate an apple yesterday.
Er hat gestern keinen Apfel gegessen.	He didn't eat an apple yesterday.
Hat er gestern einen Apfel gegessen?	Did he eat an apple yesterday?
Ja. Nein.	Yes, he did. No, he didn't.
3. Sie hat gestern einen Apfel gegessen.	She ate an apple yesterday.
Sie hat gestern keinen Apfel gegessen.	She didn't eat an apple yesterday.
Hat sie gestern einen Apfel gegessen?	Did she eat an apple yesterday?
Ja. Nein.	Yes, she did. No, she didn't.
3. Es hat gestern einen Apfel gegessen.	It ate an apple yesterday.
Es hat gestern keinen Apfel gegessen.	It didn't eat an apple yesterday.
Hat es gestern einen Apfel gegessen?	Did it eat an apple yesterday?
Ja. Nein.	Yes, it did. No, it didn't.
Mehrzahl	**Plural**
1. Wir haben gestern einen Apfel gegessen.	We ate an apple yesterday.
Wir haben gestern keinen Apfel gegessen.	We didn't (not) eat an apple yesterday.
Haben wir gestern einen Apfel gegessen?	Did we eat an apple yesterday?
Ja. Nein.	Yes, we did. No, we didn't.
2. Ihr habt gestern einen Apfel gegessen.	You ate an apple yesterday.
Sie haben gestern einen Apfel gegessen.	You ate an apple yesterday.
Ihr habt gestern keinen Apfel gegessen.	You didn't (not) eat an apple yesterday.
Habt ihr gestern einen Apfel gegessen?	Did you eat an apple yesterday?
Ja. Nein.	Yes, we did. No, we didn't.
3. Sie haben gestern einen Apfel gegessen.	They ate an apple yesterday.
Sie haben gestern keinen Apfel gegessen.	They didn't (not) eat an apple yesterday.
Haben sie gestern einen Apfel gegessen?	Did they eat an apple yesterday?
Ja. Nein.	Yes, they did. No, they didn't.
Hochdeutsch ist wie Englisch	
1. Ich aß gestern einen Apfel.	I ate an apple yesterday.
2. Du aßest gestern einen Apfel.	You ate an apple yesterday.
3. Er aß gestern einen Apfel.	He ate an apple yesterday.
3. Sie aß gestern einen Apfel.	She ate an apple yesterday.
3. Es aß gestern einen Apfel.	It ate an apple yesterday.
1. Wir aßen gestern einen Apfel.	We ate an apple yesterday
2. Ihr aßet gestern einen Apfel.	You ate an apple yesterday.
3. Sie aßen gestern einen Apfel.	They ate an apple yesterday.

waren (die ganze Zeit)	was, were (the whole time)
Einzahl	**Singular**
1. Ich war gestern bei EADS.	I was at EADS yesterday.
Ich war gestern nicht bei EADS.	I wasn't (not) at EADS yesterday.
War ich gestern bei EADS?	Was I at EADS yesterday?
Ja. Nein.	Yes, I was. No, I wasn't.
2. Du warst gestern bei EADS.	You were at EADS yesterday.
Sie waren gestern bei EADS.	You were at EADS yesterday.
Du warst gestern nicht bei EADS.	You weren't (not) at EADS yesterday.
Warst du gestern bei EADS?	Were you at EADS yesterday?
Ja. Nein.	Yes, I was. No, I wasn't.
3. Er war gestern bei EADS.	He was at EADS yesterday.
Er war gestern nicht bei EADS.	He wasn't (not) at EADS yesterday.
War er gestern bei EADS?	Was he at EADS yesterday?
Ja. Nein.	Yes, he was. No, he wasn't.
3. Sie war gestern bei EADS.	She was at EADS yesterday.
Sie war gestern nicht bei EADS.	She wasn't (not) at EADS yesterday.
War sie gestern bei EADS?	Was she at EADS yesterday?
Ja. Nein.	Yes, she was. No, she wasn't.
3. Es war gestern bei EADS.	It was at EADS yesterday.
Es war gestern nicht bei EADS.	It wasn't (not) at EADS yesterday.
War es gestern bei EADS?	Was it at EADS yesterday?
Ja. Nein.	Yes, it was. No, it wasn't.
Mehrzahl	**Plural**
1. Wir waren gestern bei EADS.	We were at EADS yesterday.
Wir waren gestern nicht bei EADS.	We weren't (not) at EADS yesterday.
Waren wir gestern bei EADS?	Were we at EADS yesterday?
Ja. Nein.	Yes, we were. No, we weren't.
2. Ihr wart gestern bei EADS.	You were at EADS yesterday.
Sie waren gestern bei EADS.	You were at EADS yesterday.
Ihr wart gestern nicht bei EADS.	You weren't (not) at EADS yesterday.
Wart ihr gestern bei EADS?	Were you at EADS yesterday?
Ja. Nein.	Yes, we were. No, we weren't.
3. Sie waren gestern bei EADS.	They were at EADS yesterday.
Sie waren gestern nicht bei EADS.	They weren't (not) at EADS yesterday.
Waren sie gestern bei EADS?	Were they at EADS yesterday?
Ja. Nein.	Yes, they were. No, they weren't.
 a. **Waren Sie jemals in Paris?**	Have you ever been to Paris?
Sind Sie jemals in Paris gewesen?	Have you ever been to Paris?
 Waren Sie jemals in der DDR?	Were you ever in the GDR?
b. **Ganze Zeit/Kurze Zeit**	
Ich war den ganzen Tag in der Stadt.	I was in the city the whole day.
Ich war am Wochenende im Kino.	I went to the cinema at the weekend.
c. **heute, heute Morgen, heute Nachmittag**	**today, this morning, this afternoon**
1. abgeschlossen	
Was haben Sie heute Morgen gemacht?	What did you do this morning?

2. Zukunft	
Was machen Sie heute Morgen?	What are you doing this morning?
3. Am Laufen	
Was haben Sie heute Morgen bis jetzt gemacht?	What have you done so far this morning?

Übung 34	Practice 34
1. Wie viele Lieder hat Paul McCartney bis jetzt geschrieben?	How many songs ___ Paul McCartney _________ so far?
2. Wie viele Lieder hat er für die Beatles geschrieben?	How many songs ___ he _____ for the Beatles?
3. Wie viele Tore hat ManUnited in dieser Saison bis jetzt geschossen?	How many goals ____ ManUnited _____ so far this season?
4. Wie viele Tore hat ManUnited letzte Saison geschossen?	How many goals ____ ManUnited _____ last season?
5. Waren Sie jemals <u>in</u> Hamburg? → Ja.	_____ you ever _____ <u>to</u> Hamburg before? Yes, I _____.
6. Wann waren Sie zuletzt da?	When _____ you last there?
7. Wir sind fertig für heute. → Sie können jetzt nach Hause gehen. → Was haben wir heute im Training gemacht?	We ____ ________ for today. Now you can go home. What ___ we ____ in training today?
8. Wie viele Leute haben Sie zu dem Meeting nächste Woche eingeladen?	How many people _____ you _______ to the meeting next week?
9. Seit wann hast du dein Auto? → Seit zwei Jahren.	How long ____ you ____ your car? ____ about two years.
10. Wie lange hast du dein altes Auto gehabt? → Drei Jahre.	How long ____ you _____ your old car? ____ three years.
11. Seit wann spielen Sie Golf? (dynamisch) Seit wann spielen Sie Golf? (normal) → Seit ich acht bin.	How long ____ you ____ playing golf? How long ____ you _____ golf? _______ I ______ eight.
12. Was hast du letztes Wochenende gemacht? → Wir waren am Samstag einkaufen. → Was habt ihr sonst gemacht? → Wir waren im Kino. → Welchen Film habt ihr gesehen? → Wir haben uns „Batman" angeschaut. → Wir haben dort Freunde getroffen. → Wir sind nach dem Film in ein Café gegangen.	What ____ you ___ last weekend? We _____ __________ on Saturday. What else ____ you ___? We _____ to the cinema on Sunday. What film ____ you _______? We ________ "Batman". We ____ some friends there. We _____ to a café after the film.
13. Wo arbeiten Sie? → Ich arbeite bei EADS. Seit wann arbeiten Sie bei EADS? (normal) Seit wann arbeiten Sie bei EADS? (dynamisch) → Seit 2001 / Seit 9 Jahren.	Where do you work? I work for EADS. _____ _______ ______ you ______ at EADS? _____ _______ ______ you ______working at EADS? Since 2001 / For about 9 years.
14. Wann hast du angefangen, dort zu arbeiten? → Ich habe 2001 angefangen.	When ____ you _______ working there? I ________ in 2001.
15. Warst du jemals auf dem Oktoberfest? → Ja. Ich war letztes Jahr auf dem Oktoberfest.	_____ you ______ _____ to the Oktoberfest? Yeah. I ______ ____ the Oktoberfest last year.

9.2. Früher	used to do
1. *Früher*: Gewohnheiten, die nicht mehr bestehen.	
Ich habe ***früher*** in England gewohnt.	I ***used to*** live in England.
Ausgesprochen:	pronounced: I ***ust*** to live in England.
Ich habe ***früher*** Tennis gespielt.	I ***used to*** play tennis.
Früher: Uhrzeit	
Kannst du ein bisschen **früher** kommen?	Can you come a little **earlier**?
Früher: gelegentlich	
Früher haben wir es anders gemacht.	**In the past** we did things differently.
2. Die Frageform	
Wo hast du früher gewohnt?	Where did you use to live?
Wo hast du früher gewohnt?	Where used you to live?
Wo hast du vorher/davor gewohnt?	Where did you live before that?
3. Verneinung	
Mir haben Karotten früher nicht geschmeckt. Ich mochte Karotten früher nicht.	I didn't use to like carrots.
Mir haben Karotten früher nicht geschmeckt. Ich habe Karotten früher nie gemocht.	I used not to like carrots. I never used to like carrots.
4. Schlüsselwörter	
vor ein Paar Jahren, vor zehn Jahren	a few/couple of years ago, ten years ago
damals, in der guten alten Zeit	in those days, in the good old days
in den Siebzigern, in der damaligen Zeit	in the seventies, in former times
5. Vorsicht:	
a. Ich bin es gewöhnt, hart zu arbeiten.	I **am used to** working hard.
Ausgesprochen:	pronounced: I am ***ust*** to working hard.
Ich war es gewöhnt, hart zu arbeiten.	I **was used to** working hard.
b. Ich habe das Auto gestern benutzt.	I **used** that car yesterday.
Ausgesprochen:	Pronounced: I ***usd*** that car yesterday.
c. Früher oder später …, wie früher	**Sooner** or later …, like we used to do it
d. Sie werden sich bald daran gewöhnen, hier zu arbeiten.	You'll soon get used to working here.

Übung 35	Practice 35
1. Schau dir das Bild an. Ja. Ich hatte früher Haare so lang wie Björn Borg (damals hatte).	Look at this picture. Yeah. I ______ ___ have hair as long as Björn Borg had __ ______ _____.
2. Und das ist ein Mannschaftsbild von mir. → Ich habe früher die ganze Zeit Fußball gespielt. → Wir haben früher in der Pause, jeden Abend und an den Wochenenden gespielt.	And that is a team photo of mine. I _____ ___ play football the whole time. We _____ ___ play in the break, every evening and at the weekends.
3. Und das ist ein Bild von der St. Edmunds School. Dort habe ich früher gearbeitet.	And this is a picture of St. Edmund's School. I ______ ___ work there.
4. Das ist die Schule von Elke. Sie war früher eine Kaserne. Es gab früher eine Baracke dort.	That is Elke's school. It _____ ___ be a barracks. ________ _______ ___ __ a shack there.
5. Du trägst keine Brille auf diesem Bild. → Ja, früher habe ich keine Brille getragen.	You are not wearing glasses in this picture. Yeah, I ______ ______ __ wear glasses.
6. Hier ist ein Bild von meinem Papa. Er war früher bei der Armee.	Here is a picture of my daddy. He _____ ___ ___ in the army.
7. Wo hast du früher gewohnt?	Where did you ________ ___ live?

9.4. Zeitpunkt/Zeitraum did/was doing

a. Zeitpunkt: I met Elke in town *yesterday at three*.
b. Zeitraum um den Zeitpunkt herum: She was wearing jeans and a top.
Zeitraum um den Zeitpunkt herum: The weather was wonderful.

a. Was haben Sie letzte Woche gemacht? → Eine Liste	What did you do last week?
b. Was haben Sie heute vor einer Woche gemacht? → Eine Sache	What were you doing this time last week?
a. Was haben Sie heute Morgen gemacht? → Eine Liste	What did you do this morning?
b. Was haben Sie heute Morgen um etwa sechs gemacht? → Eine Sache	What were you doing at around six this morning?

Schlüsselwörter

a. während

Ich habe mit Carlos zu Mittag gegessen.	**I had (ate) lunch with Carlos today.**
In der Zeit, wo/während wir **gegessen haben**	***While*** we **were having** lunch
Während wir **im Restaurant waren**	***While*** we **were at the restaurant**
Während des Mittagessens … (Beim)	***During*** lunch …
→ sprach er von seinem Urlaub in Spanien.	→ he **talked about** his holiday in Spain.
⚠ Während sie Witze erzählten, habe ich die ganze Zeit gelacht.	While they were telling jokes I was laughing the whole time.

b. beim

Ich bin beim Skifahren hingefallen.	I fell over **while (I was) skiing**.

c. ständig/die ganze Zeit

1976 haben sie ständig vor der Gefahr gewarnt.	In 1976 they were **continuously** warning of the danger.
Wir waren den ganzen Vormittag einkaufen.	We were shopping **the whole morning**.
Wir waren den ganzen Samstag im Kino.	We were at the cinema **the whole of Saturday**.
⚠ Wir waren am Vormittag einkaufen.	We went shopping in the morning.
Wir waren am Samstag im Kino.	We went to the cinema on Saturday.

d. als

Ich duschte gerade, als das Telefon klingelte.	I was just showering **when/as** the phone rang.
Worüber habt ihr gesprochen, als ich reinkam?	What were you talking about **when/as** I came in?
Wir tranken Kaffee, als du anriefst. (Wir waren am Kaffeetrinken.)	We were drinking coffee **when** you called.
Wir fuhren auf der A9 entlang, als sich plötzlich vor mir ein Auto von der Autobahn drehte.	We were driving down the A9 motorway **when** suddenly a car span off the road in front of me.
Sie hat sich das Bein gebrochen, als sie ihr Zimmer gestrichen hat.	She broke her leg **when** she was painting her room.
Elke war damit beschäftigt ihre Hausaufgaben zu machen, als ich sie besuchte.	Elke was busy doing her home work when I visited here.
⚠ Elke war beschäftigt, als ich sie besuchte.	Elke was busy when I visited her.

e. bis

Wir haben geführt, bis sie ein Tor schossen.	We were leading **till** they scored a goal.

f. vor, bevor

Was habt ihr gemacht, bevor wir reinkamen?	What were you doing **before** we came in?

g.	**gerade**	
	Ich habe Marie und Henry gestern in der Stadt gesehen. Sie waren gerade beim Einkaufen.	I saw Marie and Henry in town yesterday. They were shopping.
h.	**um etwa ...**	
	Was haben Sie um etwa sechs Uhr gemacht?	What were you doing at around 6 am?
j.	**beim**	
	Wir waren beim Essen. (Wir haben gegessen.)	We were eating.

Übung 36	Practice 36
1. Gestern bin ich mit der Bahn nach Hause gefahren. Als ich angekommen bin, hat meine Frau auf mich gewartet.	Yesterday I ________ home by train. When I __________ my wife _____ _________ for me.
2. Wir sind um fünf nach Hause gefahren. Während wir nach Hause gefahren sind, haben wir bei Macdos angehalten, um zu essen.	We ________ home at 5. While we ______ __________ home we __________ at Macdo's to eat.
3. Ich war gerade dabei zu zahlen, als mein Handy klingelte. Mein Sohn wollte mit mir reden.	I _____ just about to pay when my mobile ______. My son _______ to _______ to me.
4. Ich habe ihm erzählt, dass wir gerade dabei waren zu essen und dass ich ihn nach dem Essen zurückrufen würde.	I _______ him (that) we ______ _____ ______ __ _____ and that I ________ ________ him ______ after our meal.
5. Während wir nach Hause gefahren sind, habe ich ihn zurückgerufen.	While we ______ _________ home I __________ him ________.
6. Gestern sind wir spazieren gegangen, als wir Alan getroffen haben. Er war unterwegs nach Ingolstadt.	Yesterday we ______ for a walk when we _____ Alan. He _____ on the way to Ingolstadt.
7. Gestern bin ich um den Baggersee gelaufen. Während ich gelaufen bin, habe ich viele Enten und Gänse gesehen.	Yesterday I _____ around the Baggersee. While I _____ ___________ I _____ many ducks and geese.
8. Es tut mir leid, dass ich nicht ans Telefon gegangen bin. Als du angerufen hast, war ich am Duschen.	I'm sorry (that) I _______ ________ the phone. When you _________ I _____ ___________.
9. Um wie viel Uhr ist die Post heute Morgen gekommen? Sie ist gekommen, während ich gefrühstückt habe.	What time ____ the post ________ this morning. It __________ while I _____ _________ breakfast.
10. Heute wurde ich von der Polizei angehalten. Wie schnell bist du gefahren, als du geblitzt wurdest?	I ______ stopped by the police today. How fast _______ you _________ when you _______ caught by the speed camera?
11. Gestern wollten wir Fußball spielen. Aber das Wetter war so schlecht, dass wir nicht gespielt haben.	Yesterday we _________ to play football. But the weather _____ so bad that we ________ _______.
12. Gestern habe ich meinen Schlüssel auf der Arbeit vergessen. Als ich nach Hause gekommen bin, habe ich bei unserem Nachbarn geklingelt. Während ich gewartet habe, hat es angefangen zu regnen. Gott sei Dank hatten sie einen Ersatzschlüssel.	Yesterday I ______ my key at work. When I _____ home I ______ the next door neighbour's bell. While I _____ __________ it ________ to ______. Thank God they _____ a spare key.
13. Etwas Lustiges ist mir passiert. Während ich nach Hause gelaufen bin, habe ich zufälligerweise Carl getroffen. Er hat mir einen neuen Witz erzählt.	Something funny ________ to me today. While I _____ _________ home I ______ into Carl. He ______ me a joke.

Vorsicht: Vorvergangenheit

Ich musste lachen, nachdem er mir den Witz erzählt hatte.	I couldn't help laughing after he _____ ________ me the joke

9.3. Die abgeschlossene Vergangenheit (the *did do* past)

→ die Vorvergangenheit (the *had done* past)

a. Eine Geschichte hat einen Anfang und einen Ablauf:

Wir gingen in die Stadt. Wir tranken Kaffee.	We went into the town. We drank some coffee.
Dann sind wir in ein Museum gegangen, →	Then we went to a museum, →

Wenn wir über das reden, was vorher passiert ist, benutzen wir die Vorvergangenheit:

→ wo wir niemals vorher gewesen waren.	→ where we had never been before.

b. Abgeschlossene Vergangenheit:

Ich trank gestern etwas Wein.	I drank some wine yesterday.
→ **Vorvergangenheit:**	
Ich hatte vorher noch nie so einen guten Wein getrunken.	I'd (had) never drunk such a good wine before. I'd ausgesprochen: I **ud** never …
Sie trank gestern etwas Wein.	She drank some wine yesterday.
Sie hatte vorher noch nie so einen guten Wein getrunken.	She'd (had) never drunk such a good wine before. She'd ausgesprochen: She **ud** never …

c. Abgeschlossene Vergangenheit:

Es hörte mittags auf zu regnen.	It stopped raining at midday.
→ **Vorvergangenheit: die ganze Zeit**	
Es hatte den ganzen Vormittag geregnet.	It had been raining the whole morning.

Vorsicht: keine Vorvergangenheit

Am Samstag hat es den ganzen Vormittag geregnet.	On Saturday it was raining the whole morning.
Es hat um Mittag aufgehört.	It stopped raining at midday.

d. Vorvergangenheit:

Das Punktspiel hatte begonnen,	**The match had started**
Abgeschlossene Vergangenheit:	
→ **bevor** wir ankamen/angekommen sind.	**before** we arrived.

e. Indirekte Rede

Ich dachte Sie sagten, dass	I thought (that) you said
→ Sie davor niemals dort **gewesen waren**.	→ you **had** never **been** there before.

f. Schlüsselwörter

noch nie vorher	never … before
gerade	just
weil … schon	because … already
dass	that
nachdem	after

g. Vorsicht: hatte, hatte gehabt

Hatten **ist abgeschlossen und** ***hatten gehabt*** **ist die Vorvergangenheit.**

1. Besitz

Abgeschlossene Vergangenheit

Ich *hatte* ein Cabriolet in den Achtzigern.	I *had* a convertible in the eighties.

Vorvergangenheit

→ Ich *hatte* vorher noch nie ein Cabriolet *gehabt*.	→ I *had* never *had* a convertible before.

Wieder: Abgeschlossene Vergangenheit

Wie lange *hattest* du es?	How long *did* you *have* it?
Wie lange hast du es gehabt?	
Ich *hatte* es nur ein Jahr.	I *had* it for only one year.

2. Vorgang	
Abgeschlossene Vergangenheit	
Ich *trank* gestern Wein.	I *had* some wine yesterday.
Vorvergangenheit	
→ Ich hatte vorher noch nie so einen guten Wein getrunken.	→ I *had* never *had* such a good wine before.

Übung 37	Practice 37
1. Ich wurde heute Nacht wach. Ich hörte ein Geräusch. Ich ging nach unten, um zu sehen, was passiert war.	I ______ up last night. I ______ a noise. I ____ downstairs to see what ___ ________.
2. Als ich ankam, hat Elke auf mich gewartet. Sie war leicht verärgert, weil sie über eine Stunde auf mich gewartet hatte.	When I got there Elke ___ _______ for me. She ____ slightly bugged because she ___ ____ ________ for me for over an hour.
3. Ich war traurig, als ich mein Auto verkauft habe. Ich hatte es über drei Jahre gehabt.	I ____ sad when I ______ my car. I _____ _____ it for over three years.
4. Gestern habe ich Tennis gespielt. Wir hatten eine halbe Stunde gespielt, als es angefangen hat zu regnen.	I ________ tennis yesterday. We ____ ______ _________ for half an hour when it ________ to rain.
5. Als wir nach Hause gekommen sind, haben wir festgestellt, dass irgendjemand in die Wohnung eingebrochen war.	When we _____ home we found that someone _____ broken into the flat.
6. Anna wollte nicht mit uns ins Kino gehen, weil sie den Film schon gesehen hatte.	Anna ______ ______ to go with us to the cinema because she _____ already _______ the film.
7. Zuerst dachte ich, dass ich das Richtige getan hätte.	At first I thought (that) I ____ ______ the right thing.
8. Der Mann, der neben mir gesessen hat, hatte Angst, weil er nie zuvor geflogen war.	The man who ____ _______ next to me _____ scared because he ____ never _______ before.
9. Ich bin letztes Jahr nach Nottingham zurückgefahren. Es war ganz anders. Vieles hatte sich geändert.	I ______ ______ to Nottingham last year. It ____ completely different. It ____ _________ a lot.
10. Wir sind gestern ins Kino gegangen. Wir waren zu spät. Leider hatte der Film schon angefangen.	We ______ to the cinema yesterday. We _____ late. Unfortunately the film ____ already ________.
11. Ich habe mich gestern mit Gustav, den ich seit Langem nicht mehr gesehen hatte, getroffen.	Yesterday I ______ Gustav who I _______ seen for a long time.
12. Das Haus war sehr ruhig, als ich nach Hause kam. Alle waren schon ins Bett gegangen.	The house ____ very quiet when I ___ home. Everyone _____ _______ to bed.
13. Wir sind 1991 zum ersten Mal nach Dänemark gefahren. Wir waren niemals vorher in einem skandinavischen Land gewesen.	We _____ to Denmark for the first time in 1991. We ____ never ______ to a Scandinavian country before.
14. Gestern hat Juliet mich angerufen. Ich war total überrascht. Sie hatte mich vorher noch nie angerufen.	Juliet ________ me yesterday. I ____ totally surprised. She _____ never ______ me before.
15. Letztes Jahr bin ich in die Toskana gefahren. Ich war vorher noch nie in Italien (gewesen).	Last year I ________ to Tuscany. I _____ never _____ to Italy before.
16. Wir haben einen Schnaps getrunken, nachdem wir gegessen hatten.	We ________ a schnapps after we _____ ________.

9.4. Die wichtigsten unregelmäßigen Verben/The key irregular verbs

1. **Deutsch / *Englisch***

anfangen, fing an, habe angefangen (anspringen)	to start, started, have started
ankommen, kam an, bin angekommen	*to get to, got to, have got to* (arrive)
aufstehen, stand auf, bin aufgestanden	*to get up, got up, have got up*
ausgeben, gab aus, habe ausgegeben (Geld)	*to spend, spent, have spent money*
aussteigen, stieg aus, bin ausgestiegen	*to get out, got out, have got out*
backen, backte, habe gebacken	to bake, baked, have baked
befehlen, befahl, habe befohlen – bestellen	to order, ordered, have ordered
beginnen, begann, habe begonnen	*to begin, began, have begun*
behalten, behielten, habe behalten	*to keep, kept, have kept*
beißen, biss, habe gebissen	*to bite, bit, have bitten*
bekommen, bekam, habe bekommen besorgen, holen, kaufen, verstehen, bringen, werden (passiv), gelangen/ankommen/kommen	*to get, got, have got* (receive)
bewegen, bewog, habe bewogen – umziehen	to move, moved, have moved
biegen, bog, ist/habe gebogen	*to bend, bent, is/have bent*
bieten, bot, habe geboten (anbieten)	to offer, offered, have offered
binden, band, habe gebunden	*to bind, bound, have bound* to tie, tied, have tied
bitten, bat, habe gebeten	to ask, asked, have asked to request, requested, have requested
blasen, blies, habe geblasen	*to blow, blew, have blown*
bleiben, blieb, ist geblieben	to stay, stayed, have stayed
– übernachten	to stay, to stay (the night)
braten, briet, habe gebraten (Pfanne)	to fry, fried, have fried (pan)
braten, briet, habe gebraten (Ofen)	to roast, roasted, have roasted (oven)
brechen, brach, habe gebrochen (kaputtmachen)	*to break, broke, have broken*
brennen, brannte, habe gebrannt	*to burn, burnt, have burnt*
bringen, brachte, habe gebracht	*to bring, brought, have brought*
denken, dachte, haben gedacht – überlegen, meinen, finden	*to think, thought, have thought*
empfehlen, empfahl, habe empfohlen	to recommend, recommended, have recommended
essen (fressen), aß, habe gegessen	*to eat, ate, have eaten*
fahren, fuhr, habe/ist gefahren nach (selber) – fahren, fuhr, bin gefahren mit (Zug, Bus, Schiff, Auto, Rad, Seilbahn) – Schiff fahren (selber) – fahren, fuhr, bin gefahren (Aufzug, Bus, Zug, Schiff, Auto, Rad, Seilbahn) – fahren, fuhr, bin gefahren mit(Rad) – fahren, fuhr, bin gefahren (Ski)	*to drive to, drove to, have driven to* (yourself) *to go by, went by, have gone by* (by train, bus, boat, car, bike, cable car) to steer the boat, steered, have steered (yourself) *to take the, took the, have taken the* (lift, bus, train, ship, car, bike, cable car) *to ride by, rode by, have ridden by* (bike) to ski, skied, have skied
fallen, fiel, ist gefallen	*to fall, fell, have fallen*
fangen, fing, habe gefangen	*to catch, caught, have caught*
finden, fand, habe gefunden	*to find, found, have found*
fliegen, flog, habe/ist geflogen	*to fly to, flew to, have flown to*

fließen, floss, ist geflossen	to flow, flowed, have flowed
frieren, fror, gefroren	*to freeze, froze, have frozen*
geben, gab, habe gegeben (spenden) – schenken, Geschenke machen	*to give to, gave to, have given to* – to give, give presents
gehen, ging, bin gegangen (fahren, besuchen) – spazieren	*to go to, went to, have gone to* to walk to, walked to, have walked to
gelingen, gelang, ist gelungen	to succeed in, succeeded in, have succeeded in to manage to, managed to, have managed to
genießen, genoss, habe genossen	to enjoy, enjoyed, have enjoyed
es geschieht, geschah, ist geschehen – passieren, passierte, ist passiert	it happens to, happened to, has happened to
gewinnen, gewann, gewonnen	*to win, won, have won*
gießen, goss, hat gegossen (einschenken)	to pour, poured, have poured
haben, hatte, habe gehabt	*to have, had, have had*
halten, hielt, habe gehalten	*to hold, held, have held*
hängen, hing, hat gehangen	*to hang, hung, have hung*
heben, hob, hat gehoben	to lift, lifted, have lifted
helfen, half, habe geholfen	to help, helped, have helped
kennen, kannte, habe gekannt – wissen, wusste, habe gewusst	*to know, knew, have known*
klingen, klang, hat geklungen	to sound, sounded, have sounded
kommen, kam, bin gekommen	*to come, came, have come*
kriechen, kroch, ist gekrochen	*to creep, crept, have crept*
laden, lud, geladen – einladen, einlud, habe eingeladen	to load, loaded, have loaded (battery: to charge) to invite, invited, have invited
laufen, lief, ist gelaufen: rennen fortbewegen spazieren	*to run, ran, have run* *to go, went, have gone* to walk, walked, have walked
leiden, litt, habe gelitten	to suffer, suffered, have suffered
leihen, lieh, habe geliehen – ausleihen von, ausgeliehen von, habe ausgeliehen von	*to lend, lent, have lent* to borrow from, borrowed from, have borrowed from
lesen, las, habe gelesen	*to read, read, have read*
liegen, lag, habe/bin gelegen	*to lie, lay, have lain*
lügen, log, habe gelogen	to lie, lied, have lied
mahlen, mahlte, habe gemahlen – schleifen, schliff, habe geschliffen	*to grind, ground, have ground*
meiden, mied, habe gemieden	to avoid, avoided, have avoided
messen, maß, habe gemessen	to measure, measured, have measured
nehmen, nahm, habe genommen	*to take, took, have taken*
pfeifen, pfiff, habe gepfiffen (ein Lied) (Sport): Entscheidung (ein Spiel pfeifen)	to whistle, whistled, have whistled (a song) *to blow* the whistle, *blew* the whistle, *have blown* the whistle to referee, refereed, have refereed a game
raten, riet, hat geraten	to guess, guessed, have guessed
reißen, riss, hat/ist gerissen	*to tear, tore, have/is torn*
reiten, ritt, hat/ist geritten – Fahrrad fahren, fuhr, ist gefahren	*to ride, rode, have ridden* to *ride* a bike
rennen, rannte, bin gerannt	*to run, ran, have run*

riechen, roch, habe gerochen	to smell, smelled, have smelled
rufen, rief, habe gerufen – (telefonieren) anrufen, rief an, habe angerufen	to call, called, have called
scheinen, schien, hat geschienen	*to shine, shone, have shone* it seems, seemed, has seemed
schieben, schob, hat geschoben – drücken, schubsen	to push, pushed, have pushed
schießen, schoss, habe geschossen (erschießen) – ein Tor schießen/erzielen	*to shoot, shot, have shot* to score a goal
schlafen, schlief, habe geschlafen – verschlafen – ausschlafen (einschlafen)	*to sleep, slept, have slept* to oversleep to sleep in (to fall asleep)
schlagen, schlug, geschlagen (einmal) (einmal) (mehrmals/Spielergebnis)	*to hit, hit, have hit* *to strike, struck, have struck* *to beat, beat, have beaten*
schließen, schloss, hat geschlossen – abschließen	to close, closed, have closed (shut) to lock, locked, is locked
schmelzen, schmolz, ist geschmolzen	to melt, melted, is/has melted
schneiden, schnitt, habe geschnitten	*to cut, cut, have cut*
schreiben, schrieb, habe geschrieben	to write, wrote, have written
schreien, schrie, habe geschrien	to shout, shouted, have shouted (speak loudly) to scream, screamed, have screamed (pain)
schütteln, schüttelte, habe geschüttelt	*to shake, shook, have shaken*
schwimmen, schamm, hat/ist geschwommen	*to swim, swam, have swum*
schwören, schwor, habe geschworen – fluchen, fluchte, habe geflucht (schimpfen)	*to swear, swore, have sworn* to swear/to curse
sehen, sah, habe gesehen (verstehen)	*to see, saw, have seen*
sein, waren, sind gewesen	*to be, was/were, have been*
senden, sandte, habe gesandt/gesendet (schicken)	*to send, sent, have sent*
senden, sandte, habe gesendet (Rundfunk)	to broadcast, broadcasted, is/has broadcasted (TV, radio)
singen, sang, habe gesungen	*to sing, sang, have sung*
sinken, sank, ist gesunken	*to sink, sank, have sunk*
sitzen, saß, hat/ist gesessen	*to sit, sat, have sat*
sprechen, sprach, habe gesprochen	*to speak, spoke, have spoken*
springen, sprang, bin gesprungen	to jump, jumped, have jumped *to spring, sprung, have sprung*
stechen, stach, habe gestochen	*to sting, stung, have stung* (wasp) *to bite, bit, have bitten* (mosquito)
stehen, stand, habe/ist gestanden	*to stand, stood, have/is stood*
stehlen, stahl, habe gestohlen	*to steal, stole, have stolen*
steigen, stieg, ist gestiegen	*to rise, rose, has risen*
sterben, starb, ist gestorben (ist tot)	to die, died, have died (is dead)
streiten, stritt, habe gestritten	to argue, argued, have argued
teilnehmen, nahm teil, haben teilgenommen	to take part, took part, have taken part to participate (sich beteiligen) to attend, to go (besuchen)
tragen, trug, hat getragen	to carry, carried, have carried (in your hands) *to wear, wore, have worn* (clothes)

treffen, traf, habe getroffen (Zielscheibe, Ball) (kennenlernen, treffen)	*to hit, hit, have hit* (a target, ball) *to meet, met, have met*
treten, trat, habe getreten darauf treten (einen Ball treten)	to peddle, peddled, have peddled (bike) *to tread, trod, have trodden* (to kick a ball)
trinken, trank, habe getrunken	*to drink, drank, have drunk*
tun, tat, habe getan (machen) – legen, anziehen	*to do, did, have done* *to put on, put on, have put on*
verbringen, verbrachte, habe verbracht (Zeit)	*to spend, spent, have spent time*
vergessen, vergaß, habe vergessen – etwas irgendwo vergessen	*to forget, forgot, have forgotten* **to** *leave, left, have left* s/t somewhere
verkaufen, verkaufte, habe verkauft	*to sell, sold, have sold*
verlassen, verließ, habe verlassen (starten)	*to leave, left, have left*
verlieren, verlor, habe verloren	*to lose, lost, have lost*
verstehen, verstand, habe verstanden	*to get, got, have got* to understand, understood, have understood
wachsen, wuchs, ist gewachsen (anbauen)	*to grow, grew, have grown*
wehtun, wehtat, hat wehgetan	*to hurt, hurt, have hurt*
werben, warb, habe geworben	to advertise, advertised, have advertised
werden, wurde, bin geworden	*to become, became, have become*
werfen, warf, habe geworfen – schmeißen, schmiss, habe geschmissen	*to throw, threw, have thrown* to chuck, chucked, have chucked
wiegen, wog, habe gewogen	to weigh, weighed, have weighed
ziehen, zog, habe gezogen	to pull, pulled, have pulled to haul, hauled, have hauled to drag, dragged, have dragged

2. Englisch

anzünden, zündete an, habe angezündet – beleuchten	to light, lit, have lit to illuminate, illuminated, have illuminated (to light up)
auswählen, wählte aus, habe ausgewählt	to choose, chose, have chosen
bauen, bauten, habe gebaut	to build, built, have built
fegen, fegte, habe gefegt	to sweep, swept, have swept
führen, führte, habe geführt	to lead, led, have led
füttern, fütterte, habe gefüttert	to feed, fed, have fed
hören, hörte, habe gehört	to hear, heard, have heard
zuhören	to listen to, listened to, have listened to
kämpfen, kämpfte, habe gekämpft	to fight, fought, have fought
kaufen, kaufte, habe gekauft	to buy, bought, have bought
kleben, klebte, habe geklebt	to stick, stuck, has stuck to glue, glued, have glued
klingeln, klingelte, habe geklingelt – anrufen	to ring, rang, have rung the bell to ring s/o up, to give s/o a ring
kosten, kostete, hat gekostet (Geld)	to cost, cost, have cost (money)
legen, legte, habe gelegt	to lay, laid, have laid
lehren, lehrte, habe gelehrt (beibringen)	to teach, taught, have taught

machen, machte, habe gemacht	to do, did, have done (erledigen) to make, made, have made (herstellen)
meinen, meinte, habe gemeint (damit)	to mean, meant, have meant
sagen, sagte, habe gesagt	to say, said, have said
jmd. etwas sagen (erzählen)	to tell someone s/t, told, have told
verkaufen, verkaufte, habe verkauft	to sell, sold, have sold
verstecken, versteckte, habe versteckt	to hide, hid, have hidden
wecken, weckte, habe geweckt (aufwecken) – aufwachen	to wake, woke, have woken (to wake s/o up) to wake up, woke up, have woken up
wetten, wettete, habe gewettet	to bet, bet, have bet
zahlen, zahlte, habe gezahlt	to pay, paid, have paid
zeichen, zeichnete, habe gezeichnet	to draw, drew, have drawn
zeigen, zeigte, habe gezeigt	to show, showed, have shown
zumachen, machte zu, habe zugemacht	to shut, shut, have shut to close, closed, have closed

Die Aussprache von "-ed" bei englischen regelmäßigen Verben	
1. ed = d	
feiern, feier**te**, habe gefeier**t**	to party, parti**ed**, have parti**ed**
leben, leb**te**, habe geleb**t** – wohnen, wohnten, habe gewohnt	to live, liv**ed**, have liv**ed**
lieben, lieb**te**, habe gelieb**t**	to love, lov**ed**, have lov**ed**
spielen, spiel**te**, habe gespiel**t**	to play, play**ed**, have play**ed**
2. ed = t	
fragen, frag**te**, habe gefrag**t**	to ask, ask**ed**, have ask**ed**
arbeiten, arbeitete, habe gearbeitet	to work, work**ed**, have work**ed**
3. ed = ed	
feiern, feier**te**, habe gefeier**t**	to celebrate, celebrat**ed**, have celebrat**ed**
pflanzen, pflanz**te**, habe gepflanz**t**	to plant, plant**ed**, have plant**ed**

Fazit — Conclusion

1. Spalte/1st column	2. Spalte/2nd column	3. Spalte/3rd column
– **Grundsatz** I normally eat – **Gegenwart** I am eating – **Befehlsform** Eat up! – **Zukunft** I will eat I am going to eat	– **Abgeschlossene Vergangenheit: wann?** I ate I didn't eat Did you eat?	– **Gegenwärtige Vergangenheit** I have just eaten – **Vorvergangenheit** I had never eaten that before

Gear Changing

Passive Form
werden = to be
von = by ■

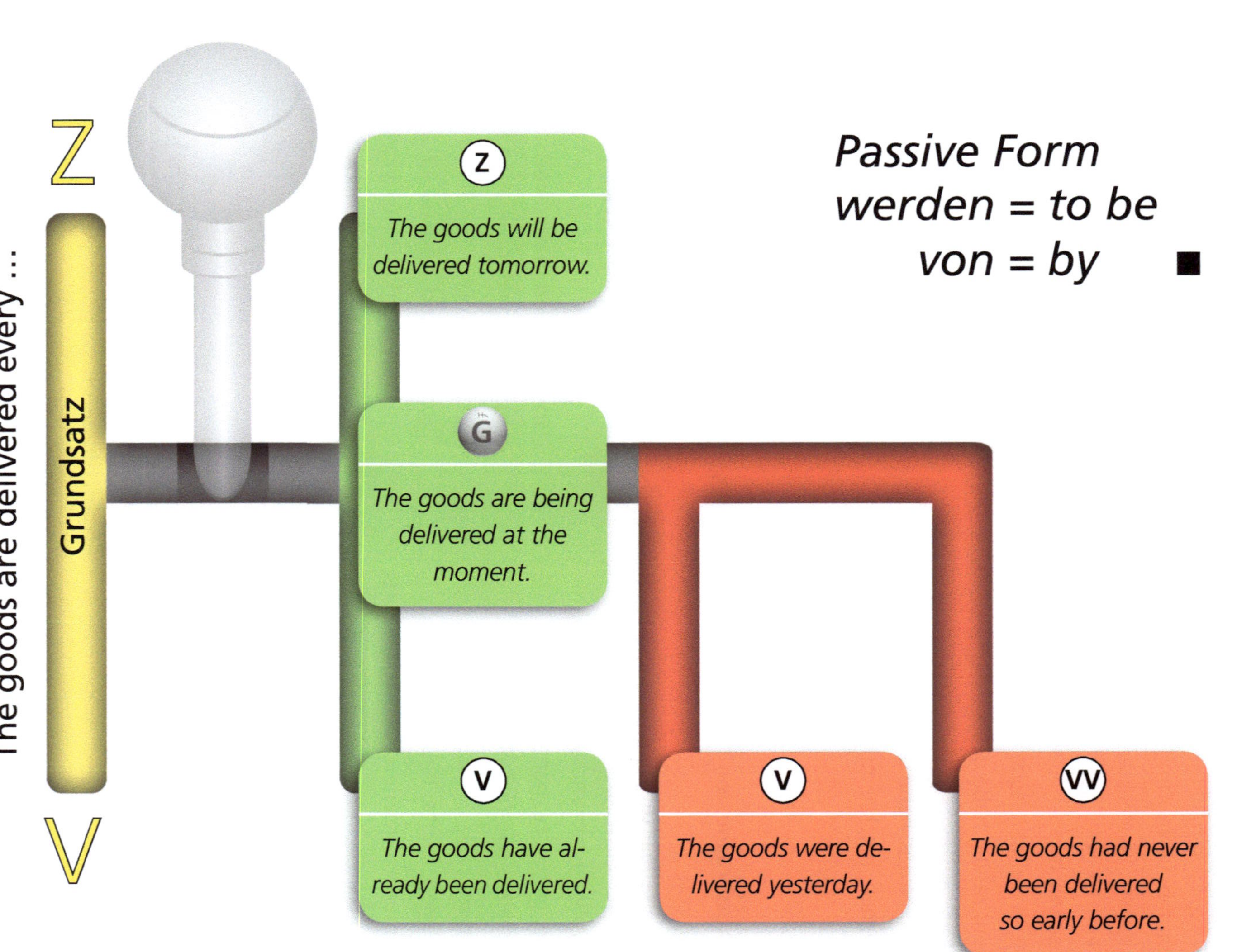

Übung 38	Practice 38
1. Dieses Büro wird jeden Tag sauber gemacht.	This office ____ ___________ every day.
2. Werden alle Büros jeden Tag sauber gemacht?	_____ all the offices ____________ every day?
3. Dieser Raum wird nicht jeden Tag sauber gemacht.	This room ____ _____ __________ every day.
4. Wo ist Ihr Auto? → Es ist in der Werkstatt. Es wird gerade repariert.	Where is your car? It's in the workshop. It ___ _______ ____________ at the moment.
5. Ihr Auto ist repariert worden und kann abgeholt werden.	Your car ______ _________ ____________ and can ___ ___________ ____.
6. Wo wurde dein Auto repariert?	Where ______ your car ____________ ?
7. Das ist ein Superbuch. Von wem wurde es geschrieben?	That is a super book. _____ _______ it __________ ____?
8. Welche Sprachen spricht man in den USA?	Which languages _____ _________ in the USA?
9. Leeds wurde im Pokal-Halbfinale geschlagen.	Leeds ____ ________ in the cup semi-finals.
10. Sie sind verheiratet, oder?	You _____ __________, right?
11. Seit wann sind Sie verheiratet?	How long _______ you _______ __________?
12. Wann haben Sie geheiratet?	When ______ you _____ __________?
13. Wir können den Keller nicht benutzen. Er wird gerade gestrichen.	We can't use the cellar at the moment. It ___ _________ ___________ at the moment.
14. Ich kann mein Portemonnaie nicht finden. Ich glaube, es ist gestohlen worden.	I can't find my wallet/purse. I think it _____ _________ ____________.
15. Das Frühstück wird von 8.00 bis 10.30 Uhr serviert.	Breakfast ____ __________ from 8 to 10.30.
16. Ihre Hemden sind gerade gebügelt worden. Sie werden gleich aufs Zimmer gebracht.	Your shirts _______ just ________ __________. They will ____ ___________ up to your room now.
17. Die neue Brücke wurde 2003 gebaut. Sie wird jeden Tag von vielen Autos und Fußgängern benutzt. Zurzeit wird sie gestrichen.	The new bridge ______ __________ in 2003. It ___ ________ every day ___ a lot of cars and pedestrians. At the moment it ___ __________ __________.
18. Diese Wohnungen wurden letztes Jahr gebaut. Früher gab es hier ein Kino. Leider musste es geschlossen werden.	These flats _______ ________ last year. There used to be a cinema here. Unfortunately it had ____ ____ ___________.
19. Hier ist die Autofabrik. Autos werden hier seit 1938 produziert. Jedes Jahr werden hier Tausende von Autos produziert.	Here is the car factory. Cars ____ _________ __________ here since 1938. Every year thousands of cars ______ _________ here.
20. Diese Straße heißt Ricarda-Huch-Straße. Sie wurde nach der Dichterin benannt. Früher hieß sie Blausternstraße. Der Name wurde vor ein paar Jahren geändert.	This street ___ called Ricarda-Huch-Straße. It ____ _________ after the poetess. It used to ___ _________ Blausternstraße. The name _____ __________ a few years ago.

Entscheidungsprozess

Decision-Making Process

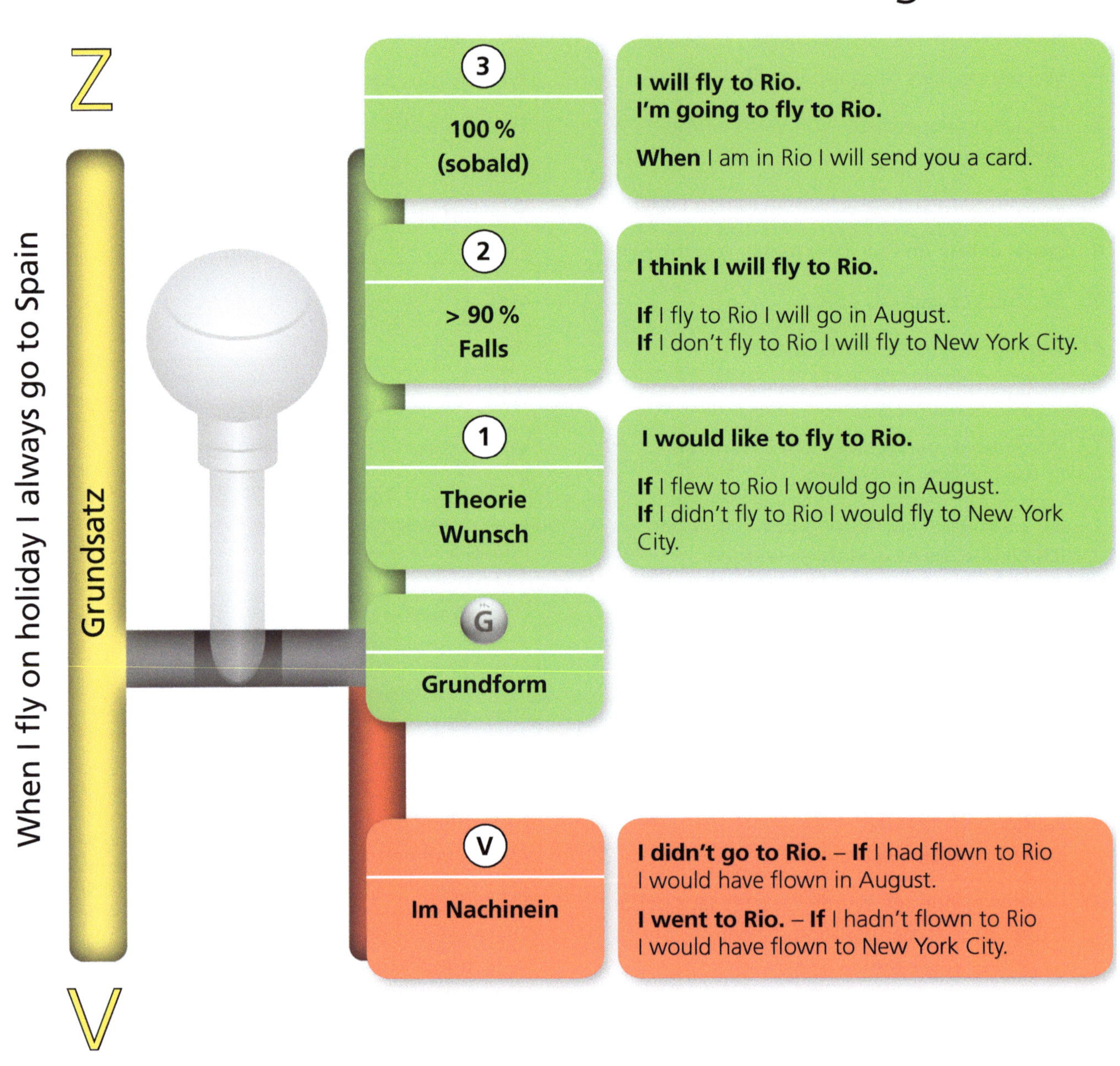

Übung 39 | Practice 39

Übung 39	Practice 39
1. Ich möchte irgendwann ein Auto kaufen. → Wenn ich mir ein Auto kaufen würde, würde ich mir einen Audi kaufen.	I would like to buy myself a car some day. ____ I ____________ myself a car I ________ _____ myself an Audi.
2. Ich denke, ich kaufe mir ein Auto. → Wenn ich mir ein Auto kaufe, kaufe ich mir einen Audi.	I think I will buy myself a car. ____ I _____ myself a car I _______ _____ myself an Audi.
3. Ich kaufe mir ein Auto. → Wenn ich mein Auto bestelle, werde ich ein weißes Cabriolet nehmen.	I'm going to buy myself a car. ______ I order my car I' __ _______ ___ ______ a white convertible
4. Ich habe kein Auto gekauft. → Wenn ich mir ein Auto bestellt hätte, hätte ich ein weißes Cabriolet genommen.	I didn't order a car. ___ I _____ ____________ myself a car I ________ _______ ________ a white convertible.
5. Wenn ich mir ein neues Auto kaufe, behalte ich es immer für drei Jahre.	_______ I _____ myself a new car I always _________ it for three years.
6. Ich bestelle gerade mein Auto. Wenn ich es bestellt habe, gehen wir essen.	I'm ordering my car at the moment. ______ I ______ __________ it we ____ _______ ___ ___ out to eat.
7. Was für ein Auto würden Sie sich kaufen, wenn Sie sich eines kaufen würden?	What kind of car _______ ____ _____ ___ you __________ yourself a car?
8. Ich würde mir einen A5 kaufen, wenn ich mir ein Auto kaufen würde.	I ________ _____ myself an A5 ___ I _________ myself a car.
9. Wenn ich du wäre, würde ich mir ein Cabriolet kaufen.	____ I ________ you I ________ _____ myself a convertible.
10. Hier ist mein neues Auto. Wie gefällt es dir? → Ich hätte mir ein Cabriolet gekauft.	Here is my new car. How do you like it? I ________ ______ ________ myself a convertible.
11. Du hättest das Auto mit Navi kaufen sollen.	You _______ ______ _________ the car with GPS.
12. Ich hätte auch die S-Linie genommen.	I ______ ______ ________ the S-line too/though.
13. Du hättest es auch mit Klimaanlage nehmen können. → Wenn du meinst!	You ________ ______ _________ it with air- conditioning. ___ you say so!
14. Egal. Wenn ich zur Arbeit fahre, werde ich mir meinen iPod anhören.	Whatever. _______ I ____ to work I'___ __________ listen to my iPod.
15. Kannst du mich vom Flughafen abholen? → Ja. → Wenn du mich abholst, kannst du mir eine Zeitung besorgen?	Can you pick me up from the airport? Yes, of course. ________ ____ ________ me up ______ ______ ________ me a paper?
16. Wenn ich die Arbeit machen müsste, würde ich zusammenbrechen.	___ I _____ ____ _______ the work I _________ collapse.
17. Wenn ich nach Hause komme, trinke ich ein Bier.	_______ I ______ home I _____ ________ _________ a beer.
18. Wenn ich einen Fehler mache, verbessern Sie mich bitte.	_____ I ________ a mistake please ____________ me.

10. Haben = to be

10.1. haben = to be

	Sein oder nicht sein, das ist die Frage.	=	**To be or not to be: that is the question.**
1.	**Angst haben vor**		**to be scared of, afraid of, to be frightened of**
	Ich habe Angst (vor nichts).	=	I'm scared of, afraid of, frightened of (nothing).
	Ich habe Angst, Englisch zu sprechen.	=	I am scared to speak/of speaking English.
	Ich hatte Angst (vor nichts).	=	I was scared of, afraid of, frightened of (nothing).
2.	**Geburtstag haben**		**to be your birthday**
	Wer hat heute Geburtstag?	=	Whose birthday is it today?
	Ich habe heute Geburtstag.	=	It's my birthday today.
→	Hast du heute Geburtstag?	→	Is it your birthday today?
	Wann hast du Geburtstag?	=	When is your birthday?
→	Ich habe am … Geburtstag		My birthday is on …
→	Wie alt wirst du?	→	How old will you be?
→	Wann wirst du 50?	→	When will you turn 50?
	Ich hatte gestern Geburtstag.	=	It was my birthday yesterday.
→	Ich hatte eine Geburtstagsfeier.	→	I had a birthday party.
→	Herzlichen Glückwünsch nachträglich.	→	Belated happy returns.
	Wann ist Ihr Geburtsdatum? →22. Mai 1959.	=	What is your date of birth? The 22nd of May 1959.
3.	**Glück**		**luck (Schicksal) + happiness (Gemüt)**
a.	**Glück haben, es gut haben**	=	**to be lucky**
	Sie haben Glück (Pech). (Sie haben es gut.)	=	You are lucky (unlucky). / You are in (out of) luck.
	Ich hatte Glück. (Pech)	=	I was lucky (unlucky). I was in (out of) luck.
→	Pech gehabt!	=	Tough luck!
→	Eine Pechsträhne/	=	a run, a streak of bad luck /
	Glückssträhne	=	a run of good luck, a lucky streak
	Glück im Spiel, Glückstreffer	=	luck, a lucky strike
	Glücksfall. Wenn ich Glück habe.	=	a stroke of luck. If I'm lucky.
	Viel Glück! Glückwunsch!	=	Good luck! Congratulations!
	Du hast es gut.	=	You have got it good. You are lucky.
	Glückspilz	=	a lucky guy/girl, bastard
	glücklicherweise, leider	=	fortunately, unfortunately
	Glücksschwein, Glücksbringer	=	a lucky mascot, a lucky charm
b.	**glücklich/fröhlich sein = to be happy**		
	Glück im Leben	=	**happiness**
	Ich bin (un-)glücklich.	=	I am (sad, un-)happy.
	Ich war (un-)glücklich.	=	I was (sad, un-)happy.
	glücklich verheiratet	=	to be happily married
	Sei froh, dass …	=	Be happy that …
4.	**Hunger haben/Durst haben**		**to be hungry, to be thirsty**
	Haben Sie Hunger/Durst?	=	Are you hungry/thirsty?
	Ich habe Kohldampf.	=	I'm starving hungry.
	Ich hatte Hunger/Durst.	=	I was hungry/thirsty.
5.	**Kondition haben (Fitnesslevel)**		**to be fit, in good shape**
	Ich habe (k)eine gute Kondition.		I'm (not) fit, in (out of) shape.
	Ich hatte (k)eine gute Kondition.		I was (not) fit, in (out of) shape.

	Ich bin in guter Form (Verfassung).		I'm in good form.
	Ich war in guter Form (Verfassung).		I was in good form.
	Zustand = condition		
	Mein Auto ist in gutem Zustand.		My car is in good condition.
	Klimaanlage (Wetterbedingungen)		air-conditioning system (weather conditions)
	Jetzt ist Janes Zustand stabil.		Now Jane's condition is stable.
6.	**Langeweile haben**		**to be bored**
	Hast du Langeweile? / Ist dir langweilig?	=	Are you bored?
	Sein Job ist ihm zu langweilig.	=	He is bored of his job.
	Sein Job war ihm zu langweilig.	=	He was bored of his job.
	Du bist langweilig. Es ist langweilig.	=	You are boring. It's boring.
7.	**die Nase/Schnauze voll haben (von)**		**to be fed up (with) / sick and tired (of)**
	Ich habe die Nase voll!	=	I'm fed up! I'm sick and tired of this!
	Er hat die Nase voll von seinem Job!	=	He's fed up with/sick and tired of his job!
	Ich habe die Nase voll davon, immer krank und müde zu sein.	=	I'm fed up with/sick and tired of always being sick and tired.
	Ich habe die Nase voll davon, dass du immer zu spät kommst.		a. I'm fed up with/sick and tired of the fact that you are always late. b. I'm fed up with/sick and tired of you always being late.
	Ich hatte die Nase voll davon, immer müde zu sein!	= =	I was fed up with always being tired! I was sick and tired of always being tired!
	Er hatte die Nase voll von seinem Job!	=	He was fed up with/sick and tired of his job!
⚠	Mir reicht es.	=	I've had enough of this.
→	Ich bin satt. Mir reicht es. Danke.	→	I'm full. I've had enough, thank you
	Ich habe genug Wein, danke.	=	I have enough wine, thanks.
8.	**recht/unrecht haben**		**to be right/wrong, not right**
	Ich habe recht. Ich hatte recht (unrecht).	=	I am right. I was right (wrong).
	Ich bin im Recht, Unrecht	=	I am in the right. I am in the wrong.
	Ich habe das Recht, etwas zu tun.	=	I have the right to do s/t.
⚠	Das stimmt.		That's right.
9.	**die Qual der Wahl haben**		**to be spoiled for choice**
	Wir haben die Qual der Wahl.	=	We are spoiled/spoilt for choice.
	Wir hatten die Qual der Wahl.	=	We were spoiled/spoilt for choice.
→	jn verwöhnen, jn quälen	→	to spoil s/o, to torture s/o
10.	**Schuld haben**		**to be to blame**
	Wer hat Schuld? (Wessen Fehler ist es?)	=	Who is to blame? (Whose fault is it?)
	Wer hatte Schuld?	=	Who was to blame? (Whose fault was it?)
	Ich habe an demUnfall eine Teilschuld.	=	I am partly to blame for the accident.
	Ich hatte an dem Unfall eine Teilschuld.	=	I was partly to blame for the accident.
⚠	sich blamieren	=	to embarrass yourself
	Wie peinlich!	=	How embarrassing!
11.	**die Verantwortung haben/tragen**	=	**to be in charge**
	Ich habe die Verantwortung, das Produkt zu kontrollieren.		I am **in charge of** check**ing** the product.
	verantwortlich sein		I am **responsible for** check**ing** the product.
	Ich habe die Verantwortung.	=	I'm in charge.

12. Urlaub/Ferien haben (Schulferien)		**to be on holiday (school holidays) BE** **to be on vacation (school vacation) AE**
Ich habe im Dezember Urlaub.	=	I am (will be) on holiday in December.
Ich hatte im Dezember Urlaub.	=	I was on holiday in December.
Ich bin gerade in Italien im Urlaub.	=	I am on holiday in Italy.
Ich war letzte Woche in Italien im Urlaub.	=	I was on holiday last week in Italy.
⚠ **Urlaub nehmen, machen**		
a. Ich muss einen Tag Urlaub nehmen /freinehmen.	=	I have to take a day off (work).
Ich nahm gestern einen Tag Urlaub/frei.	=	I took a day off (work) yesterday.
b. Ich **mache** immer in England **Urlaub**.	=	I always **have a holiday** in England every year.
Wir machen einmal im Jahr Urlaub.	=	We **go on holiday** once a year.
c. Urlaubssperre (30 Tage Urlaub)	=	holiday stop, vacation freeze (30 days of leave)
d. einen freier Tag (Resturlaub) haben	=	to have a free day (remaining holiday)
e. Sonderurlaub haben (krankgeschrieben sein)	=	to have special leave (to be on sick leave)
f. beurlaubt sein	=	to be suspended
13. Was haben wir heute?		**What is ...?**
Was haben wir heute für einen Tag?	=	What is the day today?
→ Wir haben Donnerstag.	=	It is Thursday.
Was haben wir heute für ein Datum?	=	What is the date today? It is ...
Wie viel Grad haben wir heute?	=	What is the temperature today?
→ Wir haben heute 30° Celsius.		→ It is 30° centigrade today.
Welche Telefonnummer hat sie?	=	What is her telephone number?
14. zu, offen haben		**to be shut/closed, open**
Wir haben von 12 Uhr bis 13 Uhr zu.	=	We are shut/closed, open from 12 pm to 1 pm.
Wir hatten von 12 Uhr bis 13 Uhr zu.	=	We were shut/closed, open from 12 pm to 1 pm.
15. Dusel/Schwein haben	**=**	**to be flucky**
FCB haben immer Dusel.	=	FCB are always flucky.
16. Farbe, Form, Größe haben	**=**	**to be colour, shape, size**
Welche Farbe, Form, Größe haben deine Schuhe?	=	What colour, shape, size are your shoes?
Welche Farbe hat dein Auto?	=	What colour is your car?
17. Liebeskummer, Heimweh haben	**=**	**to be lovesick, to be homesick**
(Fernweh haben, Lampenfieber haben	=	to have wanderlust, to have stage fright)
18. eilig haben (in Eile sein)		
Wir haben es eilig.	=	We are in a hurry.
Ich habe es (wirklich) eilig.	=	I am in a (real) hurry.
Ich hatte es eilig.	=	I was in a hurry.
⚠ Ich bin spät dran.	=	I'm running late.
Es eilt nicht.	=	There is no hurry.
19. Es hat noch Zeit.	**=**	**There is no hurry/rush.**
20. Er hat einen Sprung in der Schüssel.	**=**	**He is a crackpot.**
Er hat einen Vogel.	**=**	**He is a little cuckoo.**
21. Er hat zwei linke Hände.	**=**	**He is cack-handed.**
22. Sorge haben/sich Sorgen machen	**=**	**to be worried about s/t**
Ich habe Sorge um sein Benehmen.	=	I'm worried about his behaviour.
Ich mache mir Sorgen um sein Benehmen.	=	I'm worried about his behaviour.
⚠ Machen Sie sich keine Sorgen.	=	Don't worry.

23. Erfolg haben, erfolgreich sein	=	**to succeed, to be successful**
gelingen, etwas zu tun (etwas mit Erfolg tun)	=	to succeed in doing s/t
24. die Ruhe weghaben	= =	**to be cool, calm and collected /** **to be as cool as a cucumber**
Er hat die Ruhe weg.	=	He is cool, calm and collected. / He is as cool as a cucumber.
25. Bereitschaftsdienst haben		**to be on call**
Jeden Sonntag hat er Bereitschaftsdienst.	=	He is on call every Sunday.
Am Sonntag hatte er Bereitschaftsdienst.	=	On Sunday he was on call.
26. Ein dickes Fell haben		**to be thick-skinned**
Gott sei Dank habe ich ein dickes Fell.		Thank God/Thank goodness I'm thick-skinned.
⚠ ein dickes Buch (Stärke)		a thick, fat book
Er ist dick. (Größe)		He is fat.
Er ist strohdumm.		He is as thick as a brick.
27. Geduld haben		**to be patient**
Ich habe Geduld. Ich bin ungeduldig.	=	I am patient. I'm impatient. / I have no patience.
Ich habe die Geduld mit dir verloren.	=	I've lost my patience with you.
28. zwei Gesichter haben	=	**to be two-faced**
Er hat zwei Gesichter. (Er ist falsch.)	=	He is two-faced.
29. es schlecht, gut haben (wohlhabend)		**to be badly-off, well-off**
Wir haben es gut.	=	We are well-off, lucky.
Wir hatten es gut.	=	We were well-off, lucky.
Wir haben es schlecht.	=	We are badly-off, unlucky.
Wir hatten es schlecht.	=	We were badly-off, unlucky.
30. ein Vorurteil haben		**to be prejudiced**
Sie hat ein Vorurteil gegen …	=	She is prejudiced against …
Er hatte ein Vorurteil gegen …	=	He was prejudiced against …
31. Schmerzen haben	=	**to be in pain**
Er hat Schmerzen.	=	He is in pain.
Er hatte Schmerzen.	=	He was in pain.
Mein Knie schmerzt.	=	I have a pain in my knee. My knee hurts.
32. fertig sein	=	**to have finished**
Wir sind fast fertig. (beendet)	= =	We have nearly finished. (BE) We are nearly finished/done. (AE)
Das Spiel ist aus. (beendet)	=	The game has finished. The game is over.
⚠ Das Essen ist fertig (zum Essen).	=	The food is ready (to eat).
Ich bin bereit (für den Tag).	=	I am ready (for the day).
⚠ **33. erkältet sein, im Vorteil sein**		
Ich bin erkältet.	=	I have a cold.
Wir sind im Vorteil.	=	We have the advantage.
34. Wie hat ManUnited gespielt?	=	**What was the score** in the ManUnited game?
Wie war das Spiel? Wie hast du gespielt?	=	How was the game? How did you play?
35. die Spur haben		
Wir haben die richtige Spur. Wir sind auf der richtigen Spur.	=	We're on the right track
36. kein Rückgrat haben	=	**to be spineless**

37. **Er hat gute Manieren.**	=	**He is good-mannered.** (He has good manners.)
38. **ausgesorgt haben**	=	**to be set up for life**
Ich habe ausgesorgt.	=	I'm set up for life.
⚠ a. **geboren sein**		**was/were born**
Wann bist du geboren? Ich bin 1959 geboren.	=	When were you born? I was born in 1959.
b. **sich lohnen**		**to be worth it/to be worthwhile**
Es lohnt sich! (Lohnt es sich?)		It is worth it. It is worthwhile. (Is it worth it?)
Es lohnt sich, Englisch zu lernen.		It is worth(-while) learning English.
Es hat sich gelohnt. (Hat es sich gelohnt?)		It was worth it. It was worthwhile. (Was it worth it?)
Es hat sich gelohnt, den Kurs zu machen.		It was worth(-while) doing the course.
c. **Es macht Spaß**, mit Ihnen zu reden.	=	**It is fun** talking to you.
Ich **habe Verständnis** für Sie.	=	I **can understand** you.
d. **Wie geht's?**		**How are you?**
Wie geht's?	=	How are you doing?
→ Mir geht's gut.	→	I'm fine.
e. **schwarzsehen**		**to be pessimistic**
Ich sehe schwarz.	=	I am pessimistic.
f. **Hast du Lust** mitzukommen?	=	**Do you feel like** joining us?
	=	**Do you fancy** joining us?
g. **Ich interessiere mich für die Kunst.**	=	**I am interested** in art.
h. **Die gegenwärtige Vergangenheit:**		**the „have" past**
1. **Bewegung**		
Ist er schon **gegangen**?	=	**Has** he already **gone**?
Sind sie schon angekommen?	=	Have they arrived yet?
Sie sind gerade ins Bett gekrochen.	=	They have just crawled into bed.
Wie weit sind wir schon gelaufen?	=	How far have we run so far?
Wie weit sind wir schon geschwommen?	=	How far have we swum so far?
Wie weit ist er bis jetzt gesprungen?	=	How far has he jumped so far?
Der Baum ist noch nicht gewachsen.	=	The tree hasn't grown yet.
Er ist gerade in die Küche gerannt.	=	He has just run into the kitchen.
Bist du jemals so schnell gefahren?	=	Have you ever driven so fast?
Wie sind gerade nach Südafrika geflogen.	=	We have just flown down to South Africa.
Wir sind gerade durch die Wüste geritten.	=	We have just ridden across the desert.
Oder:		
Hast/Bist du jemals einen Ferrari **gefahren**?	=	**Have** you ever **driven** a Ferrari?
Hast/Bist du jemals einen Jumbo geflogen?	=	Have you ever flown a Jumbo?
Bist du jemals auf einem Kamel geritten?	=	Have you ever ridden a camel?
Ich bin gerade in einen Kuhfladen getreten.	=	I have just trodden in a cow pat.
Er ist zurückgetreten.	=	He has resigned/stepped down.
2. **sein/werden**		
Bist du jemals in Paris **gewesen**?	=	**Have you ever been** to Paris?
Was ist aus ihm geworden?	=	What has become of him?
3. **Zustand/Tätigkeit**		
Es **ist verbogen**. Er **hat** es gerade **verbogen**.	=	It **is bent**. He **has** just **bent** it.
Es ist zerbrochen. Er hat es gerade zerbrochen.	=	It is broken. He has just broken it.

	Es ist zerrissen. Er hat es gerade zerrissen.	=	It is ripped. He has just ripped it.
	Es ist gestrichen. Er hat es gerade gestrichen.	=	It is painted. He has just painted it.
4.	**Passiv: werden**		
	1. Grundsatz: Die Waren werden immer pünktlich geliefert.	=	The goods are always delivered on time.
	2. Gegenwart: Die Waren werden gerade geliefert.	=	The goods are being delivered at the moment.
	3a. Zukunft (Abmachung): Die Waren werden morgen geliefert.	=	The goods will be delivered tomorrow.
	3b. Zukunft (Mitteilung): Die Waren werden morgen geliefert.	=	The goods are going to be delivered tomorrow.
	4. Gegenwärtige Vergangenheit: Die Waren sind gerade geliefert worden.	=	The goods have just been delivered.
	5. Abgeschlossene Vergangenheit: Die Waren wurden um 6 Uhr geliefert.	=	The goods were delivered at 6 am.
	6. Die Waren waren noch nie so früh geliefert worden.	=	The goods had never been delivered so early before.
5.	**Andere:**		
	Bist du jemals da **geblieben**?	=	**Have** you ever **stayed** there?
	Was ist bis jetzt geschehen?	=	What has happened so far?
	Es ist dir gelungen, den Test zu bestehen?	=	Have you succeeded in passing the exam?
	Ist er schon gestorben?	=	Has he died?
	Sie sind falsch verbunden.	=	You have (dialed) the wrong number.
 39.	**Haben Sie den Verstand verloren?**	=	**Are you out of your mind?**
40.	**Wir hatten 5 min. Verspätung.**	=	**We were 5 minutes late.**

Übung 40	Practice 40
1. Meine Frau hat heute Geburtstag. → Was hast du ihr zum Geburtstag gekauft? → Ich habe ihr einen Blumenstrauß gekauft. → Wo hast du ihn gekauft?	___ ___ my wife's birthday today. What ______ you _______ her for her birthday? I ________ __________ her a bunch of flowers. Where ____ you buy it?
2. Ich hatte Glück. Der Laden hatte schon um sieben auf.	I ______ lucky. The shop ______ already open at seven.
3. Herzlichen Glückwünsch zu deinem Geburtstag.	_________ birthday to you.
4. Hast du Hunger? Ich habe einen Kuchen gebacken.	_____ you hungry? I _______ _______ a cake.
5. Hast du Durst? – Ja. Hast du eine Apfelschorle für mich und eine Weißweinschorle für meine Frau?	_____ you thirsty? – Yes, I am. ____ you ______ an apple spritzer for me and a white wine spritzer for my wife?
6. Hast du Langeweile? Wenn du Lust hast, kannst du mit mir zum Fitnesscenter kommen. Ich weiß, dass du keine gute Kondition hast.	____ you bored? If you ____ _____ it you can come to the gym with me. I know you _____ not ____ ________ _______.
7. Ich habe die Nase schon voll. Beim Spinning muss man so hart treten.	I ___ ______ ___. You ______ ___ pedal so hard while you are doing spinning.
8. Du hast recht. Lass uns in die Sauna gehen.	You _____ ________. Let's go to the Sauna.
9. Die Sauna funktioniert nicht. → Wer hat Schuld?	The sauna doesn't work. Who ___ __ ______. Whose ______ ___ ___?
10. Der Hausmeister hat Urlaub.	The caretaker ___ ___ __________.
11. Peter hat Sonderurlaub und Paul hat einen Tag Urlaub genommen.	Peter _____ ________ ________ and Paul ____ __________ a _____ ____ ______.
12. Welche Telefonnummer hat der Hausmeister? → Er hat die …	What ___ the caretaker's telephone number? It ____ …
13. Der Hausmeister hat Bereitschaftsdienst.	The caretaker ____ ___ ________.
14. Kannst du mir sagen, was wir heute für ein Datum haben? – Wir haben den 1. April.	Can you tell me what the ______ ___ _______? ____ ___ (the) 1st (of) April.
15. Wir haben es eilig. Wir sind spät dran. → Bitte haben Sie einen Augenblick Geduld.	We _____ ___ _ _________. We _____ running late. Please ____ _________ for just a minute.
16. Mach dir keine Sorgen. Es hat noch Zeit.	Don't worry. _______ ____ __ _______.
17. Das Spiel ist aus. Wie haben sie gespielt? (Wie ist das Spiel ausgegangen?)	The game ____ _______. _______ ____ ____ _________?
18. Wann bist du geboren? Am 22. Mai 1959.	When ____ you ____? On (the) 22nd (of) May.
19. Es lohnt sich, Englisch zu lernen. Es macht Spaß.	It ____ _______ learning English. It ____ ______.
20. Ich habe Angst, Englisch zu sprechen. → Mach es einfach.	I ____ _________ to speak English. → Just do it.

10.2. haben: Handlung = to have/has

a.	**Wie auf Deutsch**		
	Spaß, Sex haben	=	to have fun, sex
	einen Traum haben	=	to have a dream
	Wir hatten Kaffee und Kuchen.	=	We had (drank) coffee and (ate) cake.
b.	**Nicht wie auf Deutsch: Ersetzt ein Verb**		
1.	**frühstücken**	=	to **have** (eat) breakfast
→	zu Mittag/zu Abend essen, **Abendbrot essen** (schick zu Abend essen)	=	to **have** (eat) lunch, to have (eat) supper (dinner)
2.	**einladen zu übernachten**	=	to **have** (invite) s/o over to stay
	jemand zum Frühstück, Mittagessen, Kaffee einladen	=	to **have** (invite) s/o round to breakfast, lunch, coffee,
	jemand zum Abendbrot einladen	=	to **have** (invite) s/o round to supper
3.	**trinken und essen, rauchen**		
	Tasse Kaffee, Tee, Glas Milch trinken	=	to **have** (drink) a cup of coffee, tea
→	Tasse Kaffee, Tee, Glas Milch haben	→	to have a cup of coffee, tea
	Glas Wein, Whisky, Milch trinken	=	to have (drink) a glass of wine, whisky, milk
→	Glas Wein, Whisky, Milch haben	→	to have a glass of wine, whisky, milk
	Pizza, Sandwich, Mahlzeit essen	=	to have (eat) a pizza, sandwich, a meal
→	Pizza, Sandwich, Mahlzeit haben	→	to have a pizza, sandwich, a meal
	Schokolade, Kekse essen	=	to have (eat) some chocolate, some biscuits
→	Schokolade, Kekse haben	→	to have some chocolate, some biscuits
	eine Flasche Wein, Whisky trinken	=	to have (drink) a bottle of wine, whisky
→	eine Flasche Wein, Whisky haben	→	to have a bottle of wine, whisky
	eine Zigarette rauchen	=	to have (smoke) a cigarette
→	eine Zigarette haben	→	to have a cigarette
4.	**Sport treiben**		
	Lasst uns Tennis spielen.	=	Let's have a game (play) of tennis.
	schwimmen, joggen, laufen, gehen	= →	to have a swim (swim), a jog (jog), a run (run) to go for a swim, jog, run to go swimming, jogging, running
c.	**machen**		
1.	eine Party, ein Grillfest **machen**	=	to **have** a party, a barbeque
2.	eine Pause, Urlaub machen	=	to have/take a break, a holiday
3.	ein Schläfchen machen	=	to have/take a snooze
4.	ein Meeting, einen Empfang machen/haben	=	to have a meeting, reception
d.	**bekommen**		
1.	**ein Baby bekommen**	=	to **have** a baby
→	ein Baby haben	→	to have a baby
2.	**Gäste bekommen**	=	to **have** guests
→	Gäste haben	→	to have guests
3.	Ich bekomme die Suppe.	=	I'll **have** the soup. (BE) I'll **get** a soup. (AE)
→	Suppe haben	→	to have some soup
4.	**Unterrichtsstunden, eine Massage bekommen**	=	to **have lessons, a massage**
e.	**sich duschen** (unter der Dusche sein)	=	to **have a shower** (to take a shower, to shower)
→	eine Dusche haben	→	**to have a shower**

f.	**ein Bad nehmen**	=	to **have a bath** (to bath, to take a bath)
→	eine Badewanne haben	→	to have a bath(tub)
g.	**sich rasieren**	=	to **have a shave**, to take a shave, to shave
h.	**baden** (im Meer)	=	to have a bathe, take a bathe, to bathe
i.	**Einen schönen Tag noch!**	=	**Have** a nice day!
→	Dir auch! Viel Spaß beim Golfen!	→	You, too! Have fun playing golf.
j.	**probieren**	=	to **have a go/taste (try)**
k.	**anschauen**	=	to **have, take a look at s/t (to look at s/t)**
l.	**Schön, dass du da bist.**	=	**It's nice to have you here.**
→	Es ist schön, dass ich hier bin.	→	It's nice to be here.
m.	**etwas vorhaben**		
	Hast du etwas vor für das Wochenende?	=	Do you have anything planned for the weekend?
		=	Have you got anything planned for the weekend?
		=	Have you planned anything for the weekend?
⚠ n.	**etwas davon haben**		
	Sie würden auch etwas davon haben.	=	You would benefit too.
⚠ o.	**Lust haben, etwas zu machen**		
	Hast du Lust etwas am Wochenende zu machen?	=	Do you feel like doing s/t at the weekend?
		=	Do you fancy doing s/t at the weekend?
p.	**operiert werden**		
	Ich muss operiert werden.	=	I have to have an operation/be operated on.
q.	**etwas von jemandem machen lassen**	=	to have s/t done by s/o
	jemanden etwas machen lassen	=	to have s/o do s/t
–	jemanden das Auto benutzen lassen (erlauben)	=	to let (allow) s/o use your car.
–	die Tür offen lassen	=	to leave the door open.

⚠ **Wichtig: Eine Handlung ist immer an die Zeitformen gebunden.**

1.	**Grundsatz:**		
	Wir essen jeden Tag zu Mittag.	=	We **have lunch** every day.
2.	**Gegenwart:**		
	Wir essen gerade zu Mittag.	=	We are **having lunch** at the moment.
3.	**Zukunft:**		
	Wir essen morgen zu Mittag. (Entscheidung)	=	We **will have lunch** tomorrow.
	(Mitteilung)	=	We are **going to have lunch** tomorrow.
		=	We are **having lunch tomorrow.**
4.	**Gegenwärtige Vergangenheit:**		
	Wir haben gerade zu Mittag gegessen	=	We **have** just **had** **(been having) lunch**.
5.	**Abgeschlossene Vergangenheit:**		
	Wir aßen gestern alle zu Mittag.	=	We **had lunch** together yesterday.
	Während wir gegessen haben …	=	While we were having lunch …
6.	**Vorvergangenheit:**		
	Wir hatten noch nie zusammen zu Mittag gegessen.	=	We **had** never **had lunch** together before.

Übung 41	Practice 41
1. Was machen Sie heute? – Zuerst werden wir frühstücken.	What are you doing today? First of all we are going to _______ breakfast.
2. Nach dem Frühstück spielen wir eine Runde Golf.	After breakfast we are going to _______ a round of golf.
3. Nach dem neunten Loch essen wir zu Mittag.	After nine holes we are going to ________ lunch.
4. Wenn wir fertig sind, werden wir Kaffee und Kuchen haben.	When we are finished we are going to ______ coffee and cake.
5. Also, viel Spaß!	So, ________ ______.
6. Was machen Sie heute Abend? – Entweder grillen wir oder wir essen Pizza.	What are you doing this evening? Either we are gonna ______ a barbeque or we're gonna ________ a pizza.
7. Danach werde ich mich duschen und dann ins Bett gehen.	After that I'm gonna _______ a shower and then I'm gonna go to bed.
8. Vielleicht werde ich schwimmen gehen.	Perhaps I will _______ a swim.
9. Ich habe Durst. Ich möchte ein Spezi trinken.	I'm thirsty. I'd like to _______ a cola-fanta mix.
10 Wann gehen Sie morgen zu Mittag essen?	When are you gonna ______ lunch tomorrow?
11. Habt ihr eine Dusche zu Hause? Ich muss mich dringend duschen.	Do you ______ a shower at home? I really need to _______ a shower.
12. Wann habt ihr eure Kinder bekommen?	When did you ______ your kids?
13. Wo macht ihr dieses Jahr Urlaub?	Where are you gonna ______ a holiday this year?
14. Ich denke, wir werden Urlaub auf Mallorca machen.	I think we will _______ a holiday in Majorca.
15. Wir haben ein Problem mit dem Fahrwerk. Kannst du dir es anschauen?	We are ________ problems with the landing gear. Can you _______ a look at it?
16. Wir machen am Wochenende eine Party. Hast du Lust zu kommen?	We're __________ a party at the weekend. Do you _____ _______ coming?
17. Hast du Lust auf ein Bier?	Do you _______ ______ a beer?
18. Ich hatte letzte Woche einen Unfall.	I _____ an accident last week.
19. Ich habe mir ein Bein gebrochen, sodass ich operiert werden musste.	I broke my leg in such a way that I _____ to _______ an operation.
20. Hast du etwas vor am Wochenende? → Wir geben einen kleinen Empfang.	Do you ______ anything _________ for the weekend? We're _________ a little reception.

Gear Changing

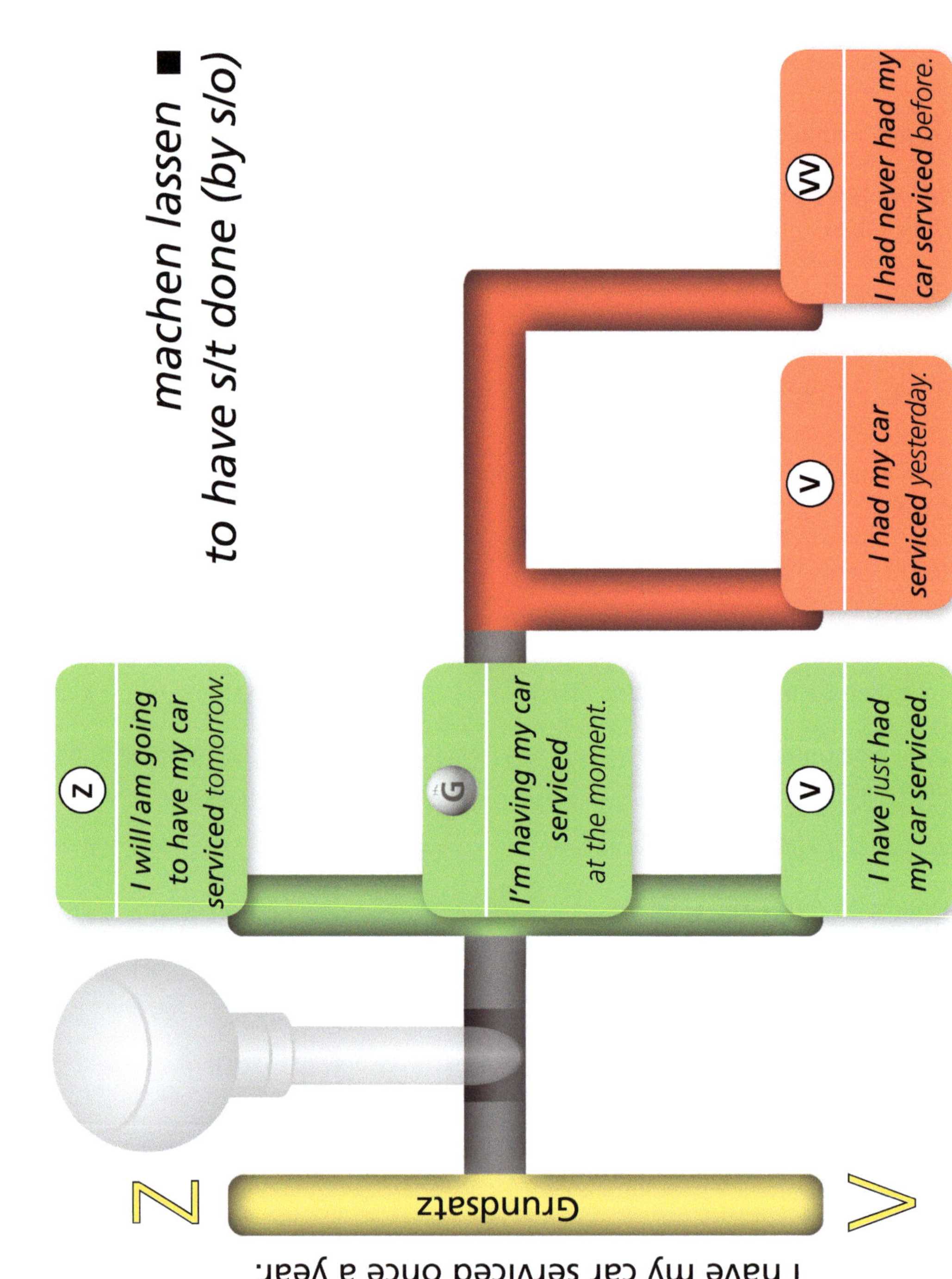

Gear Changing

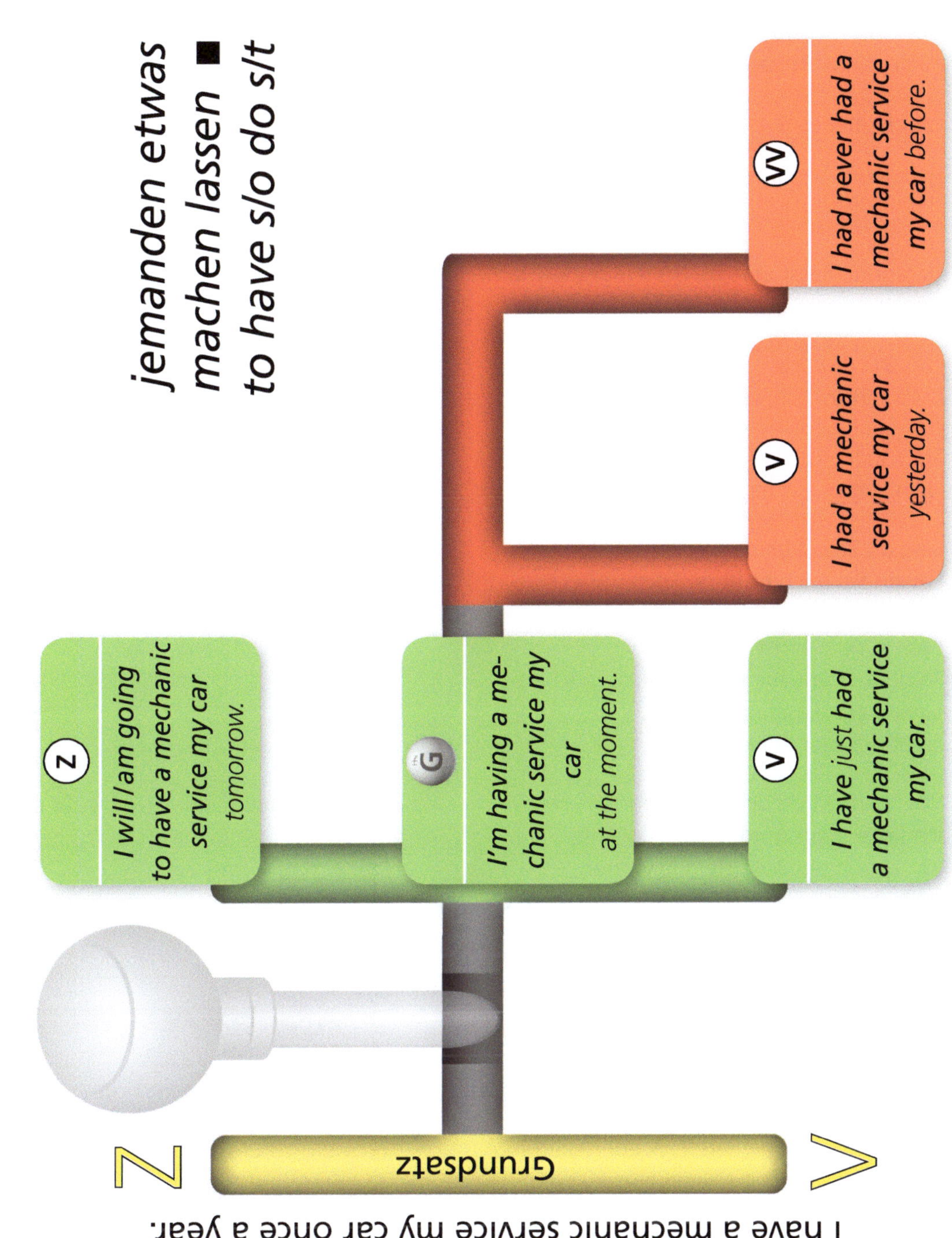

Übung 42	Practice 42
1. Mein Vater lässt mich/erlaubt mir immer, sein Auto zu benutzen.	My father always __________ me use/__________ me to use his car.
2. Um Taschengeld zu verdienen, lässt mein Papa mich sein Auto saubermachen.	In order to earn pocket money my dad ________ me clean his car.
3. Ich glaube, es regnet heute.→ Schauen wir mal.	I think it will rain today. ______ wait and see.
4. Die Sonne scheint. Lasst uns den Tag ausnutzen.	The sun is shining. ________ make the most of the day.
5. Es regnet. Lasst uns das Beste aus dem Tag machen.	It's raining. _______ make the best of the day.
6. Lass ihn in Ruhe. – Lasst ihn so sein, wie er ist.	________ him alone. ________ him be himself.
7. Soll/Sollte ich die Tür zumachen? → Nein. Lass sie offen.	Shall/Should I close the door? No. ________ it open.
8. Lass dir Zeit/Nehmen Sie sich Zeit. → Lassen Sie mich nicht im Stich. → Kann ich mich auf Sie verlassen? → Lass es sein. Es ist zu riskant. → Also, lasst uns für heute Schluss machen. → Gehen wir/Lasst uns gehen. → Lasst uns hier abhauen.	________ your time. Don't _______ me down. Can I _______ on you? ________ it. It's too risky. Right, ________ call it a day. _______ go. ________ get out of here.
9. Wie oft lässt du dein Auto warten? → Ich lasse mein Auto morgen warten. → Ich lasse mein Auto gerade warten. → Ich habe mein Auto gerade warten lassen, und nun läuft es richtig. → Wo haben Sie Ihr Auto warten lassen? → Was sonst haben Sie machen lassen?	How often do you _______ your car _________? I'm gonna _______ my car __________ tomorrow. I'm _________ my car __________ at the moment. I ________ just _______ my car _________ and now it's running properly. Where _____ you ________ your car _________? What else _____ you ________ _________?
10 Wer hat Ihr Auto gewartet? → Ich habe es in einer Werkstatt warten lassen.	Who serviced your car? I _____ a garage/workshop __________ it.
11. Warum hast du deinen Rock zur Reinigung gebracht? → Um ihn reinigen zu lassen.	Why did you take your skirt to the cleaner's? To _______ it _________.
12. Ich habe meinen Schlüssel verloren. → Lassen Sie sich einen neuen machen. → Der Laden hat zu. Ich lasse mir was einfallen.	I've lost my key. ________ a new one _________. The shop is closed. I'll ________ of something.
13. Lassen Sie es sich schmecken./Guten Appetit! Lassen Sie es sich heute Abend gut gehen.	_______ your meal/food. (Bon appétit). _______ a great time this evening.
14. Wir lassen uns immer Spielraum.	We always _______ ourselves room to manoeuvre.
15. Sein Portemonnaie ist gerade gestohlen worden.	His wallet has just been stolen. He ______ just ______ his wallet ________.
16. Ihr Portemonnaie wurde im Zug gestohlen.	Her purse was stolen on the train. She _______ her purse ________ on the train.

10.2. Es gibt (Einzahl) = There is/Is there?

1.	Allgemeine Tatsache: *es gibt*		General fact: *there is*
→	**Beurteilung/Kommentar: sie, er *es ist***	→	**assessment/comment: *it is***
	Es gibt ein Restaurant **dort**.	=	**There is**/There's a restaurant **there**.
→	**Es soll gut sein**.	→	It's supposed to be good.
	Es gibt kein Restaurant hier.	=	There is not/There isn't/There's not a restaurant here.
		=	There is no restaurant there.
	Gibt es ein Restaurant **dort/hier**?	=	**Is there** a restaurant **there/here**?
	Ja. Nein.	→	Yes, there is. / No, there isn't.
	Gibt es kein Restaurant hier?	=	Is there not a/Isn't there a/Is there no restaurant here?
	Ja. Nein.	→	Yes, there is. / No, there isn't.
	Es gibt nur noch meine Frau und **mich**.	=	**There is** only my wife and **me**.
	Gibt es einen Platz zum Sitzen?	=	**Is there** anywhere to sit?
→	Ja. Es gibt zwei Stühle da drüben.	→	Yes. There are two chairs over there.
⚠ 1.	**Es steht** nichts auf der Tagesordnung.	=	**There is** nothing on the agenda.
	Ist (hier) irgendjemand **da**? (Geräusche)	=	**Is there** anyone (here) there? (sounds)
	Verdammt, **da ist** irgendjemand.	=	Damn, **there is** someone **there**.
2.	**Es ist** nichts los hier.	=	**There's** nothing happening here.
→	Es ist langweilig.	→	It is boring.
	Es ist nicht viel Verkehr.	=	**There isn't** much traffic here.
→	Es ist sehr ruhig.	→	It's very quiet here.
	Es gibt nichts hier (, das ich gebrauchen kann).	=	**There is** nothing here (that I can make use of.)
→	Es lohnt sich nicht hierzubleiben.	→	It is not worth staying here.
	Es ist ein Riesenstimmung auf der Party.	=	**There is** a great atmosphere at the party.
→	**Jeder** ist in guter Stimmung (Laune).	→	Everyone is in a good mood.
3.	**Es steht** ein Auto vorm Haus.	=	**There is** a car (standing) in front of the house.
→	Es gehört mir nicht.	→	It doesn't belong to me.
4.	**Kommt** ein Zug um 11.30 Uhr?	=	**Is there** a train arriving at 11.30?
	Ja, **es kommt** ein Zug um 11.30 Uhr.	=	**Yes, there is** a train arriving at 11.30.
→	Er ist spät dran.	→	It is running late.
5.	**Fliegt** heute Morgen ein Flugzeug in die USA?	=	**Is there** a plane leaving for the USA this morning?
	Ja, es fliegt ein Flugzeug um 10.30 Uhr.	=	Yes, **There is** a plane (leaving) at 10.30.
→	**Es fliegt** direkt nach Boston.	→	It flies non-stop to Boston.
6.	**Fährt** heute ein Zug nach Manchester?	=	**Is there** a train (going) to Manchester today?
	Ja, es fährt ein Zug um 10.30 Uhr.	=	**Yes, there is** a train (leaving) at 10.30.
→	**Er fährt** direkt nach Manchester.	→	It goes non-stop to Manchester.
7.	**Es liegt** eine Berghütte am Fuß des Bergs.	=	**There is** a chalet at the foot of the mountain.
→	**Sie liegt** zwischen zwei Flüssen.	→	It lies between two rivers.
8.	**Es spielt** gerade eine super Band.	=	**There is** a super band playing at the moment.
	Spielt gerade eine Band?	=	**Is there** a band playing at the moment?
9.	**Es wohnt** nur ein Mensch dort.	=	**There is** only one person living there.
→	**Sie hat** ein Kind.	→	She has a child.
10.	**Es wartet** nur eine Person im Wartezimmer.	=	**There is** one person waiting in the waiting room.
→	Er ist Engländer.	→	He is a Brit/an Englishman.

11.	**Es besteht** die Möglichkeit, dass …	=	**There is** the possibility that …
12.	**Es hängt** ein Drachen im Baum.	=	**There is** a kite hanging in the tree.
13.	**Es arbeitet** nur eine Person an diesem Projekt.	=	**There is** only one person working on this project.
14.	**Es hat** noch Zeit.	=	**There is** no hurry/rush.
⚠	**Was gibt es** zum Mittagessen?	=	**What is** (there) for lunch?
	So etwas wie ein Gratisgeschenk **gibt es** nicht.	=	**There is no such thing** as a free gift.
	So etwas **gibt's** nicht mehr/doch nicht.	=	**There is** nothing like it anymore/no such thing.
	Es kommt eine Zeit, wo …	=	**There comes** a time when …
	Das gibt es doch nicht.	=	**That's not possible**. That can't be the case.
	Es gehört mir.	=	It belongs to me.
⚠	**Wichtig: im Sinne von Zugehörigkeit**		
	Wir haben (Es gibt) eine Bäckerei in Gerolfing. .	=	**We have** (there is) a bakery in Gerolfing
⚠	**Wichtig: spezifische Tatsache**		
	Was ist das für ein Gebäude? Es ist eine Schule.	=	**What is** that building? It is a school.
	Das ist unser Haus. Es ist sehr schön.	=	**That is** our house. It's great.
2.	**Es gibt (Mehrzahl)**	=	**There are/Are there?**
a.	**Allgemeine Tatsache:** ***es gibt***		**General fact: there are**
→	**Beurteilung/ Zusatzinfo:** ***sie sind***	→	**assessment/additional info: they are**
b.	**Es gibt** mehre Restaurants **dort**.	=	**There are**/There're several restaurants **there**.
→	**Sie sollen gut sein**. (Man hat mir gesagt …)	→	They're supposed to be good.
	Es gibt keine Restaurants dort.	=	There are not/There aren't /
		=	There're not any restaurants there.
		=	There are no restaurants there.
	Gibt es Restaurants **dort/hier**?	=	**Are there** any restaurants **there/here**?
		→	Yes, there are. / No, there aren't.
		→	Yes, there is just one.
	Gibt es keine Restaurants hier?	=	Are there not any restaurants here?
		=	Aren't there any restaurants here?
		=	Are there no restaurants there?
	Ja. Nein	→	Yes, there are. / No, there aren't.
⚠ 1.	**Es stehen** fünf Leute in der Schlange.	=	**There are** five people (standing) in the queue/line.
→	Sie sind alle Engländer.	→	They are all Brits.
⚠✗	**Sind** viele Leute auf der Party?	=	**Are there** many people at the party?
2.	**Es sind** fünf Flugzeuge hier.	=	**There are** five aircraft/aeroplanes here.
→	Sie müssen gewartet werden.	→	They must be serviced.
3.	**Es stehen** fünf Autos vorm Haus.	=	**There are** five cars standing in front of the house.
→	**Sie gehören** mir nicht.	→	They don't belong to me.
4.	**Es kommen** zwei Züge um 10.30 Uhr.	=	**There are** two trains arriving at 10.30.
	Kommen zwei Züge um 11.30 Uhr?	=	**Are there** two trains arriving at 11.30?
5.	**Es fliegen** zwei Flugzeuge um 10.30 Uhr.	=	**There are** two planes (leaving) at 10.30.
→	**Sie fliegen** direkt nach Dublin.	→	They fly non-stop to Dublin.
6.	**Es fahren** zwei Züge um 10.30 Uhr.	=	**There are** two trains at 10.30.
→	**Sie fahren** direkt nach Dublin.	→	They go non-stop to Dublin.
7.	**Es liegen** zwei Berghütten am Fuß des Bergs.	=	**There are** two chalets at the foot of the mountain.
→	**Sie liegen** zwischen zwei Flüssen.	→	They lie between two rivers.

8. **Es wohnen** viele Leute dort.	=	**There are** many people living there.
→ **Sie haben** alle Kinder.	→	They all have kids.
9. **Es warten** fünf Leute in der Schlange.	=	**There are** five people waiting in the queue/line.
→ Sie sind alle Engländer.	→	They are all Brits.
10. **Es spielen** heute Abend zwei super Bands.	=	**There are** two super bands playing this evening.
Spielen zwei Bands heute Abend?	=	**Are there** two bands playing this evening?
12. **Es hängen** zwei Drachen im Baum.	=	**There are** two kites hanging in the tree.
13. **Es arbeiten** nur zwei Menschen an diesem Projekt.	=	**There are** only two people working on this project.
⚠ Außerirdische **existieren nicht**.	=	**There are no such things** as aliens. (Aliens don't exist.)
Fliegende Untertassen existieren nicht.	=	**There are no such things** as flying saucers. (Flying saucers don't exist.)
Wir sind nur zu zweit.	=	**There are** just two of us.
Es gehören immer zwei dazu.	=	It takes two to tango.
⚠ **Wichtig: im Sinne von Zugehörigkeit**		
Wir haben (Es gibt) zwei Restaurants hier.	=	**We have** (there are) two restaurants here.
⚠ **1. Fragewörter + gibt es:**		
Wie viel Zeit haben wir noch?	=	**How much** time do we still have/have we still got?
	=	**How much** time ***is there*** left/still?
Wie viele anständige Restaurants gibt es dort?	=	**How many** decent restaurants ***are there*** there?
Wie viele anständige Restaurants gibt es hier?	=	**How many** decent restaurants are there here?
Was für Restaurants gibt es dort?	=	**What kind** of restaurants are there there?
Was für Restaurants gibt es hier?	=	**What kind** of restaurants are there here?
Warum gibt es dort so wenig Restaurants?	=	**Why** are there so few restaurants there?
Warum gibt es dort/hier so wenig Restaurants?	=	**Why** are there so few restaurants there/here?
2. Gangschaltung: Es gibt		**Gear Changing: there is/there are**
Gang 1 Grundsatz:		
Es gibt dort eine Kantine.	=	There is a canteen there.
Es gibt dort keine Kantine.	=	There isn't/there's not a canteen there.
	→	There is no canteen there.
Gibt es dort eine Kantine?	=	Is there a canteen there?
→ Ja. Nein.	→	Yes, there is. No, there isn't.
Es gibt zwei Ausgänge.	=	There are two exits.
Es gibt keine Ausgänge.	=	There aren't any exits. There are no exits.
Gibt es zwei Ausgänge?	=	Are there two exits?
Gang 2 Gegenwart:		
Es sind (jetzt) drei Leute im Büro.	=	There are three people in the office (now).
⚠ Es spielt gerade eine super Band.	=	There is a super band playing at the moment.
Es spielt gerade keine Band.	=	There isn't a band playing at the moment.
	=	There is no band playing at the moment.
Spielt gerade eine Band?	=	Is there a band playing at the moment?
→ Ja. Nein.	→	Yes, there is. No, there isn't.
Gang 3 Zukunft:		
100 % sicher: nach Plan		
Fährt ein Zug um 10.30 Uhr?	=	Is there a train leaving at 10.30?
→ Ja. Nein.	→	Yes, there is. No, there isn't.

	Es gibt nachher eine Party.	=	There is a party afterwards.
	Es gibt nachher keine Party.	=	There isn't a party afterwards.
	Gibt es nachher eine Party?	=	Is there a party afterwards?
→	Ja. Nein.	→	Yes, there is. No, there isn't.
	100 % sicher: Mitteilung		
	Es wird eine Party geben.	=	There's going to be a party afterwards.
	Entscheidung/Abmachung		
	Es wird eine Party geben.	=	There will be a party afterwards.
	Prognose:		
	Ich denke, es werden viele Gäste da sein.	=	I think there will be many guests there.
	Ich denke, es werden nicht viele Gäste da sein.	= =	I think there won't be many guests there. There will not be many guests there.
	Werden viele Gäste da sein?	=	Will there be many guests there?
→	Ja. Nein.	→	Yes, there will. No, there won't.
	Nicht 100 % sicher		
	Vielleicht gibt es nachher eine Party.	=	Perhaps there will be a party afterwards.
	Vielleicht wird es eine Party geben.		
	Vielleicht gibt es nachher keine Party.	=	Perhaps there won't be a party afterwards.
	Vielleicht wird es keine Party geben.	=	Perhaps there will be no party afterwards.
	Wenn-Sätze:		
	Wenn es eine Alternative gäbe …	=	If there were an alternative …
Gang 4 Gegenwärtige Vergangenheit: „have" past			
	Es hat gerade einen Unfall gegeben.	=	There has just been an accident.
→	Der Krankenwagen ist unterwegs.	→	The ambulance is on the way.
	Es hat bis jetzt nur ein Meeting gegeben.	=	There has been just one meeting so far.
	Es hat bis jetzt kein Meeting gegeben.	= =	There hasn't been a meeting so far. There has been no meeting so far.
	Hat es bis jetzt ein Meeting gegeben?	=	Has there been a meeting so far?
→	Ja. Nein.	→	Yes, there has. No, there hasn't.
	Es hat bis jetzt in diesem Jahr viele Stürme gegeben.	=	There have been many storms so far this year.
	Es hat bis jetzt in diesem Jahr keine Stürme gegeben.	= =	There haven't been many storms so far this year. There have been no storms so far this year.
	Hat es in diesem Jahr viele Stürme gegeben?	=	Have there been many storms so far this year?
⚠	Seit wann gibt es dieses Restaurant?	=	How long has this restaurant been here?
Gang 5 Abgeschlossene Vergangenheit: „did" past			
	Es gab gestern einen Unfall.	=	There was an accident yesterday.
→	Der Krankenwagen kam rechtzeitig.	→	The ambulance came in time.
	Es gab letztes Jahr nur ein Meeting.	=	There was only one meeting last year.
	Es gab letztes Jahr kein Meeting.	= =	There wasn't a meeting last year. There was no meeting last year.
	Gab es letztes Jahr nur ein Meeting?	=	Was there only one meeting last year?
→	Ja. Nein.	→	Yes, there was. No, there wasn't.
	Es gab letztes Jahr viele Stürme.	=	There were many storms last year.
	Es gab letztes Jahr keine Stürme.	= =	There weren't any storms last year. There were no storms last year.
	Gab es letztes Jahr viele Stürme?	=	Were there many storms last year?

	Es war eine Riesenstimmung auf der Party.	=	There was a great atmosphere at the party.
→	Jeder war in guter Stimmung.	→	Everyone was in a good mood.
⚠	**Es gab früher** viele Stürme.	=	**There used to be** a lot of storms.
→	Wir hatten früher viele Stürme.	→	We used to have a lot of storms.
	Es fuhr ein Zug um 10.30 Uhr.	=	There was a train at 10.30.
	War irgendjemand **da**?	=	**Was there** anyone **there**?
	Waren viele Leute auf der Party?	=	**Were there** many people at the party?
	Da waren fünf Leute in der Schlange.	=	**There were** five people in the queue/line.
→	Sie waren alle Engländer.	→	They were all Brits.
	Wenn-Sätze		
	Wenn es keine gute Band gegeben hätte …	=	If **there hadn't been** such a good band …
Gang 6 Vorvergangenheit			
	Es hatte vorher nie einen Unfall dort gegeben.	=	There had never been an accident there before.
	Es hatte nur ein Meeting vorher gegeben.	=	There had only been one meeting before.
	Es hatte kein Meeting vorher gegeben.	=	There hadn't been a meeting before.
		→	There had been no meeting before.
	Hatte es ein Meeting vorher gegeben?	=	Had there been a meeting before?
→	Ja. Nein.	→	Yes, there had. No, there hadn't.
	Es hatte vorher keinen Sturm gegeben.	=	There hadn't been any storms before.
	Es hatte vorher keinen Sturm gegeben.	=	There had been no storms before.
	Hatte es vorher keine Stürme gegeben?	=	Hadn't there been any storms before?

Übung 43	Practice 43
1. Die Fahrt hat lange gedauert. Es gab leider viel Verkehr.	The journey took a long time. Unfortunately ______ ____ a lot of traffic.
2. Es gibt eine neue Kantine. Wie ist sie? → Sie ist sehr preiswert.	_______ _____ a new canteen. What's ___ like? ___ __ very good value for money.
3. Gibt es eine Tankstelle in der Nähe? → Ja. Es gibt eine in der Stadt. → Wo ist sie? – In der Manchinger Straße.	____ ________ a petrol station near here? Yes. _____ ___ one in the town. Where __ ___? In the Manchinger Strasse.
4. Es ist nichts los hier. Es ist langweilig.	_______ ___ nothing happening here. ___ ___ boring.
5. Es steht ein Auto vorm Haus. → Es gehört mir nicht.	________ ___ a car standing in front of the house. ___ doesn't belong to me.
6. Kommt ein Zug um 11.30 Uhr? → Ja, es kommt ein Zug um 11.30 Uhr. → Er ist spät dran.	___ ________ a train _________ at 11.30? Yes, _________ ___ a train ________ at 11.30. __ __ running late.
7. Es spielt gerade eine Superband. → Spielt eine Band danach?	______ ___ a super band _______ at the moment. ___ ________ a band ________ after that?
8. Es kommt eine Zeit, wo …	_______ _________ a time when …
9. Es gehört mir.	___ belongs to me.
10. Da sind fünf Leute in der Schlange. Sie sind alle Engländer.	______ ____ five people in the queue/line. ______ ____ all Brits.
11. Es sind fünf Flugzeuge hier. → Sie müssen gewartet werden.	_______ _____ five aircraft/aeroplanes here. ____ must be serviced.
12. Es wohnen viele Leute dort. → Sie haben alle Kinder.	_______ ____ many people _______ there. ______ all have kids.
13. Es fliegen zwei Flugzeuge um 10.30 Uhr. Sie fliegen beide direkt nach Dublin.	________ _____ two planes ________ at 10.30. _____ both fly non-stop to Dublin.
14. Außerirdische existieren nicht.	_______ ____ no such things as aliens. (Aliens don't exist.)
15. Es gibt nachher eine Party. → Werden viele Gäste da sein? → Ja. Nein.	_______ ____ a party afterwards. ______ ______ ___ many guests there? Yes, _____ will. No, ______ won't.
16. Es hat gerade einen Unfall gegeben. → Der Krankenwagen ist unterwegs.	______ ____ just _____ an accident. The ambulance is on the way.
17. Es gab gestern einen Unfall. Es hatte vorher nie einen Unfall dort gegeben.	________ ____ an accident yesterday. ______ ____ never ______ an accident there before.
18. Es ist nicht viel Verkehr. Es ist sehr ruhig.	_______ ______ much traffic here. _____ very quiet here.
19. Da ist nichts auf der Tagesordnung, was uns interessiert.	_______ ___ nothing on the agenda _______ interests us.

Lösungen / Answers

1. Übung / Practice

1. Excuse me
2. Sorry, matter
3. Excuse me, last name
4. Sorry, repeat
5. Can I help you?
6. Here you are.
– Thank you.
– You're welcome.
7. I am sorry
8. Thank God
9. is
10. stand for
11. mean
12. one word or two words
13. stand for
14. question mark
15. hyphens
16. asterisk means
17. commas
18. ticked off
19. cross means
20. tick ☑
21. reverse side

2. Übung / Practice

1. her
2. I, you, him
3. that, you, him
4. you, her
5. her
6. you, him
7. those, you, them
8. me, I, them
9. us, we, him
10. me
11. I, them
12. it, you, it
13. this, it
14. I, I, her
15. they
16. we, you, us
17. it/it
18. it, me
19. them
20. this, it
21. it
22. you, I, they
23. us
24. you
25. us

3. Übung / Practice

1. your, mine
2. our
3. us
4. your, my
5. his
6. whose, these/those
7. me
8. your
9. their
10. our
11. your
12. mine, his
13. mine, hers
14. ours, theirs
15. yours
16. his, yours
17. our, your
18. your, theirs
19. our, yours
20. your, his

4. Übung / Practice

1. 's
2. Carl's
3. our, 's
4. of
5. whose, Eddie's
6. today's
7. of, workers'
8. men's
9. of my wife
10. Queen of England
11. of Germany
12. one of your
13. all (of)
14. end of the, off
15. my son's
16. ours
17. of Bavaria
18. of the table
19. of strawberry jam
20. of chocolate
21. of wood
22. of
23. of tricks, of hearts
24. about
25. whisky bottle, of the front door
26. of
27. from
28. by, by

5. Übung / Practice

1. myself
2. myself
3. myself
4. myself
5. myself
6. ourselves
7. herself
8. themselves
9. ourselves
10. myself, yourselves, yourself
11. himself
12. each other
13. each other
14. each other
15. each other
16. each other
17. each other
18. myself, myself
19. each other
20. himself
21. –
22. –
23. about him
24. I need

6. Übung/Practice

1. who/that
2. who/that
3. who/that
4. which/that
5. which/that
6. which/that
7. which/that
8. who/that
9. who/that
10. who/that
11. who/that
12. who/that
13. (which/that)
14. (who/that)
15. (who/that)
16. (which/that)
17. that
18. that

7. Übung/Practice

1. (who/that)
2. (which/that)
3. (which/that)
4. (which/that)
5. (which/that)
6. (which/that)
7. (which/that)
8. where
9. where
10. where
11. (who/that)
12. (which/that)
13. (which/that)

8. Übung/Practice

1. (that)
2. (that)
3. you
4. you
5. (that), to
6. that
7. that
8. (that)
9. that
10. (that)
11. (that), that
12. that, (that)
13. that
14. for, for
15. to
16. that
17. that
18. that
19. (that)
20. me

9. Übung/Practice

1. have, have got, got
2. has, has got, got, gotta
3. have, have got, got
4. has, has got, 's got, gotta
5. have, have got, 've got, gotta
6. don't, haven't, haven't gotta
7. doesn't have, hasn't got
8. do you have, have you got, have you gotta
9. don't have, haven't got
10. don't have, haven't got
11. do, have you got, have, haven't
12. do, got, do you have, have you got
13. does he have, does, doesn't, – has he got, has, hasn't
14. don't have, haven't got, no
15. have, have
16. have we got, have got, 've got
17. do we have, have
18. have we got, have got, 've got
19. do we have, have
20. have we got, have got, 've got
21. do you have, have
22. have you got, have got, 've got
23. have, 've
24. does, has, doesn't have, no
25. has it got, has got, 's gotta, hasn't gotta, no
26. does your wife have, has
27. has your wife got, has got, 's got
28. do you have, have you got

10. Übung/Practice

1. do you do
2. do, make
3. made
4. makes
5. does, do, does
6. doing, making (baking), done
7. doing, doing
8. doing, doing, do, undo
9. making
10. making
11. doing
12. make
13. do
14. do
15. do, make
16. put

11. Übung/Practice

1. do, make
2. do
3. make, make
4. make
5. doing
6. make
7. do
8. doing
9. make
10. do
11. make
12. makes, makes
13. make-do, doable, feasible, possible
14. makes, does
15. making
16. is
17. continue/carry on/go on
18. worry
19. gives
20. go

21. get, freshen up
22. mind, mind
23. fool yourself, get down
24. hurry up, get
25. causes, am
26. going
27. driving, turn

12. Übung/Practice

1. can
2. can, can, can't
3. can, can, can, can't
4. can, can you, we can, we can't
5. can, can they, they can, they can't
6. can, I can, I can't
7. can, I can, I can't
8. can you, I can, I can't
9. can you, I can, I can't
10. can you, I can't
11. can't, I can't
12. can
13. can, could
14. can, could, could
15. be able to, will, won't
16. could

13. Übung/Practice

1. like
2. want, please, thank you
3. would you like, please, thank you
4. like
5. want
6. would you like, don't want
7. like, want
8. would like
9. like, want
10. like, would like
11. would like, want
12. do you want

14. Übung/Practice

1. have to, gotta, must
2. must, have to, must, got to, must, gotta
3. have to, got to, gotta, must
4. has to, got to, gotta, must
5. has to, got to, gotta, must
6. have to, have got to, have gotta, must
7. must
8. do I have to, have I got to
9. do you have to, do, don't
10. does he have to, does, doesn't
– has he gotta, has, hasn't
11. do we have to, have we gotta
12. don't have to, haven't got to
13. don't have to, haven't got to
14. don't have to, haven't got to
15. doesn't have to, hasn't got to
16. don't have to, haven't got to
17. don't have to, haven't got to
18. mustn't
19. mustn't
20. need to
21. needs to
22. don't need
23. doesn't need to
24. need to
25. needs to
26. need be/needs be
27. Is that really necessary?
28. can't help
29. can't help

15. Übung/Practice

1. what
2. where
3. what
4. what
5. what
6. who
7. which
8. where
9. when
10. why, because, in order to
11. how
12. how comes
13. what
14. what
15. how
16. what is it like
17. how much
18. how many
19. how long
20. how long
21. how long
22. which
23. what
24. what
25. how about
26. how often
27. whose
28. what
29. what
30. what
31. what
32. what

16. Übung/Practice

1. how much, pieces of advice
2. how many, tips
3. how much, pieces of information
4. many, aircraft
5. how much
6. how much, how many pieces of
7. how much, cases, bag
8. how many pairs of, pairs of
9. some
10. some, any
11. any, some
12. any
13. some, some
14. any
15. We don't have any food in the house.
– We have no food in the house.
16. Would you like some cake?
17. We met some friends in town yesterday.
18. Did someone phone yesterday?
– Did anyone phone yesterday?

19. We don't have any cream.
– We have no cream.
– Can you give us some?

20. Have you bought some bananas?
– No, but I have bought some apples instead.

17. Übung / Practice

1. right?
2. don't you?
3. right?
4. right? aren't you?
5. right? right? won't I?
6. right? aren't you?
7. right?
8. right? haven't you?
9. right? didn't you?
10. right? weren't you?
11. right?
12. right? does she?
13. right?
14. right? are you?
15. right?
16. right? have you?
17. right? did you?
18. right? were you?

18. Übung / Practice

1. where
2. where
3. when
4. which one
5. what
6. how
7. when
8. when
9. how many
10. what
11. what, what
12. what
13. what
14. what
15. what
16. whatever
17. whatever
18. what
19. what
20. what kind
21. who
22. where
23. whatever

19. Übung / Practice

1. where, from
2. where, to
3. who, for
4. who, by
5. who, for
6. what
7. what, on
8. which, on
9. who, for
10. which, for
11. what, on
12. which, in
13. who, with
14. what, about
15. who, about
16. who, to
17. what, like
18. what, for
19. what, at
20. who, from
21. what, for
22. who, to
23. what, to
24. who, for
25. who, for
26. what, about
27. what, like
28. which, in
29. what, about

20. Übung / Practice

1. do, don't
2. have, haven't
3. does, doesn't
4. has, hasn't
5. do, don't
6. please, thank you
7. is, isn't
8. am, 'm not
9. will, wont
10. am, 'm not
11. please, thank you
12. of course, sorry
13. feel free, please don't
14. of course not, please don't
15. have, haven't
16. was, wasn't
17. have, haven't
18. did, didn't

21. Übung / Practice

1. to, by
2. with
3. by
4. when I was
5. with
6. with
7. with
8. by, by
9. into, at, on
10. on
11. near to
12. onto
13. at, on
14. up
15. for
16. -, for
17. for
18. during, on
19. by, at the latest
20. till, until
21. from, til/until, to
22. in, in
23. in return
24. about

22. Übung/Practice

1. at, in
2. at, in
3. at/from
4. at, on
5. in, in, at
6. at
7. at, on
8. at, at
9. at, at
10. in
11. on, in
12. at
13. at
14. to, at
15. on, at
16. at, at
17. at
18. on, at
19. on
20. at, in
21. at, in
22. at, at

23. Übung/Practice

1. reverse, rear
2. downstairs into
3. outside, up there on
4. inside, upstairs on
5. upside down, the right way up
6. wrong way around, right way round
7. next door
8. in here, out there
9. right at the front/back
10. right at the end, left (hand side)
11. on, in
12. to the south
13. in the north
14. up ahead
15. back there
16. over there
17. towards
18. top left, bottom right
19. top drawer
20. along, at
21. cross, into, next, on, right (hand side)
22. through, left, along, upstairs, at, on, left (hand side)

24. Übung/Practice

1. just for
2. just
3. right, right
4. right, right
5. right/just now
6. right/just
7. right now
8. just
9. just/simply
10. just like that
11. just
12. just, right
13. right in
14. right/just, that
15. just do it
16. right next to
17. just
18. just after
19. just
20. just about
21. just about
22. just
23. just

25. Übung/Practice

x. eigene Angaben/own details

26. Übung/Practice

2. It's eleven fifty-five.
– It's five to twelve.
3. It's one o five.
– It's five past one.
4. It's three fifteen.
– It's quarter past three.
5. It's six twenty-five.
– It's twenty-five past six.
6. It's one forty.
– It's twenty to two.
7. It's three thirty.
– It's half past three.
8. It's two fifty.
– It's ten to three.
9. It's nine twenty.
– It's twenty past nine.
10. It's nine thirty-five.
– It's twenty-five to nine.
11. It's three forty-five.
– It's quarter to four.
12. It's four ten.
– It's ten past four.

27. Übung/Practice

2. cosier, the cosiest
3. earlier, the earliest
4. easier, the easiest
5. larger/bigger, largest/biggest
– taller, the tallest
6. higher/taller, highest/tallest
7. smaller/littler, smallest/littlest
8. narrower, the narrowest
9. deeper, the deepest
10. wider, the widest
11. longer, the longest
12. more comfortable, the most comfortable
13. more convenient, the most convenient
14. more successful, the most successful
15. more exclusive, the most exclusive
16. more boring, the most boring
17. more interesting, the most interesting
18. more informative, the most informative

19. more modern, the most modern
20. more awful/terrible, the most awful/terrible
21. more exciting, the most exciting
22. more expensive, the most expensive
23. more valuable, the most valuable
24. more reliable, the most reliable
25. more important, the most important
26. more wonderful, the most wonderful
27. hotter/colder, the hottest/coldest
28. very good, even better, easily the best

28. Übung/Practice

1. as, as
2. as, as
3. as, as
4. as, as
5. as, as
6. as, as
7. as, as
8. as, as
9. as, as
10. as, as
11. as, as
12. as, as
13. as, as
14. twice as, as
15. just as, as

29. Übung/Practice

1. lighter and lighter
2. bigger and bigger
3. heavier and heavier
4. more and more nervous
5. worse and worse
6. cheaper and cheaper
7. more and more expensive
8. more and more

30. Übung/Practice

1. bigger, better
2. warmer, better
3. earlier, earlier (sooner)
4. younger, easier
5. longer, more impatient
6. tireder, harder/more difficult
7. more, better
8. more, better

31. Übung/Practice

1. is
2. are, married
3. do, live
4. do, come
5. do, do
6. do
7. do
8. do, get up
9. do, do
10. do, do
11. do, play
12. do, like
13. is
14. feel free
15. have, been
16. do, reading
17. do, read
18. are, reading
19. is
20. are, doing
21. are, thinking
22. are, thinking
23. are, looking
24. do, think
25. are, going
26. do, want
27. are, driving
28. are, driving

32. Übung/Practice

1. would, like, to, suggest
2. will
3. will
4. am, going
5. are, you, going
6. am, going, to
7. don't
8. will
9. are, going
10. am, going, to
11. will
12. will
13. does, go,
14. is, going
15. will, leaves
16. I'm flying to Hamburg next week.
   – Will you join me?
17. My boss will be in Barcelona next week.
18. When are you going to go to lunch? At twelve.
   – OK. I will join you.
19. Who do you think will win the championship?
   – I'll keep my fingers crossed for your team.
20. I'll see you tomorrow morning at seven.
   – I'm meeting a friend tomorrow at seven.
21. I'm looking forward to jogging.

33. Übung/Practice

1. go
2. go through, turn left, go along, go upstairs
– at, on, left (hand side)
3. guess which, Come on, Tell me
4. look reverse side
5. get lost, go
6. See you tomorrow.
7. Have a nice day.
8. don't go
9. let's go
10. get up
11. leave me
12. do
a. take
b. open
c. check
d. fill
e. put, back
f. plug, in
g. switch, on
h. switches itself
i. take, pouring
13. go ahead, start
14. carry one, continue
15. Don't forget
16. Don't be surprised.
17. Turn, up
18. Give

34. Übung/Practice

1. has, written
2. did, write
3. have, scored
4. did, score
5. have, been, have
6. were
7. have
8. have, invited
9. have, had, for
10. did, have, for
11. have, been, have, played, since, was
12. did, do
– went shopping
– did, do
– went
– did, see
– saw
– met
– went
13. how long have, worked
– how long have, been
14. did, start, started
15. have, ever been, was at/went to

35. Übung/Practice

1. used to, in those days
2. used to, used to
3. used to
4. used to, there used to be
5. didn't use to
6. used to
7. used to

36. Übung/Practice

1. went, arrived, was waiting
2. went, were driving, stopped
3. was, rang, wanted, talk
4. told, were just about to eat, would call, later
5. were walking, called, back
6. went, met, was
7. ran, was running, saw
8. didn't answer, called, was showering
9. did, arrive, arrived, was having/eating
10. was, were, driving, were
11. wanted, was, didn't play
12. left, got, rang, was waiting, started, rain, had
13. happened, was walking, bumped, told
– had told

37. Übung/Practice

1. woke, heard, went, had happened
2. was waiting, was, had been waiting
3. was, sold, had, had
4. played, had been playing, started
5. got, had
6. didn't want, had, seen
7. had done
8. was sitting, was, had, flown
9. went back, was, had changed
10. went, were, had, started
11. met, hadn't
12. was, got, had gone
13. went, had, been
14. called, was, had, phoned
15. went, had, been
16. drank, had eaten16. there is no hurry

38. Übung/Practice

1. is cleaned
2. are cleaned
3. is not cleaned
4. is being repaired
5. has been repaired, be picked up
6. was, repaired
7. Who was, written by
8. are spoken
9. was/were beaten
10. are married
11. have been married
12. did, get married
13. is being painted
14. has been stolen

15. is served
16. have, been ironed, be, brought
17. was built, is used, by, is being painted
18. were built, to be closed
19. have been produced, are produced
20. is, was named, be called, was changed

39. Übung/Practice

1. If, bought, would buy
2. If, buy, will buy
3. When, I'm, going to take
4. If, had ordered, would have taken
5. When, buy, keep
6. When, have ordered, are going to go
7. would you buy if, bought
8. would buy if, bought
9. If, were, would buy
10. would have bought
11. should have bought
12. would have taken
13. could have taken, if
14. when, go, 'm gonna
15. When you pick, can you get
16. If I had to do, would
17. When, get, am gonna
18. If, make, correct

40. Übung/Practice

1. it is, have, bought, have bought, did
2. was, was
3. happy
4. are, have made
5. are, do, have
6. are, feel like, are, in good shape
7. am fed up, have to
8. are right
9. is to blame, fault is it
10. is on holiday
11. has special leave, has taken, day off work
12. is, is
13. is on call
14. date is today, it is
15. are in a hurry, are, be patient
16. there is no hurry
17. is over, what was the score
18. were, born
19. is worth, is fun
20. am scared

41. Übung/Practice

1. have (eat)
2. have (play)
3. have (eat)
4. have
5. have fun
6. have, have (eat)
7. have/take
8. have
9. have (drink)
10. have (eat)
11. got, have/take
12. have
13. have/take
14. have/take
15. having, have/take
16. having, feel like
17. feel like/fancy
18. had
19. had, have
20. have, planned, having

42. Übung/Practice

1. Lets, allows
2. Let
3. Let's
4. Let's
5. Let's
6. Leave, let
7. Leave
8. Take, let, rely, leave, let's, let's, let's
9. have, serviced
   have, serviced
   having, serviced
   have, had, serviced
   did, have, serviced
   did, have, done
10. had, service
11. have, cleaned
12. Have, made
13. Enjoy, have
14. leave
15. has, had, stolen
16. had, stolen

43. Übung/Practice

1. there was
2. there is, it, it is
3. is there, there is, is it
4. there is, it is
5. there is, it
6. is there, arriving, there is, coming, it is
7. there is, playing, is there, playing
8. there comes
9. it
10. there are, they are
11. there are, they
12. there are, living, they
13. there are, leaving, they
14. there are
15. there is, will there be, there, there
16. there has, been
17. there was, there had, been
18. there isn't, it's
19. there is, that

Eigene Wortliste

Deutsch	English

Eigene Wortliste

Deutsch	English

Eigene Wortliste

Deutsch	English

Eigene Wortliste

Deutsch	English

Notizen/Notes

Notizen/Notes

Notizen/Notes